ESPÍRITU

de HIJO

UNA GRACIA APOSTÓLICA

JOHN KINGSLEY ALLEY

El Espiritu de HIjo, Una Apostólica Gracia
Copyright © 2014 by John Kingsley Alley.

Published by:
Peace Publishing,
Rockhampton, Queensland, Australia.

Translated by:
Apostle Santiago Lastra
Rafael Lastra
Carolyn Roque
Jibrán Oliveros

Distributed by:
Peace Apostolic Ministries
PO Box 10187
Frenchville Qld 4701
Phone: 07 4926 9911
Fax: 07 4926 9944
Email: mail@peace.org.au
Web: www.peace.org.au

Todas las citas bíblicas han sido tomadas de la Versión Reina Valera Revisión 1960, a menos que se especifique lo contrario

Dedicatoria

Al
Señor Jesucristo,
al cual amo,
"al cual sirvo desde mis mayores
con limpia conciencia"

(2 Timoteo 1:3)

"... para que todos sean uno; como tú, oh
Padre, en mí, y yo en ti, que también ellos
sean uno en nosotros; para que el mundo
crea que tú me enviaste.

La Gloria que me diste, yo les he dado, para
que sean uno, así como nosotros somos uno.
Yo en ellos, y tú en mí...

... para que sean perfectos en unidad, para
que el mundo conozca que tú me enviaste, y
que los has amado a ellos como también a
mí me has amado."

La oración de Jesús
(Juan 17:21-23)

Prólogo

Por Charles W. Clayton

John Kingsley Alley es, sobre todo, un hombre de Dios con un espíritu pacífico, lleno de gracia, sabiduría e integridad. Él es el apóstol de la *Comunidad Apostólica Paz* en Rockhampton, Australia.

C. Peter Wagner declaró que el primer libro de John Alley *La Revelación Apostólica* (The Apostolic Revelation) era "la teología bíblica premier del mover apostólico de hoy en día."

John tiene el llamado de Dios sobre su vida para declarar y modelar el corazón apostólico y la autoridad de Dios Padre en toda la tierra de Australia y a dondequiera que el Espíritu le abra puertas. Su caminar con el Señor inspira y desafía a todos los que le conocen. Su autoridad suave trae corrección, rectitud y confirmación al Cuerpo de Cristo de tal manera que no hay desgarre, ni división, ni menosprecio, sino edificación de los santos.

John es un apóstol a quien Dios le ha confiado esta revelación porque su corazón es como el del Padre Abraham en Génesis 18:17-19. *"Y Jehová dijo: ¿Encubriré yo a Abraham lo que voy a hacer, habiendo de ser Abraham una nación grande y fuerte, y habiendo de ser benditas en él todas las naciones de la tierra? Porque yo sé que mandará a sus hijos y a su casa después de sí, que guarden el camino de Jehová, haciendo justicia y juicio, para que haga venir Jehová sobre Abraham lo que ha hablado acerca de él."* Y la familia del Apóstol John es una expresión hermosa de Cristo y Su Iglesia, amando y sirviendo al Señor.

John Alley no solo es un Apóstol por su propio derecho; sino además es un hijo. Él reconoce la necesidad urgente de conseguir un *padre espiritual* para recibir una impartición mayor de su herencia a través de la *relación*.

Dios Padre es un Dios de *generaciones*, impartiendo Sus bendiciones de una generación a otra. En la vida de John este principio no es simplemente conocimiento, sino una realidad que se vive en su propia relación de padre e hijo en el ministerio. John ha sido un hijo para mí desde hace doce años. Durante este tiempo he observado como él ha recibido esta revelación y permitido que obre, primeramente en su propia vida; entonces, después de haber sido quebrantado y moldeado, él ha sido modelo del mensaje para otros; dentro de este proceso, ha llegado a ser padre para muchos.

Yo recomiendo altamente este libro, porque la vida del autor es un ejemplo de lo que está grabado en las páginas siguientes. Este libro no está compuesto simplemente de tinta y papel – es la impartición de un hombre, de su vida, su familia y su corazón. Este libro será una gran oportunidad para el Cuerpo de Cristo, no solamente para *aprender* sino *experimentar* la bondad de Dios

Chuck Clayton,
Ministerio de Recursos Apostólicos
Versailles, Indiana, EEUU.

Introducción

Por Rev. Dr. John McElroy

El libro que usted está a punto de leer afectará su vida y su modo de percibir a las personas a su alrededor, especialmente dentro de la familia de Cristo. La primera vez que escuché a John Alley predicar del "espíritu de hijo" fue en una conferencia en la cual los dos éramos conferencistas. Mientras escuchaba, sentía como si hubiera sido alzado a una altura de 9,000 metros, donde tienes la vista de pájaro extendida en todas direcciones. Como los discípulos en el camino a Emaús, mi corazón empezó a arder con un deseo de llegar a ser un padre espiritual verdadero.

Como muchos pastores, yo había aprendido la mayor parte de lo que sabía del ministerio de mi propia prueba y error. Aunque había pastores y colegas que admiraba, yo no tenía un padre espiritual constante que diera dirección a mi vida. Mientras las presiones del ministerio y de nuestra iglesia incrementaban, me encontré más enfocado en los programas que en relaciones.

Dios usó a John para hacerme enfrentar algunas preguntas importantes: ¿Cuál es mi propósito en el ministerio? ¿Será que yo manifiesto un espíritu de huérfano más que un espíritu de hijo? ¿Estoy dejando una herencia para los líderes más jóvenes? ¿Qué tipo de padre soy para mis hijos? ¿Por qué ya no disfrutaba la vida y el ministerio?

La enseñanza del "espíritu de hijo" estimuló mi manera de pensar y me dio un nuevo rumbo de edificar "una cultura de honra" dentro de nuestra iglesia local. Poco a poco fui descubriendo que el Cristianismo relacional, y el espíritu de hijo, realmente formaban parte de la "revelación apostólica", un cúmulo de verdad más amplio. Además, empecé a ver que la restauración de los cinco ministerios de Efesios 4 era fundamental para alinear las iglesias con los propósitos supremos de Dios.

Mucho ha sido escrito acerca de la restauración de "la gracia apostólica" a la iglesia en las últimas dos décadas. Disfruté el primer libro que John publicó en 2002, La Revelación Apostólica ("The Apostolic Revelation"). Me aclaró muchas cosas que necesitaba entender del ministerio de los apóstoles, su importancia, y la gracia que tienen para formar el odre nuevo que capacitará a la Iglesia para cumplir su propósito y misión.

Como director de una red de iglesias, bajo el consejo de John y otros apóstoles, pude ver como nuestro grupo reflejaba principios y estructuras "apostólicas". Estoy agradecido con los muchos "pioneros" apostólicos como John, quienes han modelado y enseñado lo que significa ser "apostólico".

Una de las cualidades más entrañables de John es el cuidado genuino que da a otros. No solo emite el amor de Cristo, sino enseña con la autoridad de Cristo. El fruto de ministerio de John se puede ver en la diversidad de hombres y mujeres alrededor del mundo que le llaman "padre espiritual" o "apóstol". Él es "un hombre de familia" en toda la extensión de la palabra.

Uno de los aspectos más fascinantes de "la gracia apostólica" es ver el cumplimiento de Malaquías 4:5-6 en nuestra generación. Malaquías escribió de un tiempo cuando los corazones de los padres volverían a los hijos y los hijos a sus padres. Durante la lectura de este libro usted verá como Dios está volviendo la iglesia a sus fundamentos de relaciones de honor, confianza, humildad, amor y paternidad.

La gracia del espíritu de hijo no es una opción, es un mandato de Dios. Las carreras de relevos se pueden ganar o perder en el momento de pasar la estafeta. Hijos e hijas espirituales verdaderos son productos de padres y madres espirituales piadosos quienes han trabajado fielmente en edificar a la próxima generación en sabiduría y carácter. Cuando estos hijos e hijas espirituales llegan a lugares de liderazgo, perpetúan relaciones intergeneracionales que dan autoridad y son modelos de un alto rango de madurez emocional.

El Apóstol Pablo escribió en Romanos 8:19, *"El anhelo ardiente de la creación es el aguardar la manifestación de los hijos de Dios."* Por los últimos diecinueve siglos, muchos cristianos piadosos y educados han contemplado el significado de este versículo y preguntado si vivirían para ver su cumplimiento. Leyendo este libro usted llegará a sentir que vivimos en una generación en la cual la gracia de Dios está aumentando para llevarnos al cumplimiento de esta palabra.

Finalmente, tenga en mente que este libro no se trata de teoría. Todo lo que John ha escrito está ilustrado con testimonios y lecciones de la vida real. Usted está a punto de recopilar mucho de un hombre que ha estado en una jornada de revelación y descubrimiento. No conozco ningún libro publicado de este tema que sea tan bíblico, inspirante y práctico.

John McElroy
Director, Asociación de Iglesias "Southern Cross"
Perth, Australia

RECONOCIMIENTOS

Deseo reconocer que estoy rodeado y bendecido por creyentes maravillosos, hombres y mujeres, y jóvenes, líderes cristianos, pastores, apóstoles y profetas, y guerreros de oración y obreros fieles, y grandes familias cristianas, de todo el continente de Australia y de muchas naciones.

Les amo a todas estas personas, y me han amado. No he desarrollado estas enseñanzas en un vacío, más bien en un caminar con buena gente, quienes han orado y creído. Estoy muy agradecido con Dios por Su pueblo. Él me prometió hace muchos años diciendo, *"Te enviaré ayuda desde Sión,"* y ahora veo claramente que lo ha cumplido.

Estoy especialmente agradecido con las personas de la "Comunidad Apostólica Paz" y mi equipo de liderazgo. Los que no éramos pueblo, hemos llegado a ser un pueblo. Muchos han permanecido firmes conmigo a través de muchos años, y han orado, y han creído, y se han sacrificado, y han apoyado – y han confiado. Les doy las gracias de mi corazón. Les he dicho que los amo, y les prometí guiarles a Cristo, y así hemos caminado juntos.

En particular, doy gracias a mi esposa Hazel. Nos conocimos cuando teníamos diecisiete años, ambos conociendo el llamado de Dios, y nos casamos después, comprometidos a los mismo ideales. Hazel ha trabajado más arduamente que cualquiera, ha compartido conmigo la buena batalla de la fe y se ha llevado la peor parte de la guerra y del trabajo. Ha estado sin escatimar en sacrificio, fiel en amor, y su discernimiento es insuperable. Dios me ha bendecido con Hazel más de lo que entendía cuando Él nos unió.

Muchas gracias a mi ministerio y al personal de la oficina, quienes siempre han respondido de inmediato a mis peticiones y las necesidades del ministerio con todo su corazón, y quienes sirven a Jesucristo conmigo. Su amor ha demostrado su veracidad.

Tabla de Contenido

EL ESPÍRITU DE HIJO - UNA GRACIA APOSTÓLICA

PREFACIO

PALABRAS

DE APERTURA

POR EL AUTOR

Recibí una carta de un joven en mi congregación. Él era una de las personas más dotadas proféticamente que he conocido, y de vez en cuando compartía el bosquejo de alguna visión impresionante que había recibido, junto con su significado. Siempre eran precisas, poderosas, y tenían un grado inusual de gracia sobre ellas. En esta ocasión escribió:

> *"Querido John:*
> *El domingo pasado en cuanto usted empezó a orar me di cuenta que un ángel entró en el cuarto. Era mucho más alto que yo y sostenía algo en su brazo, en lo cual aparecía estar escribiendo. Mientras usted seguía orando él pasaba por cada pasillo, mirando a cada persona atentamente.*
> *De repente sabía que él estaba justo a mi lado, y algo no estaba correcto. Yo le pregunté al Señor por qué me sentía así, y me dijo que no importaba que yo creyera que el mensaje era verdad, ni que por muchos meses yo había oído que teníamos que escuchar más – lo que él estaba buscando era si yo había tomado la decisión de hacer "del escuchar" un estilo de vida en vez de simplemente reconocer que era algo que debería de hacer.*

Cuando usted terminó de orar, él siguió buscando atentamente por todo el salón, a las personas a quienes quizás todavía tomarían la decisión de actuar en lo que acababan de escuchar."

Por supuesto que esto inmediatamente me trae a memoria la escritura de Malaquías 3:16-18, que habla del libro de memoria que está escrito en la presencia del Señor acerca de los que escuchan al Señor y actúan de acuerdo con lo dicho por temor santo y reverente. No todos (por decir, en una reunión) responden de la misma manera a la palabra de Dios que se está predicando. No todos actúan como si Dios mismo fuera el que está hablando – ¡pero Dios sí está hablando! Y cada uno es responsable por la actitud de su corazón y su respuesta a Dios en tal reunión.

Es lo mismo con el mensaje de este libro. Es la palabra de Dios; se está predicando de muchas formas, y helo aquí en palabra escrita. Cada uno de nosotros, incluyéndolo a usted como el lector, tenemos la responsabilidad delante de Dios de las actitudes con que recibimos Su palabra.

Creo que este es un asunto muy serio, y el tema que está por delante es tan importante para cada creyente, y tan crítico para la misión de la iglesia entera, como cualquier tema que pudiéramos presentar.

Me hubiera gustado escribir todas estas cosas a un paso más meditado y sin prisa. Pero en lugar de eso, me he encontrado rodeado de tanta oportunidad y avance en el reino, y tanta necesidad de enseñanza y oración para el avance de nuestro pueblo, y tanta oposición de las huestes de las tinieblas en la esfera espiritual, junto con las distracciones diarias, que al fin y al cabo, y aunque he predicado estos temas bastante, he tenido que escribirlos con muchísima prisa.

Parece que hay una necesidad urgente de este libro – y la necesidad del Cuerpo de Cristo, y la obra del Espíritu Santo, y el avance de la fe en el mundo, no puede estar esperando una producción lenta. Aún así he tomado demasiado tiempo para recopilar todo por escrito.

Me acuerdo haber leído el prefacio de Frederick Booth-Tucker en su biografía amplia *"La vida de Catherine Booth"* – *La madre del Ejército de Salvación* (*The Life of Catherine Booth – The Mother of the Salvation Army*) (Publicado en 1892). Él hizo este comentario acerca de *"la vida interrumpida"*, lo cual experimentó la pionera salvacionista:

> *"... la reclusión, la privacidad y la quietud que supuestamente son necesarias para un proyecto literario – estas palabras han sido borradas de su diccionario, los mismos conceptos ya casi se han desvanecido de su mente... él escribe lo mejor que puede en medio del zumbido y estruendo de disparos y proyectiles, el ajetreo y emoción de la batalla interminable, en la cual las palabras paz y tregua son desconocidos, y descanso, en el sentido común de la palabra, está relegado al cielo."*

Booth-Tucker era el pionero del Ejército de Salvación en la India en los años 1880-1890 y el yerno de General William Booth. Estos soldados antiguos sabían qué era guerrear por el evangelio y por el Reino de Dios.

Así que en medio de la guerra moderna del evangelio y los disparos y proyectiles de la vida espiritual, el liderazgo y el ministerio de hoy en día, espero que haya podido producir una explicación razonable del mensaje de Cristo que de nuevo necesita ser aclarado y llevado al pueblo de Dios.

La tesis central de este libro es: Que los valores y las actitudes del corazón de lo que podemos llamar el *espíritu de hijo* es la naturaleza y esencia del cristianismo apostólico auténtico del Nuevo Pacto.

Cuando uso la palabra auténtico, quiero decir el artículo genuino, no algo que es solamente semejante. Y cuando uso la palabra apostólico, me refiero a la *fe* apostólica original y verdadera como fue visto en los primeros apóstoles y profetas de Cristo de quienes habló Pablo en Efesios 3:2-12; la *fe* como las iglesias del primer siglo la vivían y la entendían en su formación temprana bajo el liderazgo apostólico. Necesitamos ver que esta es la fe verdadera y bíblica de nuestros padres apostólicos. Y vamos a ver que la *naturaleza* apostólica y relacional de la iglesia y de la fe es realmente la palabra de verdad esencial incrustada en toda la Escritura.

El vocabulario de género: El lenguaje bíblico acerca de nuestro tema habla exclusivamente de "padre" e "hijo". En cuanto a Dios y Cristo, este no se puede cambiar; pero dentro de la iglesia tenemos que entender que de acuerdo con la Escritura, todos los creyentes, hombres y mujeres, niños y niñas, somos *hijos* de Dios. Además, somos considerados primogénitos (Hebreos 12:23), por cuanto estamos en

Cristo. Si no fuera así, no podríamos tener una herencia conjunta con Cristo, sería una herencia parcial nada más. Pero somos co-herederos, y cada uno de nosotros, con Él, heredamos todo lo que tiene el Padre.

Es más, el apóstol Juan se refiere a todos los creyentes como a infantes, o niños, o jóvenes, o padres. En un libro como este, se volvería muy pesado, y pronto se cansaría de leer que en cada lugar de pronombre personal estuviera escrito él/ella o a él/ella, o que en lugar de decir simplemente "hijos" cuando estuviera escrito "hijos e hijas" o cuando se requiere "padres y madres". No he sentido ninguna obligación de escribir de esta manera, y sencillamente me he tomado la libertad de hablar de una manera sencilla, usando la terminología bíblica. Me gustaría pedir al lector que, basado en su conocimiento Bíblico, se apropie de lo que está escrito en cada página, y de esta manera ayude en la comunicación sencilla y directa del libro.

Preguntas acerca de Mateo 23:9 – *"Y no llames a ninguno en la tierra "padre", porque ustedes tienen un solo Padre, y está en los cielos."* A menudo me preguntan del significado de esta declaración de Jesús, ya que aparece estar en desacuerdo con las otras Escrituras del Nuevo Testamento, y los apóstoles parecen haber usado el término con más libertad. Por eso es una pregunta clave para contestar, y he tratado el asunto en el capítulo seis.

Testimonios personales: Con el fin de ilustrar relaciones cristianas, he incluido a lo largo de este libro algunos testimonios personales escritos por gente que conozco y amo; pero muchas veces estos testimonios me involucran a mí, porque la relación que yo tengo con los que están compartiendo es significativa.

Les pedí que escribieran un testimonio pequeño acerca de sus experiencias de lo que es ser hijo de un padre en el ministerio, y de sus pensamientos acerca de los beneficios de ser hijo, etc., pero no me dieron exactamente lo que yo estaba buscando. Sin embargo, con el fin de agregar un poco de sabor al libro, he incluido los testimonios, esperando que sirvan como testimonios de la gracia de Dios que fluye a través de las relaciones genuinas de amor.

No fue mi intención atraer a los lectores a mí personalmente – el propósito de mi testimonio y el de los demás no es poner el enfoque en nosotros. Simplemente no creo que haya una manera más efectiva de apoyar la comunicación de estas verdades de la fe y de los valores que hemos aprendido de Cristo fuera de los testimonios de estos testigos fieles.

Por lo tanto, les pido su comprensión – por favor, lea nuestras historias, experiencias, sentimientos, y percepciones como las mejores ilustraciones que pude proveer de las verdades que la iglesia necesita escuchar ahora.

No es que estas historias deban de motivar a la gente a seguirme a mí – Yo no emprendo nada que vaya a causar que la gente quiera seguirme a mí como un individuo. En todas partes yo me presento como un mensajero que simplemente está buscando dar la verdad que la gente necesita, con la esperanza de que la van a utilizar y vivir de acuerdo a esta verdad en dondequiera que estén. No salgo buscando seguidores, y odio la simple idea de que en mí o en alguien de nuestra gente haya ese tipo de espíritu que busca seguidores personales. No me gusta ver esto en otros, y lo he visto demasiado.

Naturalmente, a lo largo de este camino, el Señor nos lleva a tener relaciones maravillosas y dinámicas del corazón con buenas personas alrededor del mundo, y los amamos, y nos aman. Si Dios me da tales relaciones del corazón, me regocijo; pero yo no salgo con la motivación ni el deseo de tener reuniones nomás por tener reuniones, ni para recibir ofrendas, ni para desarrollar seguidores personales. Yo estaría muy contento de permanecer en casa y podar mis árboles de mango, sin embargo siento el impulso de ir por amor y por la Palabra de Dios. Por lo cual, los árboles de mango casi siempre están descuidados.

El Apóstol Chuck Clayton me dice que él escuchó al Señor decir: *"La razón por la cual no hemos visto el fruto que estamos buscando es porque los padres no han demostrado su amor de tal manera que los hijos estén dispuestos a dejar sus propias agendas."* Yo espero que el espíritu o la gracia de este libro prestará ayuda tanto a los padres en el ministerio como a los hijos.

Mi esposa Hazel se acuerda de una visita personal que recibimos del pastor principal de una de las iglesias más grandes de Australia. Ya de salida, él expresó con mucho afecto su agradecimiento por lo que contribuimos a su vida, y por el cambio que se había producido en él, y por el entendimiento que había recibido a causa de la visita. Para nosotros es algo increíble que alguien pueda sentirse así; y nos preguntamos por qué hay un efecto tan grande, porque somos gente normal y no hacemos nada especial cuando alguien nos viene a visitar. Solamente platicamos y oramos. Pero escuchando al Señor Hazel le oyó decir que la razón por la cual nuestras vidas causan un efecto tan grande en la gente es porque no solamente *enseñamos* sobre relaciones y predicamos sobre lo mismo como una doctrina nuestra, sino que es para nosotros un estilo de *vida*, y cuando alguien viene a visitarnos nuestra prioridad son estas relaciones. Pasamos tiempo con ellos. No es una reunión de negocios, toda nuestra agenda se trata de relación. Esto da resultados poderosos.

Hay muchas personas que estarían muy de acuerdo con lo que hablamos acerca de las relaciones, pero nunca cambian sus agendas, nunca cambian su estilo de vida, no cambian los valores de su interior que guían su vida, y no ministran de una manera diferente. He visto a lo largo de los años ejemplos muy malos de gente que está tan ocupada en el ministerio, que virtualmente no tienen ningún aspecto de relación. He visitado algunas iglesias como predicador invitado en donde te reciben públicamente, predicas y oras, pero ya que se acaba la reunión, es solo "Bueno, gracias y adiós." Les bendijiste y llevaste la palabra de Dios, pero el tiempo, la cultivación de relaciones y la unión de corazones para ellos no es nada importante – todo lo que hay después de la visita es un vacío.

Creo que es necesario que haya un nuevo acceso a la gracia a través de *relaciones*. Es un tema amplio; la totalidad de la Escritura y la historia de la salvación ahora se tienen que ver a la luz de la paternidad y todo lo que implica.

En este libro les ofrezco algo de una teología bíblica de relaciones cristianas y de la vida apostólica del Cuerpo de Cristo.

En cuanto a la vida y el ministerio de la "Comunidad Apostólica Paz" en Rockhampton, y de mi equipo apostólico, si no tenemos nada más qué ofrecer al Cuerpo de Cristo, tenemos esto: Nos amamos los unos a los otros.

John Alley,
Rockhampton,
Qld, Australia.

Un Descubrimiento de Gracia

"Y se decían el uno al otro: ¿no ardía nuestro corazón en nosotros, mientras nos hablaba en el camino, y cuando nos abría las Escrituras?"

(Lucas 24:32)

Todos los niños y niñas pequeños necesitan un papá. Cada adolescente en su desarrollo, cada esposo joven, y cada esposa y madre joven necesitan un padre, también. Todos necesitamos el amor, el apoyo, la instrucción, y de vez en cuando la corrección de un padre.

Es una gran tragedia en este mundo cuando niños y jóvenes no tienen un papá. Un padre ocupa un lugar muy grande en el corazón y la mente de todos nosotros, lo cual es muy notorio cuando él ha estado ausente. De un padre recibimos la mayor parte de nuestro sentido de identidad, nuestro sentido de aprobación, y un gran sentido de seguridad. Dios lo ha diseñado así. Ninguno de nosotros fuimos hechos para caminar solos. Requerimos el compañerismo de hermanos y amigos; el amor, el socorro y el consuelo de una madre; y también ocupamos la fortaleza, la protección, la paz, y el sentido de riqueza y pertenencia que proviene de tener un padre.

> **"Ninguno de nosotros fuimos hechos para caminar solos".**

Es exactamente igual en lo espiritual como en lo natural. Debe ser lo mismo en la vida de la iglesia, la familia de Dios, y la familia en casa. Cada uno de nosotros, sin excepción, verdaderamente necesitamos caminar con un padre, sin importar nuestra posición en la vida.

No es que Dios en su sabiduría no nos haya provisto de estas cosas. Es el hombre, especialmente el hombre independiente, legalista, y auto-suficiente que a veces trata de evitar estas cosas cuando se trata de su vida espiritual o el liderazgo de la iglesia.

Algunos de entre nosotros no han tenido buenas experiencias con sus padres terrenales. Muchas veces esto ha causado heridas muy profundas, a veces dejando una lucha de toda la vida. Muy a menudo las emociones residuales de una experiencia de padres ausentes, padres callados, padres abusivos, o algo semejante, producen problemas espirituales muy serios. Gente que ha sufrido estas situaciones muchas veces encuentra que es difícil confiar en otros o les es difícil desarrollar relaciones íntimas. En particular es difícil para algunos confiar en las autoridades o acercarse a Dios. Las experiencias malas de los padres terrenales frecuentemente estorban para que las personas conozcan a Dios como Él quiere que le conozcamos.

Pero Cristo provee la sanidad y la liberación maravillosa para cada trauma humana. Hay soluciones para estos problemas espirituales, pero se requiere buscarlas y aplicarlas. De otra manera, el creyente que esté luchando con esta condición del corazón no puede acercase a Dios, ni puede caminar en relaciones sanas y transparentes con el liderazgo de la iglesia porque las experiencias pasadas les impide de confiar en otros. La solución no es rechazar la paternidad, sino buscar y edificar relaciones de confianza con los padres que uno necesita.

Dios siempre escoge proveer padres. Y encontramos que Dios ha dado una gran promesa para esta última época, por este tiempo en la historia del hombre cuando hay una epidemia de familias sin padres, y la maldición de orfandad está en todas partes. Es para este tiempo de la historia que Dios ha ido delante de nosotros y ha prometido la restauración de la paternidad. Me refiero a las profecías de Malaquías 4:5-6.

Dondequiera que yo vaya y comparta las cosas de Dios con otros líderes cristianos, hay muchísimos temas interesantes que podríamos discutir. Veo que no hay falta de cosas importantes qué enseñar, ya que hay muchas necesidades que pueden resolverse con buena enseñanza bíblica. Pero cuando hablo de paternidad y del espíritu de hijo, y de la necesidad de tener líderes espirituales caminando con padres espirituales, sucede un cambio notorio. Los corazones de los pastores se vuelven tiernos, y sus pensamientos nostálgicos – a veces todos en el cuarto guardan un silencio muy profundo.

Hay una profunda necesidad en el corazón de todos nosotros, pero no siempre se entiende. Es una necesidad emotiva de amor y relaciones, y mayormente de encontrar el afecto de los padres espirituales entre los líderes de la iglesia. Paternidad es la necesidad más grande de las personas en el cuerpo de Cristo de todo el mundo, y parece que especialmente de los pastores mismos.

Aquí voy a empezar de contarles mi historia personal del descubrimiento del amor, el afecto, la fortaleza, y la bendición sincera que provienen de caminar con un padre espiritual, y la continuaré más adelante en el libro.

Muchas veces se ha enseñado que debemos amarnos los unos a los otros – este es, después de todo, el gran mandamiento. Nos hablan bastante de la importancia de caminar en buena relación con otros creyentes. Pero es raro que nos digan exactamente *cómo* amarnos los unos a los otros; ni recibimos instrucción acerca del patrón de relaciones que debemos seguir. ¿Qué *tipos* de relaciones se requieren? ¿Cuál es *el patrón bíblico* de relaciones en la fe? ¿Cómo podemos amar sinceramente a otros creyentes así como Cristo nos amó? Exploraremos las respuestas a estas y otras preguntas en este libro.

Es indispensable que tengamos tales respuestas y que las entendamos. Tienen que llegar a ser los valores centrales de nuestro sistema de creencias para poder vivirlos. Amarnos los unos a los otros y caminar juntos en relaciones sanas es el fondo del cristianismo real. Sin estos valores, y el estilo de vida que les corresponde, podremos encontrar que nos hemos quedado seriamente cortos de lo que evangelio nos llama a ser, y cortos también en nuestra respuesta a Jesucristo nuestro Salvador. Pues Jesús mismo nos advirtió, *"No todo el que me dice: Señor, Señor, entrará en el reino de los cielos, sino el que hace la voluntad de mi Padre que está en los cielos."* (Mateo 7:21)

No se trata de lo mucho que entendamos la teoría bíblica, sino lo que cuenta es si lo vivimos. No se trata de qué tan duro trabajemos en el ministerio, ni aún qué tanto podamos trabajar para ganar almas. Todo se trata del motivo del corazón. Pablo dijo, *"Si repartiese todos mis bienes para dar de comer a los pobres, y si entregase mi cuerpo para ser quemado, y no tengo amor, de nada me sirve."* (1 Cor. 13:3) Si no rendimos nuestro corazón, si no damos de nosotros mismos a otros genuinamente en amor, si no buscamos honrarles y servirles, hemos negado la fe.

Hay un dicho que dice, "Puedes llevar un caballo al agua, pero no puedes hacer que beba." Podemos ver que esta es una verdad espiritual. Algunos que declaran tener las convicciones más profundas en doctrinas bíblicas han experimentado muy poco la realidad de ellas. Conozco a alguien que afirma con pasión la doctrina que expresa que para obtener salvación verdadera, tiene que haber arrepentimiento genuino del corazón. Pero recientemente le pregunté al pastor que le cuida, "¿Él se ha arrepentido?" Y el pastor me respondió que no. No es que él no sea cristiano. Lo es, y a su manera es muy activo en la iglesia. Pero nunca ha tratado con sus heridas, sus ofensas, sus temores, ni sus mentiras interiores lo suficiente para superarlos, y por lo mismo no ha habido un gran rendición, ni un sometimiento verdadero a la verdad que "cree". Con su mente entiende que es la verdad, pero sabemos que el corazón es lo más engañoso, y parece ser todavía muy presuntuoso. Sin saberlo, él todavía no camina en la gracia verdadera de Jesucristo.

Yo solamente puedo recomendarle a usted estas verdades maravillosas de Jesucristo. Usted mismo tiene que rendirse a ellas y clamar a Dios por la gracia que transformará su corazón y su mente. El poder de esta gracia nos hace aptos para ver y caminar en cosas que están más allá de, o externas a, las limitaciones humanas naturales y carnales. Cuando la gracia viene, la luz de Su gloria resplandece en nuestro hombre interior. Desde ese momento uno está gloriosamente dentro de la verdad, y más sabio que sus maestros en cuanto a lo que ahora ha recibido.

El ser hijo es, por supuesto, una posición espiritual eterna donde hemos sido colocados por la relación con Dios a través de Cristo. Pero *"el espíritu de hijo"* al cual yo me refiero es además una actitud santa y un conjunto de valores, de acuerdo a los cuales debemos caminar con Cristo y con Su pueblo. No es solamente nuestra actitud hacia él, sino también la actitud del corazón hacia otros, especialmente hacia los líderes que él nos ha dado. Es más, es nuestra actitud hacia nuestros líderes que demuestra si realmente somos hijos o no, ya que apóstol Juan dijo *"Y nosotros tenemos este mandamiento de él: El que ama a Dios, ame también a su hermano."* (1 Juan 4:21)

Y no diga usted que Él no le ha dado líderes. En el pacto que Dios hizo con David, hizo mención a un contexto para Sus promesas: *"desde el día en que nombré gobernantes sobre mi pueblo Israel..."* (2 Sam. 7:11 NVI) Y las Escrituras del nuevo pacto lo aclaran aún más por amor de nosotros. Hebreos 13:7 nos instruye diciendo: *"Acordaos de vuestros pastores, que os hablaron la palabra de Dios; considerad cuál haya sido el resultado de su conducta, e imitad su fe."* Más adelante en el mismo capítulo sigue la aclaración diciendo: *"Obedeced a vuestros pastores, y sujetaos a ellos; porque ellos velan por vuestras almas, como quienes han de dar cuenta; para que lo hagan con alegría, y no quejándose, porque esto no os es provechoso."* (Hebreos 13:17)

La escritura de 1 Tesalonicenses 5:12-13a es muy significativa: *"Os rogamos, hermanos, que reconozcáis a los que trabajan entre vosotros, y os presiden en el Señor, y os amonestan; y que los tengáis en mucha estima y amor por causa de su obra."* Después regresaremos a estos versículos para indagar más qué quiere decir el Señor con *'reconocer'*.

Sobre todo debemos notar que estas actitudes y valores de hijo, los cuales somos llamados a demostrar, eran primeramente de Cristo. Nos dicen que debemos sentir *"lo mismo, teniendo el mismo amor, unánimes, sintiendo una misma cosa"* y que en nosotros debe de haber *"este sentir que hubo también en Cristo Jesús."* (Fil. 2:2,5).

Hay una historia personal detrás de mi entendimiento y enseñanza del 'espíritu de hijo' como un conjunto de valores cristianos. Usted notará que mientras cuento la historia frecuentemente uso la palabra 'nosotros'. Así es más natural para mí, porque mi equipo de liderazgo y yo aprendimos estas cosas juntos, y hasta la fecha caminamos muy cercanamente. Aunque ciertamente he obtenido muchas victorias espirituales solo en oración, muchas de mis experiencias han sido compartidas también. En muchas ocasiones otros me han acompañado, y hemos orado juntos, escuchado a Dios juntos, elegido y tomado decisiones juntos, y dicho "sí" a Dios dispuestos a pagar el precio juntos. Hemos pasado mucho tiempo juntos, y solemos tener reuniones programados sin otro motivo salvo el de estar juntos – porque sin relación no seríamos lo que somos llamados a ser como pueblo de Cristo. Y aún en los tiempos difíciles, mi equipo de liderazgo y nuestra gente han permanecido sin vacilar, creyendo juntos.

En mi llamado siempre he involucrado a los que están alrededor de mí, creyendo que mi llamado en Cristo también es el llamado de ellos. ¿Será que mi llamado es ser apóstol a las naciones? Entonces ellos tienen el llamado de ir a las naciones como ministerio apostólico; y cualquier gracia que he recibido, está sobre ellos también. ¡Y así ha sido!

En el crecer y aprender juntos, hemos experimentado tanto las tristezas profundas y las luchas dolorosas como el gran gozo del éxito, el avance y muchos milagros en respuesta a nuestras oraciones. El avance no vino sin años de lucha y dolor. Tuvimos que pasar por un periodo de oposición escandalosa, envilecimiento, y aún odio, de gente que se hicieron enemigos del evangelio aun usando el nombre de Cristo, con acciones y palabras que solamente se pueden entender hasta ahora, después de tantos años, como demoníacas. No había una razón racional para su comportamiento, salvo que, así como le dijeron a José que huyera a Egipto con María y el bebé Jesús porque había gente que buscaba matar al niño, también Satanás trató de matar la expresión de Cristo que se estaba dando a luz en nosotros. La restauración de la gracia apostólica, y especialmente el restablecimiento de la vida apostólica en la iglesia, es una amenaza enorme al reino de las tinieblas.

No fue solamente un periodo serio de prueba, de oposición y de envilecimiento; después siguió un periodo más largo y más difícil de impotencia e insignificancia. No lo esperaba. Lo que me habían contado de otras iglesias, era que después de que se van las personas problemáticas viene bendiciones y crecimiento, y aún se fortalecen las finanzas. Eso es lo que estaba esperando, pero en vez de eso nos encontramos en un largo tiempo de silencio. Habíamos tenido más éxito y habíamos bautizado más gente en medio de la aflicción, pero en el periodo siguiente no hubo ninguno de tales éxitos. Por mucho tiempo no entendía que esto también era parte de un proceso indispensable en la preparación para nuestro llamado.

Todos enfrentan oposición, y aunque la oposición cuestiona la identidad de uno, cuando uno lo enfrenta con oración y fe, y la determinación de obedecer a Dios, entonces se fortalece nuestro carácter y se aclara nuestra identidad, y a la vez se desafían nuestros motivos y se purifica el alma en muchas maneras. Dios usa la oposición para Sus propios propósitos entre los cuales están entrenarnos, fortalecernos, y purificarnos. Cualquier persona que esté llamada al liderazgo necesariamente enfrentará oposición – especialmente los que están llamados a uno de los cinco ministerios, y particularmente al papel de un profeta verdadero o aún más a la autoridad de un apóstol genuino. Este es el camino de Cristo, es un medio de gracia, y si no pasáramos por este proceso, me temo que el liderazgo sería muy superficial.

Así que yo también tuve que perseverar durante esta estación de impotencia, y fue para mí una época mucho más difícil, de la cual no tenía antecedentes. En este tiempo el Señor desmontó toda expresión externa de éxito. Le escuché decir, y lo compartí con nuestra gente el siguiente domingo, "Les he quitado todo lo que normalmente hace a un pueblo pensar que son exitosos, para que puedan concentrarse en ser exitosos en la única manera que realmente cuenta: intimidad con Dios e intimidad los unos con los otros".

Todo eso pasó en el año 2000. Acabábamos de entregar nuestra enorme propiedad multimillonaria a la denominación, porque el Señor había hablado a un gran número de nuestra gente anteriormente en el año, diciendo que renunciáramos a ser una iglesia denominacional.

Cuando inquirí del Señor sobre este asunto, le escuché decir claramente que para que nosotros cumpliéramos lo que somos llamados a hacer en este mundo, tendríamos que operar desde afuera del sistema denominacional.

Salimos a la libertad, siendo dueños de muy poco, pero sin deberle nada a nadie. Ahora no teníamos ninguna propiedad, y por lo tanto no teníamos ningún programa. Inesperadamente, el Señor se encargó de ver que nuestras finanzas también fueran limitadas. A la luz de lo que el Señor nos había hablado, yo dije a nuestra gente, "No hay nada que hacer de un domingo a otro, solamente caminar con Dios y caminar juntos los unos con los otros. No tenemos programa. No hay ningún edificio y por lo mismo no se tiene que hacer el aseo ni atender el jardín. No tenemos salones así que no tenemos escuela dominical. No tenemos en dónde reunirnos entre semana más que nuestras casas. Tienen libertad para caminar con Dios, para orar y hacer Su voluntad, y nos reuniremos de nuevo cada domingo."

Aun nuestros servicios de los domingos no tenían un lugar permanente – no había un local en la ciudad que estuviera disponible para arrendamiento continuo. Cada semana yo le avisaba a la gente dónde nos reuniríamos el siguiente domingo por medio de una carta. A veces nos reuníamos en el Jardín Botánico. Teníamos convivencia profunda, la enseñanza y el ministerio nos bendecía, pero nadie nuevo se juntaba con nosotros, y había muy pocos bautismos u otras señales de avance, aunque el Espíritu de Dios realmente estaba con nosotros. Fue difícil, porque aunque teníamos un buen ministerio, y el Señor estaba muy cercano, parecía que no podíamos tener éxito en nada.

Me doy cuenta ahora que "la impotencia" es una época de entrenamiento más difícil, porque te prueba hasta el mismo corazón de tu identidad espiritual. Ya no estás enfrentando la oposición de otros que cuestionan tu identidad; en lugar de eso empiezas a cuestionarte a ti mismo. ¿Soy quien pensaba que era? ¿Será que realmente tengo un llamado al ministerio? ¿Realmente somos el pueblo de Dios? ¿Será que hemos escuchado al Señor de verdad? ¿Estamos verdaderamente en la voluntad de Dios? Y mientras tanto, a los ojos de los demás (hablando de otras iglesias o cristianos) pareces ser un fracaso. Sin embargo, Dios está contigo en todo momento. Personalmente, considero que esta estación de impotencia e insignificancia es una de las estaciones de preparación más necesarias en la vida del apóstol. Nadie sabe cuáles problemas del corazón tienen que ser tratados en el proceso largo de este desierto, sea orgullo, o confianza en sí mismo, o algún otro tipo de debilidad carnal.

Leí en algún lugar que los padres de la Iglesia primitiva no confiaban en un hombre que no había sido quebrantado por el fracaso. Quizás esta ilustración ayude a amplificar esta verdad: es necesario que Dios trate con cada uno de nosotros en algo que tiene que ser quebrantado. Esto es especialmente veraz para los que tienen un llamado al liderazgo. En el momento yo estaba muy consciente de que, lo que fuera que estos tiempos difíciles estuvieran obrando en mi vida, también estaban haciendo una obra muy importante en los corazones de nuestra gente.

Lo que yo entendía de tener una "relación" en el ministerio con un líder mayor o con un apóstol no iba más allá de conocer a alguien y aprender de esta persona, aceptar su sabiduría y su antigüedad, con el fin de dejar que esta persona hablara a tu vida. Realmente esto era muy básico, pero allí era mi punto de inicio.

De hecho, mi entendimiento era aún más básico que eso. Yo había crecido en un Cristianismo denominacional-evangélico en lo cual trabajar, mantener y hacer avanzar el *sistema* era todo. Edificar una iglesia implicaba que uno tenía que construir una organización. Uno daba cuentas y recibía cobertura de la estructura denominacional – por lo tanto si trabajabas con ellos, eras capaz de rendir cuentas. No existía nada de relaciones personales del corazón con los líderes sobre ti, no había paternidad espiritual, ni nadie había escuchado nada de cobertura apostólica.

Los valores religiosos que nos enseñaban requerían lealtad al sistema religioso (la denominación), no a un líder individuo. Estábamos para servir a la denominación creyendo que era la iglesia. No nos enseñaban tanto de seguir, honrar ni servir a líderes individuos, aunque eran los ministros ungidos de Cristo. Nuestra lealtad era a una institución, pero nunca a un hombre. Nos enseñaban a no confiar en ningún hombre, pero nos obligaron a confiar en un comité o en la votación democrática. Todo era muy religioso, pero no cristiano.

Sin embargo yo tuve muy buenas relaciones, pensaba yo, con los miembros de la iglesia, el personal, el equipo ministerial, los líderes de la denominación (a quienes amaba y servía, ya que esto siempre ha estado en mi corazón), y yo tenía cada vez más apóstoles jóvenes y otros en el sudeste de Asia quienes me consideraban su padre espiritual. Pero yo mismo no tenía un padre espiritual, ni sabía que yo necesitaba uno, y se me hubiera hecho muy difícil relacionarme con uno. Yo era estable, maduro, tenía seguridad emocional y espiritual, era amado por mucha gente, estaba encontrando el éxito en la vida, y pensaba que ya tenía todas las relaciones necesarias y que sabía rendir cuentas como se me requería.

Pero allí el Señor intervino. Conocí al apóstol Chuck Clayton en Brisbane en 1994 en una conferencia que se llamaba *La escuela de los profetas* donde él estaba dando pláticas. Era un hombre único, lleno de autoridad, un líder espiritual con mucha experiencia, un hombre sensato a quien al principio se me hizo difícil de conocer. Me pidieron que lo llevara a comer.

Después, sentí que quería el beneficio del ministerio de Chuck en la iglesia de casa, por eso le invité. Así empezó una serie de visitas, incluyendo visitas regulares mías a su casa. El Señor me mandaba a visitarle y pasar tiempo con él. Él dijo que Chuck había aprendido lecciones importantes a través de sus errores, errores que Él no quería que yo cometiera. Tenía que aprender de él.

Al principio se me hizo difícil relacionarme con Chuck – era más fácil sentirme cómodo con cualquier otra persona que conocía en los Estados Unidos que estaba alrededor de él. Pero yo tenía que seguir la relación con él. Yo tenía muchos sueños que me mandaban a recibir su ministerio, mas no entendía aún la naturaleza personal y profunda de la relación que el Señor me estaba mandando tener con él. Yo estaba contento que nuestra iglesia estaba siendo ministrada por un apóstol ocasionalmente, y que teníamos la bendición de sus oraciones y de sus comentarios. Le recibimos con mucho gusto en sus visitas, y yo disfrutaba visitarle en gran manera, pero no me estaba dando mucho. Todo era muy precavido, pero habíamos establecido la primera etapa: recibir el ministerio y la bendición de un apóstol.

En el año 1999 me fue evidente que mi relación con el apóstol Chuck tenía que ir mucho más allá. La cobertura apostólica no derivaba de una relación casual por la cual recibíamos bendición y comentarios de vez en cuando. Tenía que haber un compromiso real y tenía que ser público y oficial. Yo había preguntado al Señor por qué parecía que carecíamos de ciertas protecciones y gracias y Su respuesta inmediata era *"Tienes que hacer oficial la cobertura apostólica"*. Esto quería decir que mi compromiso personal a mi relación con Chuck tenía que ser firmemente establecido. Necesitábamos reconocer abiertamente en nuestra iglesia la autoridad que él tenía para hablar a nuestras vidas, representar Cristo para mí, y traer un nuevo nivel de liderazgo y responsabilidad a través de una relación personal con un apóstol.

Le llamé por teléfono e hice este compromiso del corazón. Él sería mi apóstol, y yo le daría cuentas y honrarle, por amor del Señor y por amor de nuestra gente. El siguiente domingo me paré enfrente y oré por nuestra iglesia. Pedí al Señor que pusiera sobre nosotros la cobertura apostólica de Cristo. En esta oración reconocí delante del Señor que yo recibía de Él el ministerio de Chuck Clayton como aquel que sería un apóstol para nosotros en Cristo. Mientras ofrecía esta oración hubo un cambio muy evidente en el ambiente espiritual de nuestra iglesia; en ese momento personas en la congregación recibieron sanidad física. Algo muy importante, una protección crítica y una gracia apostólica habían sido puestas en su lugar.

Todo se empezó a mover muy rápido después de eso, y lo mejor todavía estaba por venir. No estábamos conscientes que había un plan maestro; simplemente estábamos buscando el rostro de Dios de día en día, caminando en la gracia que teníamos y haciendo las cosas que estaban delante de nosotros para hacer en el ministerio. Pero los principios del año siguiente, el Señor nos dirigió a dejar la denominación para explorar la plenitud de la comunidad apostólica y edificar el ministerio apostólico al cual somos llamados.

Nunca había pensado que saldríamos de la denominación. No fue mi intención, ni había anticipado ninguna razón por hacerlo. Pero inesperadamente, dentro de unas dos semanas, mucha gente se presentó, uno tras otro, para compartir que había recibido un sueño, una visión o una palabra profética diciendo que teníamos que dejar la denominación. La gente alrededor de mí estaba segura que esto era lo que teníamos que hacer y el Espíritu daba testimonio que esto era de Dios. En una plática del concilio de la iglesia, el equipo de liderazgo estaba de acuerdo, creyeron por unanimidad que esa era la palabra del Señor para nosotros.

Sabía en mi corazón que era verdad y sentía que deberíamos actuar de acuerdo con este consenso general, pero yo me sentía incómodo en guiar la iglesia a algo acerca del cual yo personalmente no había recibido instrucciones de parte del Señor. Sintiendo una carga por lo mismo, me levanté una noche a las dos de la mañana y me senté en mi oficina de casa. Sin prender la luz, allí hablé con el Señor, haciendo preguntas y escuchando, y allí Él me dijo una serie de cosas que yo tenía que saber.

Cuando salimos de la denominación, empezamos a tener una nueva libertad y dentro de siete meses alcanzamos un avance significativo en la esfera espiritual. Desde entonces empezamos a ver muchos cambios. Se resolvieron problemas, necesidades fueron satisfechas, entendimiento vino, grandes avances y desarrollo sucedieron en las áreas de las finanzas, propiedades, nuestras relaciones con otras iglesias, y otras victorias espirituales. Todavía teníamos que pelear la buena batalla de la fe y pasar por la experiencia de prueba, pero estábamos avanzando hacia una meta.

Siempre teníamos reuniones cotidianas de oración. Una mañana en los principios del año 2001, David Hood, mi ministro asociado en el equipo apostólico de *Paz*, llegó a la reunión y dijo que creía que el Espíritu Santo estaba hablando acerca de 'la herencia'. Él escuchaba esta palabra repetidamente y sentía que teníamos que orar por nuestra herencia. Yo empecé con una oración sencilla: "Padre, dame mi herencia". Sentía bien y correcto orar esto. Había un sentir de bendición y de la presencia del Espíritu Santo así que continuamos buscando el Señor por nuestra herencia de día en día.

Lo que empezó a desplegar desde entonces era una revelación creciente a nuestros corazones acerca de *ser hijo*. ¿Por qué? Porque *la herencia* se da a los *hijos*. Si queremos caminar en la riqueza de nuestra heredad, tenemos que vivir, pensar y creer como hijos.

> **"Si queremos caminar en la riqueza de nuestra heredad, tenemos que vivir, pensar y creer como hijos".**

Un poco después el Señor empezó a hablarnos también acerca del avivamiento. Habíamos orado mucho por avivamiento, pero siempre habíamos orado como si fuera algún evento del futuro para esperar, en lugar de algo que uno espera hoy, o en esta semana, o en este año. Personalmente, había orado por un avivamiento por más de veinticinco años.

Tarde una noche, el Señor me recalcó que el avivamiento realmente venía en camino, pero que era necesario que creyéramos como algo para 'ahora' no para después. Entonces, después de unas semanas, Él dijo: *"El avivamiento que viene no es como los avivamientos previos. No tengan una fijación con buscar el tipo de avivamiento de que han leído en la historia de la Iglesia tanto que pierdan lo que voy a hacer. Estoy al punto de hacer lo que nunca se ha hecho antes".*

A principios del año 2002 uno de los líderes de nuestro ministerio, Michael Appleton, quien me ha servido fielmente como un hijo desde 1992, sentía la necesidad de pasar una semana en oración. Sentía que debía dedicarse a la oración veinticuatro horas al día por siete días. Era una tarea grande. Para el segundo o tercer día yo esperaba que él se mirara mal, pero se veía maravilloso, radiante y alegre. Él oró toda esa semana y yo pasé la séptima noche con él en oración.

Como a las 5:20 de la mañana vino una palabra del Señor. Yo había estado orando, y cuando terminé Michael dijo: "John, mientras usted oraba, sentí que el Señor atraía mi atención a la foto del apóstol Chuck y

Karen Clayton que está al lado opuesto del cuarto". Teníamos muchas fotos en la pared, y la suya era una de ellas. Michael continuó: "¡Siento fuertemente que el Señor está diciendo que este hombre está destinado a tener un efecto muy significativo en nosotros y que debe ocupar un lugar en nuestras vidas mucho mayor de lo que hemos entendido!"

No podía ver cómo fuera posible que tuviera un mayor efecto o ser más importante para nosotros que lo que ya había sido. Él vivía en los EU, muy lejos de Queensland, y simplemente no lo podíamos ver frecuentemente. De hecho, no habíamos tenido mucho contacto personal con él en los dos años previos a esto, salvo una llamada telefónica esporádica. Y, honestamente, yo no estaba consciente de algo más que él tenía que necesitábamos o en que él nos podría ayudar.

Mientras, habíamos programado un campamento familiar con la iglesia para el primer fin de semana del otoño. En los meses previos que el Señor había recalcado la idea del avivamiento que venía pronto sobre nosotros, Él había prometido la lluvia temprana y tardía.

Sentía que el Señor no quería que nosotros preparáramos ningún mensaje para las reuniones del campamento. Iban a haber cinco reuniones, pero sin preparaciones. También sentía que tenía que haber "una falta de preparación" de la adoración. Así que le dije a nuestra líder de adoración superior que ella tenía que preparar menos adoración de lo que ella pensaba que íbamos a necesitar, escoger sólo unas pocas canciones, no muchas.

Después, le expliqué a mi ministro asociado, David Hood: *"David, voy a estar en el campamento familiar y me voy a sentar en la primera fila en cada reunión. Pero no estoy preparando ningún mensaje y nadie más debe de preparar ningún mensaje tampoco. Mi intención es sentarme allí y estar callado, sin decir nada en ninguna reunión a menos que el Espíritu de Dios me da algo qué decir. Quiero que tú te encargues de estas reuniones, guíalos, dirígelos como tú quieras, pero no quiero que hagas preparativos para adoración ni predicaciones"*. Claro que David no sabía qué hacer. Él es un hombre organizado, auto-disciplinado, y esto le sacó de su zona de confort.

Llegamos a la primera reunión el viernes por la noche y encontramos que David había hecho unos acomodos inspirados. Había puesto las sillas en un círculo para tener lugar para alrededor de 120 personas que iban a llegar, había puesto tres filas de sillas en un círculo grande. Incluyó un lugar en el círculo donde los músicos podrían cantar y tocar si fuere necesario. Él decidió que no comenzaríamos la reunión como acostumbrábamos hacerlo, por lo tanto los miembros del equipo de adoración se sentaron con los demás. No habría canciones a menos que el Espíritu de Dios pidiera una canción.

Para iniciar, David dio la bienvenida a todos y dijo: *"Muchos de nosotros hemos venido al campamento con expectativas del Señor. Me gustaría pedir que tantas personas como es posible pasen y tomen el micrófono y compartan sus expectativas. ¿Qué esperas de este campamento? ¿Qué esperas del Señor?"* y con eso colocó el micrófono en la mesa y se sentó.

Alguien se levantó de inmediato y compartió sus emocionantes expectativas. Dijo que estaba emocionado. Anticipaba mucho las cosas maravillosas que Dios iba a hacer en este campamento. Otro se levantó y expresó las expectativas más asombrosas de todas las cosas fabulosas que Dios iba a hacer entre nosotros en ese fin de semana. Después una tercera persona se levantó, también llena de fuertes y dinámicas expectativas del Señor, y una gran anticipación de las bendiciones que habrían de manifestarse.

Cuando esa tercera persona devolvió el micrófono a la mesa, y empezó a regresar a su lugar algo impresionante sucedió. De repente ella quedó congelada como una estatua. Sus brazos y piernas estaban posicionados como si se estuviera retirando de la mesa, pero ella no podía moverse. Y permaneció congelada, en trance, durante las próximas dos horas y media.

La reunión continuó alrededor de ella, mientras uno tras otro compartió sus expectativas del Señor para el fin de semana. Pero conforme avanzaba la noche, la naturaleza de lo que se compartía también cambiaba. Las personas empezaron a compartir sus vidas.

Compartieron sus esperanzas y sus sueños. Compartieron el trato de Dios con ellos y compartieron sus deseos. Era una experiencia maravillosa de intimidad personal, de la apertura de corazones. Fue una expresión mayor que lo que habíamos experimentado antes del compartir personal de nuestras vidas.

Después de la primera hora, David sentía que debíamos cantar. Los músicos nos ayudaron y al entrar en la primera canción parecía que el cielo estaba presente. La segunda canción también captó tal pasión, tal dulzura. Pero en cuanto empezamos a cantar la tercera canción, la unción se levantó completamente, así que paramos la canción. No seguiríamos cantando más. Volvimos a compartir, y por otra hora y cuarto los corazones estaban siendo continuamente abiertos al Señor y a los hermanos.

Luego llegó la hora de cerrar la reunión, pero durante todo esto yo había estado mirando a nuestra hermana, todavía congelada en trance y contemplando su significado. Yo había visto muchas manifestaciones del Espíritu en el transcurso de mi vida y estaba convencido que esto no era solamente una manifestación del Espíritu. Esto era algo más, ¡era una señal! Una señal es una intervención milagrosa, algo que el Señor pone delante de ti que porta un mensaje y señala una verdad. ¡Yo estaba convencido que Dios nos había dado una señal! Pero, ¿qué quería decir?

Mientras David estaba cerrando la reunión, le hice señas que yo quería hablar. Le dije a todos que simplemente podíamos orar y soltar a nuestra hermana de su estado inmóvil, pero que no debíamos ir a cenar sin contemplar el significado de lo que Dios estaba hablando a través de ella. Dije: "Creo que si escuchamos, el Señor nos dirá el significado de esta señal". De inmediato alguien dijo: "Creo que sé que significa" y después se levantó otro y otro. Muchas personas tenían un sentido de qué estaba hablando Dios. Y así se abrió otra ronda de compartir y de eso salió un entendimiento profundo del corazón y la palabra de Dios para nosotros en este tiempo. Finalmente, uno de nosotros declaró la verdad precisa que la señal estaba indicando. En este momento, el Espíritu de Dios le soltó, y ella empezó a caminar y hablar y reír como siempre.

El Señor no había terminado con nosotros. Tuvimos otras cuatro reuniones asombrosas. Más señales, muchas más horas de compartir y terminamos aquel fin de semana como un pueblo completamente cambiado. Dios había estado entre nosotros, aunque no habíamos hecho ninguna de las cosas que habitualmente hacemos para tener una reunión "exitosa". Desde este tiempo, siempre hemos puesto las sillas para que nos veamos los unos a los otros lo más posible cuando nos reunimos y ocasionalmente hemos conducido nuestros servicios dominicales de esta forma, usando todo el tiempo de la reunión para compartir. Por supuesto que es riesgoso simplemente poner el micrófono en la mesa y dejar que el que quiera hable por el tiempo que sea en una reunión abierta. Y, honestamente, no todo lo que se compartió era completamente sin egoísmo, ni todas las personas estaban limpias. Sólo eran personas cristianas normales, con debilidades y fallas. Pero confiamos en el Señor y Él fielmente se movía entre nosotros y de alguna manera obraba profundamente en nosotros, trayendo milagros en esas reuniones.

¿Cuál fue el tema central que salió espontáneamente en el fin de semana del campamento? ¡Fue el *ser hijo*! El Señor habló de lo que significa para nosotros ser hijos de un Padre en el cielo. Contemplamos la parábola del hijo pródigo y ponderamos Gálatas capítulos 3 y 4.

La historia del hijo pródigo ilustra un asunto grande. El pródigo se dijo a sí mismo que regresaría a su padre y le diría: *"Ya no soy digno de ser llamado tu hijo; hazme como a uno de tus jornaleros"* (Lucas 15:19). Esto es un problema que muchos creyentes tienen. Mientras que vienen a Dios para confesar sus pecados y ponerse a cuentas con el Padre, aunque el Padre les da la bienvenida incondicionalmente y busca traerles dentro de Su casa, muchas veces ellos todavía siguen manteniendo en su propio corazón esta creencia: *"Ya no soy digno de ser llamado tu hijo; hazme como a uno de tus jornaleros"*. Por lo tanto muchos creyentes, aunque saben que han sido recibidos por Dios y adoptados a su familia, en sus propias mentes viven en las habitaciones de los siervos, no en la casa del Padre como un hijo, pues creen que no son dignos.

Todos los creyentes tienen que superar los asuntos asociados con esta lucha. Todos nosotros tenemos que llegar a entender qué significa vivir, pensar y actuar como un hijo en lugar de un siervo. Claro que un hijo también sirve – él sirve a su padre, trabaja en los campos cosechando junto con los otros obreros – pero en su corazón sirve no porque sea un esclavo ni jornalero, sino porque es... *un hijo*.

En Gálatas 4, Pablo dice que Abraham tuvo dos hijos, uno que nació según la carne de la esclava, pero el otro, el hijo de la promesa, nació de la libre. En la iglesia también hay estos dos tipos de personas: los que todavía están bajo esclavitud y los que, como hijos de la promesa, caminan en la experiencia de la libertad por fe. La Biblia es muy clara: *"No heredará el hijo de la esclava con el hijo de la libre"* (Gálatas 4:30).

En aquel campamento, el Espíritu de Dios trajo a nuestra gente ternura de corazón. En un momento tarde por la noche del sábado David se me acercó y dijo: "John, yo realmente pienso que el Señor está diciendo que mucha de nuestra gente necesitan nacer de nuevo, de nuevo". Hice ese llamado y en esa noche muchas personas, llorando delante del Señor, vinieron a un entendimiento fresco de su posición en Cristo y su lugar en la familia del Padre.

Pensábamos que esto por sí solo fue la lección mayor, pero había más todavía por venir. Dentro de unos días el apóstol Chuck habló por teléfono. Él mencionó que había estado predicando acerca de ser hijo por los últimos seis o siete meses en los EU y estaba recibiendo una respuesta tan asombrosa de la gente que sentía que nunca se había divertido tanto en toda su vida. Inmediatamente le pedí que nos visitara lo más pronto posible para predicar sus mensajes acerca de ser hijo, para agregar a lo que habíamos experimentado en el campamento. Quería aprovechar de cualquier gracia o verdad que él tenía.

Él vino en menos de tres meses a nuestra Cumbre Apostólica Australiana anual en Junio del 2002. Yo estaba esperando que él fuera a predicar más de lo que habíamos escuchado en el campamento. Pero eso no fue el aspecto de ser hijo que había sido dado a Chuck por el Señor. En vez de eso, él tenía una revelación clara acerca de cómo el espíritu de hijo debe de ser en cada uno de nosotros referente a los que nos guían en la iglesia. Uno de nuestros pastores, Tony Ponicke, quien había tenido un avance espiritual significativo durante el campamento, también tuvo un rompimiento espiritual asombroso cuando el Espíritu Santo cayó sobre él durante la enseñanza de Chuck. Su historia de liberación a través del mensaje del espíritu de hijo se encuentra más adelante en este libro.

Para que cualquier creyente experimente plenamente la gracia que Dios nos ha dado en Cristo, necesitamos entendimiento no solamente de nuestra relación con Dios nuestro Padre en el cielo, sino también de la relación que él nos da para tener con Su pueblo. En la fe, en el ministerio, siempre hay líderes designados por Dios; muchos de estos llegan a ser padres en la fe y ciertamente esto es la meta de madurez espiritual. Necesitamos tener el corazón de un hijo hacia ellos si vamos a caminar plenamente en la gracia de Dios y llegar nosotros a ser maduros. Vamos a ver que hay muchos ejemplos bíblicos de esta gracia de 'ser hijo'. Lo que nosotros llamamos paternidad y *ser hijo* es el modelo bíblico de relaciones sanas, discipulado sano y una vida de iglesia satisfactoria y significativa.

> "Lo que nosotros llamamos paternidad y ser hijo es el modelo bíblico de relaciones sanas, discipulado sano y una vida de iglesia satisfactoria y significativa".

David Hood compartió conmigo un día una percepción personal. Dijo: "John, creo que la difusión del mensaje del espíritu de hijo y las bendiciones relacionales que tanto están descubriendo es el avivamiento que el Señor prometió". Estas palabras cargaban verdad profunda.

Me acordé que el Señor nos había dicho que el avivamiento venidero no iba a ser como algo que se había visto antes y nos advirtió de no tener una fijación con el avivamiento tradicional de tal manera que perdiéramos lo que él estaba a punto de hacer. También me acordé que en el año 2001, después que David había escuchado esa palabra "herencia" y nosotros empezamos a buscar al Padre acerca de eso, que Él nos había guiado a un conocimiento de ser hijo y nos había dado un mensaje apostólico claro del espíritu de hijo para proclamar. Además, Él había dicho que el avivamiento era para ahora. Encontramos que aún el primer plazo de experimentar la gracia de ser hijo (la lluvia temprana en el campamento familiar) nos había afectado tanto que empezaba a transformar completamente nuestras vidas y la vida de la iglesia.

Dondequiera que hemos enseñado el mensaje del "espíritu de hijo", muchos pastores y creyentes han cobrado vida con esta verdad. Esto no es solamente "una verdad" para creer; es una experiencia de Dios y una relación con Su pueblo en que es necesario caminar.

Durante nuestra Cumbre Apostólica en 2002, algo realmente cambió. Algo maravilloso se colocó en su lugar en la relación entre el apóstol Chuck y yo. De hecho, este cambio sucedió en cada uno de nosotros, entre su esposa Karen y mi esposa Hazel y entre nuestra gente y el apóstol Chuck igualmente; pero principalmente, fue dentro de mi corazón hacia donde Dios dio gran luz y gracia.

Desde 1994 hasta 1999 yo había visto la 'cobertura apostólica' como simplemente conocer a un apóstol y recibir su ministerio. Desde 1999 hasta 2002 vimos la cobertura apostólica como una relación permanente, pero voluntaria y sin imposición, en la cual estábamos comprometidos con un apóstol por amor y él a nosotros. En esta relación, dábamos cuentas, apoyo económico y le recibíamos y le honrábamos como uno sobre nosotros en el Señor. Él buscaba bendecir, instruir, estar disponible y ayudar a guardar nuestras vidas en Cristo.

Pero en junio del 2002, yo empecé a ver a Chuck como un padre y llegué a ser en mi corazón un hijo. Allí es donde el Espíritu Santo siempre me estaba llevando en Cristo.

A menudo digo a la gente que para mí habían tres etapas en el descubrimiento del poder de la paternidad y del ser hijo. Fuimos desde el punto al principio cuando la relación con un apóstol era simplemente un acuerdo conveniente, a donde llegó a ser una cobertura apostólica verdadera a través de un pacto, hasta donde por fin llegó a ser una relación profunda, sincera y emotiva, entre personas que se aman y quienes se apoyan. ¿Emotiva? ¡Sí! No creo que las relaciones, si son verdaderas y santas, deben de ser sin la profundidad sincera de sentimiento y mostraré que esto es verdad según las Escrituras.

Desde el tiempo que este cambio sucedió, cuando encontré que yo tenía el corazón de un hijo hacia un padre en el ministerio, parece como si los cielos se abrieron. Esto sucedió porque un hijo maduro tiene derecho a recibir su herencia. Entrando en una experiencia de la relación de ser hijo en el ministerio, de la manera que yo lo hice, encontré que había entrado en grande bendición.

Todo líder superior de un ministerio necesita cobertura apostólica. Cada uno necesita estar en una relación con y dar cuentas a, un apóstol de Cristo. Y cada uno necesita encontrar la gracia por la cual estas relaciones lleguen a ser significativas como relaciones genuinas de 'padre e hijo'. Cada creyente en la iglesia necesita la bendición de aquel sentido de seguridad que viene cuando su liderazgo camina en tales relaciones. A su vez, la iglesia entera puede y debe experimentar la mayor seguridad y el sentido de aceptación y pertenencia que Cristo provee para Su pueblo a través de esta expresión de la vida de familia en el ministerio.

Testimonio

En este momento tengo 55 años, llevo 34 años casado con Judy y tenemos cinco hijos. He estado involucrado en la Comunidad Apostólica 'Paz' desde enero de 1991. Soy el ministro asociado de John Alley, puesto que he ocupado desde enero de1995. Crecí en un hogar cristiano y doy gracias a Dios por los padres cristianos y la tradición cristiana que tengo. Fui salvo cuando tenía 7 años de edad y asistí a una iglesia evangélica con mis padres y hermanos. Nos enseñaron a respetar, honrar y obedecer a las autoridades sobre nosotros y a estar comprometidos con nuestra denominación y con las cosas en las cuales estuviéramos involucrados.

Mi padre era un perfeccionista quien esperaba que nosotros fuéramos buenos en todo lo que hacíamos. El darnos ánimo era escaso, pero eso era substituido por una expectativa de mejoramiento cada vez mayor. Una frase que recuerdo bien de mi padre era: "¡Nada es demasiado bueno para el Rey de Reyes!". En ese tiempo yo razonaba que eso era verdad y así yo trabajaba para hacer todo a la perfección. Por supuesto que esto no es posible y esta frase me destinó a una vida de esfuerzos.

Este historial moldeó en mí la creencia que el valor de una persona se relacionaba directamente con su manera de hacer las cosas y qué tan comprometido y confiable era. En 1987, cuando yo estaba sirviendo como líder en una iglesia, tuve un encuentro con el Señor y subsecuentemente fui bautizado en el Espíritu Santo. Eso fue un tiempo significativo de cambio en mi vida mientras el Señor me trató y me encaminó en una jornada de descubrimiento que voltearía mi sistema de creencias de cabeza. Fui confrontado por mi falta de conocimiento de Dios, Su palabra, Su voluntad y Sus caminos; me sentí bastante destrozado pero a la vez tan tocado por el Espíritu Santo que tuve una pasión para el Señor y Su voluntad como nunca había conocido antes.

Fue ese encuentro con Dios que me movió en 1988 a salir de mi empleo secular y entrar en el ministerio tiempo completo como un ministro asistente. Este fue un tiempo de muchos retos y crecimiento. Después de casi dos años en esta posición, asistí a una escuela de capacitación intensiva de nueve semanas seguida de un viaje misionero a las Filipinas. Fue después de este tiempo de ajustes, aprendizaje y búsqueda que el Señor nos dirigió hacia Paz en 1991. Habíamos determinado que queríamos que nuestros hijos crecieran en un ambiente de fe y en donde el Señor tenía toda la libertad para hacer Su voluntad.

La congregación de Paz estaba experimentando un mover de Dios que yo llamaría renovación. Eran días buenos; la iglesia crecía y nosotros personalmente y corporativamente experimentamos muchas bendiciones del Señor. Al inicio de los 90 yo servía como 'diácono' y después como 'anciano' en Paz, antes de que las circunstancias y el Señor abrieran la puerta para que yo llegara a ser el ministro asociado de John.

El Señor había estado hablando con John por algunos años acerca de la restauración de los apóstoles y él había estado enseñando a nuestra congregación todo lo que el Señor le había mostrado. Parecía haber una aceptación muy dispuesta en nuestra congregación que John era un apóstol y que tenía un llamado para viajar y llevar este mensaje a las naciones. Yo le apoyaba a John en todo y hacía todas las cosas que un buen siervo y fiel debe de hacer. La manera en que yo había sido educado me hacía un muy buen socio; fiel, responsable, comprometido y obediente.

Aunque habíamos experimentado muchos tiempos fabulosos con Dios y con Su pueblo, estábamos a punto de entrar en un periodo de tiempo muy difícil con muchos eventos dolorosos de prueba. A través de todos esos años el Señor continuaba revelando Su corazón y Sus caminos a nosotros. En algún momento que yo contemplaba más profundamente lo que significaba que John era un apóstol, me di cuenta que Dios no estaba restaurando solamente a apóstoles, ya que si hay apóstoles, ¡entonces necesita haber una iglesia apostólica! Este entendimiento no fue recibido en un ambiente inerte sino en el horno de pruebas y discordia; en un hervidero de oposición y acusación; en un tiempo de búsqueda e inseguridad.

Buscar las Escrituras me ayudó a entender más profundamente el ejemplo de Cristo como un hijo a un padre y la actitud que Él tenía hacia Su Padre. Es obvio al repasar, que el Señor tenía Su mano sobre nosotros, guiándonos a un lugar que no conocíamos. Salimos de las pruebas más débiles, pero más ricos; más sabios, pero más humildes; más reducidos, pero en unidad. Dios nos cortó para quitar de nosotros las cosas que hubieran estorbado la obra que Él tenía para que nosotros hiciéramos. La competencia y el hacer las cosas en nuestras propias fuerzas se habían acabado casi en su totalidad. Aunque en el pasado nos habían conocido como 'familia', ahora estábamos viviendo como familia. Esto fue una transición crítica, porque en una organización hay líderes (jefes) y trabajadores (siervos), pero en una familia hay padres (y madres) e hijos. Otras personas que se encuentran en una casa quienes no son familia son siervos y huérfanos. John Alley es el padre espiritual de la casa en Paz y es mi padre espiritual.

El Señor nos llevó a este entendimiento a través de la revelación por Su Espíritu y por Sus mensajeros (Chuck Clayton, el padre espiritual de John). Es importante entender que cada uno de nosotros nos acercamos a ser hijos a través de una revelación personal de lo que Dios ha hecho, lo que Él ha dicho, lo que Cristo nos ha mostrado y enfrentándonos con lo que hemos creído. Hay un sentir en que todos avanzan de ser huérfano, a ser siervo, hasta llegar a ser hijo. Es una verdad espiritual, pero también aplica físicamente y emocionalmente. Para mí, ser hijo es completamente diferente que ser siervo u obrero.

Es interesante y aún debería de haber sido obvio para mí, o para cualquier persona leyendo la Escritura, que Dios usa el vocabulario de padre a hijo y de hijo a padre. Descubrí que mi entendimiento de ser cristiano se trataba de lo que hacía (siervo) en vez de quién era (hijo). La consideración primordial es de identidad, ¿Quién soy? y ¿Cómo llegué a ser esto? Mi identidad había sido basada tanto en lo que hacía y si lo que hacía estaba bien hecho. Dios dijo de Jesús, "Este es mi hijo amado, en quien tengo complacencia" sin embargo en este momento Jesús no había aún iniciado Su ministerio y no había hecho nada. Hay muchos versículos en el Evangelio de Juan que habla de la relación del Hijo con el Padre y Su dependencia en Él al punto que no podía hacer nada sin Él. Esto también es verdad para nosotros como hijos de Dios e hijos de un padre espiritual.

A lo largo de los últimos cuatro años he tenido que renovar mi mente para ser un hijo espiritual y no un siervo. Es una cosa aprender una teoría, pero una cosa distinta serlo. La complicación y la necesidad de todavía hacer las cosas bien y con una excelencia que es aparte de la identidad es un proceso de aprendizaje. La mayoría de nuestras luchas están en el área de nuestras propias creencias. Nuestras creencias tienen que ser bíblicas.

Un elemento crítico que entiende un hijo verdadero es la herencia. Un siervo hace tareas con una mentalidad de obligación, sin un sentido que le va a beneficiar de ninguna manera. Un hijo sabe que lo que hace para su padre también le beneficia, porque tiene una herencia en todo lo que su padre tiene. La Escritura nos dice mucho de esto y he entrado en un entendimiento mayor de la realidad de esto en mi vida diaria.

Ser hijo verdaderamente me posiciona para muchas cosas importantes. Personalmente, tengo en John a alguien que vigila mi vida para protegerme de actitudes incorrectas y de error. Él genuinamente quiere que yo crezca en cada área de mi vida y de mi ministerio. Él me provee con oportunidad donde no hubiera tenido oportunidad. La bendición de un padre ayuda a soltar el poder de Dios para tener éxito en cada aspecto de la vida; familia, relaciones, finanzas, salud y ministerio; todo beneficia.

Ser hijo provee bendición, protección, consejo y un avance más rápido por lo que John me instruye y me aconseja. ¡Uno nunca deja de ser hijo, pero la naturaleza de la relación cambia! He sido el socio de John por doce años pero por la mayoría de este tiempo yo era siervo, no hijo. Quizás por fuera las cosas no se ven diferentes que antes, pero por dentro hay un mundo de diferencia. He aprendido que tener un buen padre no hace un buen hijo. Ser hijo se determina por nuestra decisión de ser hijo; o podemos también escoger ser siervos, o creer que somos huérfanos (es decir, sentir que no tenemos lugar).

Un hijo tiene un lugar permanente; no me preocupo que alguien vaya a tomar mi lugar, porque no será posible. Un hijo puede renunciar a su lugar, pero no puede ser tomado. Ser hijo provee grande seguridad porque somos hijos por cuanto tiempo como nosotros estemos dispuestos a serlos.

Ser hijo no se trata de ser controlado ni manipulado; el temor y la inseguridad no forman parte de esto. Honra, amor y sometimiento piadoso son los elementos indispensables de ser un hijo verdadero. Un punto interesante es que tenemos que ser un hijo antes de ser un padre. Si escojamos no ser hijo a un padre, podremos llegar a ser un jefe a alguien, ¡pero nunca seremos su padre!

Le doy gracias a Dios por John y por su apoyo en mi vida por los últimos 16 años. Estoy agradecido por el camino en que hemos estado que nos ha llevado hasta aquí; verdaderamente soy bendecido. Creo que conforme vayamos continuando en estas relaciones, nuestras vidas llegarán a estar aún más entrelazadas y enriquecidas.

David Hood.

CAPÍTULO DOS

DIOS COMO

PADRE E HIJO

"Dios, habiendo hablado muchas veces y de muchas maneras
en otro tiempo a los padres por los profetas,
en estos postreros días nos ha hablado por el Hijo,
a quien constituyó heredero de todo,
y por quien asimismo hizo el universo;

el cual, siendo el resplandor de su gloria,
y la imagen misma de su sustancia,
y quien sustenta todas las cosas con la palabra de su poder,

habiendo efectuado la purificación de nuestros pecados por
medio de sí mismo,
se sentó a la diestra de la Majestad en las alturas,

hecho tanto superior a los ángeles,
cuanto heredó más excelente nombre que ellos. "
(Hebreos 1:1-4)

Las revelaciones más grandes y asombrosas de Dios fueron reservadas exactamente para el tiempo y lugar preciso en la historia, el tiempo al cual se refiere en el texto de arriba cuando Dios nos habló por medio de

Su hijo. El apóstol Pablo habló de esto diciendo: *"Pero cuando vino el cumplimiento del tiempo, Dios envió a su Hijo..."* (Gálatas 4:4). La palabra traducida como 'enviado' es *'exapostello'* (enviar en una misión), un apóstol, el apóstol del Padre, había llegado al mundo.

Más adelante examinaremos a detalle la relación entre ser hijo y el apostolado. Por mientras, tenemos que considerar que Dios es Padre e Hijo. Esto es la revelación primordial que el Hijo de Dios trajo.

A muchos profetas les fueron encomendadas todo tipo de revelación acerca de la naturaleza de Dios – Su santidad, amor, justicia, misericordia, fidelidad, ira y juicios, por ejemplo. De hecho, por muchos siglos hubo un despliegue de revelación acerca de Sus nombres, el significado de estos nombres, Su naturaleza, Su propósito, Su amor y Sus caminos. No obstante, reservado para una persona en particular era el traer la revelación más sorprendente de todas.

Esta revelación sorprendente es que Dios es un Dios padre-hijo. Pero no solamente que Dios es un padre que tiene un hijo, sino que Dios también es un hijo que tiene un padre.

> **"El Dios eterno que hizo el mundo es un hijo a un padre".**

Esto es asombroso. El Dios eterno quien hizo el mundo, Aquel que hizo todas las cosas y las sostiene con el poder de Su palabra, es un hijo a un padre. Y esto es la misma naturaleza de Su ser.

Este Padre e Hijo son exactamente iguales, como dice ese dicho: "De tal palo, tal astilla".

Mucha gente que lucha espiritualmente tienen conceptos muy equivocados de cómo es Dios. Ellos piensan que Jesús como Salvador es amoroso, amable, misericordioso, perdonador, gentil, tierno y humilde, mientras tanto piensan que Dios el Padre es duro, sentencioso, difícil de conocer, guardador de la ley y rígido en su trato con los pecadores. Pero, por favor entiendan: la razón por la cual Jesús es clemente, amoroso, misericordioso, etc., es porque exactamente así es Su padre. Jesús dijo específicamente *"De cierto, de cierto os digo: No puede el Hijo hacer nada por sí mismo, sino lo que ve hacer al Padre; porque todo lo que el Padre hace, también lo hace el Hijo igualmente. Porque el Padre ama al Hijo, y le muestra todas las cosas que Él hace"* (Juan 5:19-20a).

Si la revelación que 'Dios es Dios Padre-Hijo no hubiera venido a nosotros del Hijo de Dios Mismo, sino hubiera salido de algún otro profeta, por ejemplo Amós o Jeremías, quizás no lo hubiéramos creído. Pero esta revelación era la más importante y crítica de todas, algo que realmente tenemos que saber y entender si vamos a caminar con Dios. Por lo tanto, tenía que ser traído por Cristo mismo.

No dudo que hay muchos misterios en la Deidad concerniente a la vida de un Dios eterno. En sí la Biblia no dice mucho de la relación entre Dios el Padre y el Espíritu Santo, ni mucho de la relación del Espíritu Santo y Dios el Hijo. Pero, la Biblia tiene una cantidad tremenda de cosas qué decir acerca de esta relación entre Dios el Padre y Dios el Hijo. Es así porque esta relación es tan vital y la revelación de la misma es tan crítica para nosotros.

Entendamos entonces que Dios es por *naturaleza* un Dios Padre-Hijo. Y teniendo auto-determinación, Dios ha escogido para Sí mismo el tipo de Dios que será (Éxodo 3:14). Siendo santo y perfecto, y habiendo sido perfecto y santo desde la eternidad pasada, Dios no cambia. Él escoge ser Padre e Hijo y siempre ha sido Padre e Hijo. Esto es la perfección de Su santidad.

¿Quiere decir esto que uno es superior y el otro inferior? No. El Padre y el Hijo son iguales en poder y gloria; son cada uno eternamente igual.

Note que pese a que uno es el Padre y el otro es el Hijo, ninguno ha vivido por más tiempo que el otro, aunque el hijo haya sido concebido por el Padre. Uno de los padres de la iglesia primitiva llamó a Jesús el hijo concebido no concebido. Él no tuvo principio. Los dos son de la misma "edad", igualmente de eternidad. Ambos Padre e Hijo pueden ser referidos con el término "el Anciano de Días". Pero escogieron eternamente caminar juntos como Padre e Hijo, y esto quiere decir que uno toma 'el oficio' o papel de padre y el otro toma 'el oficio' o el papel de hijo, en relación del uno con el otro.

> ## "Ser Padre o ser hijo no se trata de jerarquías, sino de relaciones".

Ser padre o ser hijo no se trata de jerarquías, sino de relaciones. No es una relación superior/inferior sino una relación de iguales que sirven uno al otro en maneras distintas. Padre e Hijo son de un espíritu y por eso son iguales. Aún en términos humanos, no puedes ser un padre y llamar a alguien un hijo sin que esto sea, por lo menos, un llamado para que esta persona pueda llegar a ser como tú, que esté parado donde tú te paras y que llegue a ser uno contigo. Por eso los Fariseos estaban tan impactados por Jesús, porque al declararse a Sí mismo Hijo de Dios, sabían que Él estaba afirmando ser igual con Dios (Juan 5:17-18).

¿Cómo funciona ésta relación?

Es importante para nosotros entender cómo ésta relación funciona entre Dios el Padre y Dios el Hijo, porque esto nos dará la perspectiva bíblica que necesitamos en cuanto a la manera en que debemos caminar en relaciones piadosas también. Si no tomamos esto, no habríamos escuchado realmente, aunque *"nos ha hablado por el Hijo"*. No es solamente en las palabras de Jesús que tenemos que encontrar vida, sino también en el ejemplo de Su manera de vivir – de otra manera no somos Sus seguidores.

Primeramente, ¿Cómo se siente Dios el Padre acerca de Su Hijo? El Padre ama al hijo profunda y apasionadamente; Él lo aprecia sobre todas las cosas (Juan 3:35). Para el Padre, no hay nadie como Su Hijo. Él es la niña de Sus ojos. Él lo cuida y lo sostiene en un amoroso y tierno abrazo. Nada es demasiado bueno para Su Hijo. Se nos ha dicho que el Padre confió todas las cosas a Su Hijo, incluyendo todo el juicio (Juan 5:19-23). Cuando fue necesario elegir un Salvador para la humanidad perdida y no se encontró un hombre justo, Dios el Padre escogió enviar a Su propio Hijo, para abarcar ambos la naturaleza humana y un cuerpo físico, para redimir al hombre de su pecado. Él envió a Su Hijo al mundo para ser el Salvador del mundo y en esto el Padre ha hecho una determinación. Todas las cosas serán completadas en Su Hijo. En cuanto al Padre le interesa, el Hijo es tan importante y central a todo lo que el Padre es, que al menos que un hombre reciba al Hijo, no puede venir al Padre (Juan 14:6). *"Cualquiera que cree en el Hijo tiene vida eterna, pero quien rechaza al Hijo, no verá la vida porque el juicio de Dios está sobre él"* (Juan 3: 36).

¿Cómo siente el Hijo acerca del Padre? El Hijo de Dios ama y reverencia a Su Padre, honrándolo en todas las cosas y sobre todas las cosas y elige vivir solamente y eternamente para Su Padre. Él vino al mundo en obediencia a Su Padre y vivió su vida entera sobre la tierra, en eso mismo, sometida a obediencia. Él estaba totalmente rendido a la voluntad del Padre. Él dijo, *"Porque yo he venido del cielo no a hacer mi voluntad sino la voluntad de Él que me envió"* (Juan 6:38). Para el Hijo, el Padre es el centro de todas las cosas. Él dijo, *"...sino el mundo debe saber que yo amo al Padre y que hago exactamente lo que mi Padre me ha mandado"* (Juan 14:31). Él antes remarcó, *"Por mí mismo no puedo hacer nada... porque yo busco no complacerme a mí mismo sino al que me envió"* (Juan 5:30).

Enseñando a Sus seguidores, Jesús constantemente los dirigía hacia el Padre. Él dijo por lo tanto, como Su Padre Celestial es perfecto, *"Sed perfectos, como vuestro Padre celestial es perfecto"* (Mateo 5:48). Él podía pasar muchas horas en oración y largas noches en vigilia sólo, buscando a Su Padre. Y estaba esperando el día cuando él retornaría a Su Padre en Gloria. *"Padre, el tiempo ha llegado. Glorifica a tu Hijo, para que tu Hijo pueda glorificarte"* (Juan 17:1).

Al final de los tiempos, todas las cosas encontrarán su culminación en Cristo, el Hijo de Dios. Pero cuando Dios el Padre haya sujetado todas las cosas a Cristo, entonces Cristo someterá todas las cosas, incluyéndose él mismo, a Su Padre (1 Cor. 15:24-28).

La UNICIDAD de Dios y de los creyentes.

Así, el Padre y el Hijo son completamente devotos el uno al otro. No hay independencia, ni agenda personal, ni hechos privados. Cada uno es completamente uno con el otro.

> **"Ser hijo no solo es la naturaleza de Dios, sino también la naturaleza de la comunión a la cual Cristo nos ha llamado".**

Ahora esto no sólo es la naturaleza de Dios, es también la naturaleza de la amistad en la cual Cristo nos ha llamado. Tú y yo, como creyentes en nuestro Señor Jesucristo, no estamos llamados a independencia, o a acción unilateral, sino hemos sido llamados a encontrar unidad, no solo con Cristo sino con uno y otro también. El Señor Jesús, en Su oración sacerdotal registrada en Juan 17, oró por nosotros, *"...que todos ellos puedan ser uno, Padre, así como tú eres en mí y yo soy en ti. Que ellos puedan ser uno en nosotros..."* (Juan 17:21). Y Juan el apóstol, urgiendo sobre la iglesia la necesidad de recordar el lugar esencial del amor, mostró el asombroso significado de la Unidad: *"Nosotros proclamamos a ustedes lo que hemos visto y oído, para que ustedes puedan tener comunión con nosotros. Y nuestra comunión verdadera es con el Padre y con Su Hijo, Jesús Cristo"* (1 Juan 1:3).

Esto grandemente clarifica algo que nosotros debemos entender; la intimidad y unidad de comunión que es compartida por el Padre y el Hijo es la misma comunión en la cual tú y yo somos llamados. Cuando el Hijo de Dios nos describió como siendo llamados a *"completa unidad"* (Juan 17:23), Él estaba describiendo el tipo de unidad que existe entre Dios el Padre y el Hijo. Nosotros estamos llamados a compartir la naturaleza Padre-Hijo de Dios. Así como esto debe ser, en términos prácticos, lo hablaré más tarde. Por ahora, hay otras materias que debemos considerar acerca de la naturaleza de Dios como Padre-Hijo.

No Independencia en el Hijo

Nunca hubo ninguna independencia en el Hijo de Dios. Sobre la tierra con la humanidad caída nosotros vemos todo tipo de hijos – rebeldes, necios, flojos, irrespetuosos, y también sanos, finos, rectos, cariñosos, trabajadores, respetuosos. Pero el verdadero espíritu de hijo es definido por la vida de Cristo, el Hijo del Dios viviente.

En respuesta a aquellos que estaban acusando a Jesús, él les dio esta respuesta: *"Yo les digo la verdad, el hijo no puede hacer nada por sí mismo; él puede hacer solamente lo que él ve a Su Padre hacer, porque cualquier cosa que el Padre hace, el Hijo también lo hace. Porque el Padre ama al Hijo y le muestra a él todo lo que Él hace"* (Juan 5:19-20).

La 'Relación' de Dios, Padre-Hijo

Un día estaba leyendo el libro de Hebreos Capítulo 1, y llegué al lugar donde dice, *'Pero acerca del Hijo Él dice, "Tu trono, Oh Dios, permanecerá por siempre y siempre, y la justicia será el cetro de tu reino. Tú has amado la justicia y aborrecido la maldad..."'* Cuando miré en particular éstas palabras *"Tú has amado la justicia y aborrecido la maldad"*, yo oí al Señor hablar.

En un momento compartiré lo que Él dijo, pero yo quiero que usted note el contexto aquí; Dios el Padre está hablando acerca de Dios Hijo, y el Padre está llamando a Su propio Hijo, *"Dios"*. Maravilloso, ¿no? Estamos mirando cosas santas aquí.

Dios es un Dios auto-determinante; Él decide para sí mismo el tipo de Dios que Él será. Dios es perfecto, Dios es santo, Dios es incambiable y Dios es un Dios de tres personas en una. ¿Sabe usted por qué Dios elige ser tres personas? Porque si Dios fuera solamente una persona, Él no podría ser perfecto ni podría ser santo. Aún si Dios fuera dos personas, Él no podría ser santo. Para Dios ser un Dios *santo*, un Dios *perfecto*, Él debe ser tres – o más.

Aquí está cómo entender lo que he dicho. Usted sabe que la Biblia dice, *"Dios es amor"* (1 Juan 4:16). No es posible para Dios ser perfecto o santo si Dios no es también amor. En la eternidad, Dios debe tener comunión o esta declaración es sin significado y el amor es sin poder. Si Dios fuera a ser amor pero no tuviera comunión, entonces Dios sería sin poder para expresar Su naturaleza. Y si no es posible para Dios ser santo, o ser amor, a menos que Él viva en perfecta comunión con otros – sin división y sin independencia, debe haber una perfecta unión.

La santidad de Dios está directamente relacionada con las relaciones de Dios, es decir el camino que Dios camina en relación con Sí mismo. Esto es *Santa Comunión*, esta es la *comunión* de Dios, sin la cual nosotros no podemos tener un Dios Santo y sin lo cual no hay nada para nosotros para ser invitados a entrar por el camino de la salvación o a las Bodas del Cordero.

Ahora entenderemos más claramente el significado de lo que yo oí que el Señor dijo mientras leía Hebreos 1:9, *"Tú has amado la justicia y aborrecido la maldad"*. Él dijo, **"Con el Hijo de Dios, nunca hubo una independencia"**. Entonces inmediatamente habló de nuevo, **"Si el Hijo de Dios hubiera sido independiente del Padre, aun por un momento, Dios no podría ser santo"**.

Yo fui sobresaltado por este pensamiento por un momento, pero cuando reflexioné, me di cuenta que esto era una profunda verdad. Para que Dios sea santo, Él debe tener unidad consigo mismo. No puede haber santidad sin unidad.

Nunca hubo un tiempo cuando el Hijo dijo al Padre, "Necesito tomarme un tiempo. Ha estado todo muy loco alrededor de aquí últimamente. Necesito algún tiempo para mí. Me gustaría irme y pensar acerca de quién soy yo por mientras; luego vendré". Ni tampoco ha habido alguna acción unilateral por el Hijo. Él nunca dijo a Su Padre, "Es un lío todo esto. Yo sé cómo arreglar a la humanidad. Tú quédate aquí; yo voy abajo a arreglar todo eso – luego vuelvo".

Entonces, después de un poco de tiempo, Yo escuché al Señor hablar: **"Si el Hijo de Dios hubiese sido independiente del Padre, aun por un momento, tú no podrías ser salvo"**.

Esto también es verdad. Si el Hijo de Dios no hubiese vivido en sumisión como un hijo a un padre, como uno con el Padre, tú no podrías haber sido salvo. Sé muy claro acerca de esto: Tu salvación eterna depende totalmente de un cierto *hijo* caminando con un cierto *padre* por siempre. No puede haber gloria ni eternidad, a menos que este Padre e Hijo continúen caminando en unidad y santidad. No puede haber redención ni salvación de almas. Tu seguridad eterna es totalmente dependiente de la relación de un padre-hijo, la cual está en el corazón de toda existencia eterna y sostiene toda creación.

¡La relación de padre e hijo es el centro de todas las cosas! ¡Esto es lo todo de lo que la devoción se trata! ¡Todas las cosas son dependientes de ello! Sin un entendimiento del *espíritu del hijo*, no entenderemos los caminos de Dios de ninguna manera, ni la naturaleza de nuestra salvación ni la verdadera esencia de la iglesia y la vida cristiana.

Aquí tenemos una santa comunión en la cual tres personas caminan con cada una en perfecta armonía. Dios tiene que ser un padre que ama a su hijo, quiere a su hijo, confía en su hijo, confía todos los juicios al hijo, y además, de confiar a su hijo que lo represente a Él en todas las cosas, si no, Dios no puede ser perfecto, ni santo. Y para que Dios sea santo, Él debe también ser un hijo que honra a su padre. No es posible para nosotros tener un Dios santo si él no es un Hijo que tiene un papá. Él debe cuidar de Su Padre, debe servir a Su Padre, amar a Su Padre, caminar con Él; y si estas cosas no están presentes, Dios no puede ser santo.

> **"Si somos independientes no podemos ser santos".**

Así que démonos cuenta con respecto a nosotros mismos, si somos "independientes" no somos santos. Si una iglesia es independiente no es santa (Por eso yo no digo independiente de denominacionalismo; yo digo independiente de relaciones apropiadas en el Cuerpo de Cristo, independientes de liderazgo apostólico y eso. Pero sí es posible también tener estas cosas aparentes en su lugar y aún tener un espíritu independiente). Si un profeta es de un espíritu independiente, él o ella no pueden ser santo. Si un apóstol es independiente, no tenemos un apóstol santo, tenemos un impostor.

Porque Dios no prepara y envía sólo apóstoles o profetas, Él levanta y envía santos apóstoles y santos profetas. No tenemos opción más que buscar caminar en las relaciones las cuales Él ordena para nosotros, o nosotros realmente no sabemos qué significa ser un pueblo santo o caminar en gracia apostólica. Nosotros tenemos que ser hechos a la imagen del hijo de Dios en toda forma.

El 'Espíritu de Hijo'

El Espíritu de Hijo expresa ciertas actitudes, ciertos valores y ciertas acciones. Principalmente, esta es una actitud de gracia que llevamos en nuestros corazones hacia otra gente, también como una actitud del corazón hacia Dios.

Sí, en Cristo somos traídos dentro de una relación dinámica con Dios el Padre y con Su Hijo Jesucristo, y así nosotros somos en efecto un hijo a el vivo y santo Uno, pero debemos aprender también qué significa vivir los valores de ser hijos en la iglesia. Debemos aprender como relacionarnos con otra gente, con el espíritu de hijos en nosotros siempre.

Yo he oído al Señor decir, "La relación Padre e hijo en el ministerio es el nuevo odre de la iglesia". En otras palabras, el verdadero 'odre' nuevo para un pueblo apostólico es establecido a través de relaciones, pero en particular, relaciones transparentes.

En otro capítulo yo explicaré que hay también límites, es decir, hay algunas salvaguardas para nosotros en términos de cómo entender éstas relaciones. Hay ciertas posiciones que usted no debería adoptar, ciertas cosas que usted no debería pensar, hay algunos límites prácticos de sentido común que nosotros debemos entender por todo esto.

Pero también nosotros necesitamos saber qué significa eso de tener un gran corazón hacia otra gente como un hijo. Nuestro amor no es para ser limitado. Nosotros tenemos el modelo del Señor Jesús, que caminó con Su Padre perfectamente.

> **"Si el Hijo de Dios hubiese sido independiente del Padre, aun por un momento, tú no hubieras sido salvo".**

Volvamos atrás por un momento a lo que yo escuché al Señor decir "Si el Hijo de Dios hubiese sido independiente del Padre, aun por un momento, tú no hubieras sido salvo". Si esa relación se quiebra, todas las cosas se pierden. La fuerza de la silla donde tú estás sentado es sólo sostenida junta por la Palabra del Hijo de Dios, porque la Biblia nos dice que todas las cosas se mantienen juntas por el poder de Su Palabra.

En el corazón del universo hay una relación padre-hijo. Todas las cosas que han sido hechas, han sido a través de la relación padre-hijo incluso tu salvación en la cruz y la sangre derramada de Cristo. En el corazón de esa sangre derramada sólo tiene poder para ti porque un cierto hijo tuvo una cierta relación con un cierto padre y ellos caminaron en ella por siempre. Si esa relación no hubiera existido, tú no hubieras sido salvo.

En el corazón del cosmos está esta relación padre-hijo y todas las cosas vienen de eso. Tu eterna seguridad, tu bienestar, el hecho que tu nombre está escrito en los cielos, el hecho que tú puedes creer que tus pecados han sido perdonados y que tú vivirás por siempre con Cristo, es dependiente de una cosa y una cosa solamente, que un cierto hijo camina en cierta relación con cierto padre y camina con Él por siempre. Nosotros deberíamos agradecer a Dios por tal padre y tal hijo.

Cómo me Siento de Gozar de Paternidad

Es sólo ahora que yo he formalizado mi relación con John que puedo mirar atrás y ver la mano de Dios guiándome a este punto. He venido a darme cuenta que los mejores y más productivos tiempos en el ministerio fueron siempre que yo estuve en relación con un hombre de Dios que me trató como un hijo.

Entender que yo debía ser un hijo espiritual de alguien ha cambiado mi vida. Ha causado que cambie mis creencias acerca de la iglesia y Dios. He sido entrenado para edificar una iglesia y he sido razonablemente exitoso; el único problema fue que frecuentemente me quedé sintiendo que algo no estaba bien.

Tuve que venir a Dios buscando amor y lo encontré en Él. Sin embargo por más que avanzaba me fui dando más cuenta que la totalidad la iglesia no sabe cómo amar y mi habilidad estaba algo limitada. Me di cuenta que mucha de mi identidad y propósito en la vida fue edificada en la medida de mi iglesia, y no sobre Juan 13:35.

Yo siempre busqué a alguien a quien someterse por la mayor parte de mi vida cristiana. Aún como un líder siempre yo busqué tener relaciones con alguno a quien me pudiera someter. Desafortunadamente esto no fue siempre posible. Por una u otra razón yo no podía fácilmente conseguir hablar con aquellos que yo suponía debía someterme. Todo esto cambió cuando yo llegué a una relación con John.

Esta forma de relación abrió mi corazón para amar más como yo fui amado por alguien sobre mí. Esto me ha permitido amar a esos sobre los que pastoreo y dejarles amarme a un nivel que yo nunca había experimentado antes.

El venir a ser un hijo ha también cambiado mi perspectiva sobre cómo pastorear al pueblo. No me veo nunca más como su líder y trato de ayudarles a ellos con sus problemas de tal manera que ellos me ayuden a edificar la iglesia. Ahora soy su padre y busco lo mejor para ellos justo como si lo hiciera con mis hijos. Esto entonces les ha soltado a ellos a ser lo que Dios verdaderamente les ha llamado a ser. Como un resultado de esto, yo he recibido mucho más respeto y amor de la gente que nunca antes.

Martin Goodall.

CAPÍTULO TRES

JESÚS EL

APÓSTOL

DEL PADRE

"Por lo tanto, hermanos santos...
fijen sus pensamientos en Jesús,
el apóstol y sumo sacerdote a quien nosotros confesamos."

(Hebreos 3:1)

Hay una importante razón por la cual la Santa Escritura nos dice *"...fijen sus pensamientos en Jesús, el apóstol..."* o, como otra traducción del texto dice, *"Considerad a Jesús, el apóstol..."*. Esto es porque en Su vida, Sus relaciones y Su sumisión al Padre, nosotros encontramos la última y pura definición de lo que realmente significa ser un apóstol. Entendiendo esto nosotros también vendremos a entender la naturaleza del cristianismo apostólico.

Jesús como Sumo Sacerdote.

Primero nosotros debemos considerar qué significa para Jesús ser *Sumo Sacerdote*. Dios había prometido por mucho tiempo a Su pueblo un *nuevo* sacerdocio y por lo tanto un *nuevo sumo sacerdote* y fue necesario que Dios el Padre estableciera a Su Hijo para que viniera a ser ese Sumo Sacerdote para el nuevo pacto. Un sacerdote ofrece sacrificios – en éste caso, Jesús vendría a ser ambas cosas, el sumo sacerdote ofreciendo el sacrificio y el sacrificio siendo ofrecido.

Antes de comenzar su ministerio público, Jesús vino al Río Jordán para ser bautizado por Juan. El Jordán representó tanto *muerte* como *cambio*. Jesús estaba siendo bautizado para significar el hecho, entre otras cosas, que iba a haber un *cambio en el sacerdocio* y que Él estaba siendo bautizado en *anticipación a Su muerte*.

Fue por este mismo propósito de venir a ser sumo sacerdote y morir una muerte sacrificial que Cristo había sido enviado al mundo. Pero antes que Él pudiera ser hecho Sumo Sacerdote, Él tenía que ser hecho algo más. Para calificar para ser Sumo Sacerdote, ¡él tenía que ser *un apóstol*! Y esto es lo que la palabra significa, enviado para un propósito, enviado con una comisión. ¡Para venir al mundo a ser nuestro sumo sacerdote, Cristo fue señalado y enviado como *el apóstol del Padre*!

Jesús como Apóstol

¿Qué significa para Jesús ser un apóstol, dado que esto precede Su habilidad para venir a ser Sumo Sacerdote? Tomamos nuestra mejor definición de lo que es el apostolado considerando a Jesús.

Cuando Jesús vino al mundo, él no vino en Su propia misión, sino en la de Su Padre. No vino en su propio acuerdo, sino vino a hacer la voluntad de otro. Haciéndolo así, Él estaba en completa sumisión a otra persona, uno que tenía autoridad sobre Él. El resultado de esa sumisión fue que Él llevó la completa autoridad de esa otra persona. Estas cosas en particular son las que definen a un verdadero apóstol.

Para la iglesia, un apóstol es alguien que no se representa a él mismo, sino está completamente sometido a la voluntad de Cristo y viene a nosotros representando a Cristo. No sólo él está sometido y representa completamente al que le envió, sino que él lleva la autoridad del que le envió. Él es el representante personal de Cristo, humildemente caminando en la autoridad de Cristo. Esto define al verdadero apóstol.

Ahora nosotros entendemos la importancia del siguiente enunciado hecho por el Señor Jesús: *"Para eso he venido del cielo, no para hacer mi propia voluntad sino para hacer la voluntad del que me envió"* (Juan 6:38).

Las Escrituras nos dicen que Él *"se despojó a sí mismo"* (Filipenses 2:7). Esto está hablando directamente acerca del sometimiento de Cristo a la voluntad de otro para que él pudiera ser así un apóstol. Si alguno verdaderamente es un apóstol, se vaciará de sí mismo. Una actitud de siervo en ellos hacia otros será natural y sincera.

Nosotros hablamos seguido de Jesús, *"haciendo a un lado su gloria"*. ¿Qué significa esto? Entre otros misterios, esto significa que Él dejó a un lado Su eterno poder, Su eterno conocimiento y su eterna capacidad para estar presente en todas partes como Dios. Estas cualidades eternas de Dios son llamadas omnipotencia, omnisciencia y omnipresencia. Estos poderes eran de Cristo como Dios, pero él las hizo a un lado. La única cosa que Él no hizo a un lado fue Su identidad, Él continuó siendo quien era, el Hijo de Dios. En obediencia al Padre Él vino a ser un bebé humano, en un cuerpo creado. Ahora él era dependiente de una mamá que lo alimentaba y lo cuidaba y Su padre para protegerle y proveer para él, bajo el cuidadoso ojo y la soberana providencia de Su Padre.

El evangelio dice, *"y Jesús crecía en sabiduría..."* (Lucas 2:52). Como el Hijo del Hombre, él no realizó milagros o hizo asombrosos discursos y dio sabias respuestas a difíciles cuestiones en Su propia habilidad, sino más bien porque haber estado lleno del Espíritu Santo. Esta es la misma manera en la cual tú y yo debemos vivir y servir como hijos de Dios. Note que Él no realizó milagros, ni estaba él activo en ningún ministerio público antes de ser bautizado por Juan, cuando el Espíritu Santo vino sobre él sobrenaturalmente.

Jesús dijo, *"Toda autoridad en el cielo y en la tierra me ha sido dada..."* Note la palabra *'dada'*. La autoridad que Jesús ejerció no fue la suya, porque Él había hecho a un lado Su gloria. La autoridad y poder que Jesús ejerció en la tierra fue la que le fue dada por Dios como Su apóstol. Fue una autoridad conferida, una autoridad delegada, no suya propia. La razón por la que la autoridad y poder de Dios podía descansar sobre el Cristo era debido a Su sumisión – el sometimiento de *un hijo hacia un padre*.

Así un apóstol tiene una autoridad *delegada*, la cual le es dada a él porque él ha hecho a un lado cualquier autoridad que él pensaba tener por sí mismo. Así, la verdadera autoridad apostólica es *siempre recibida*. Siempre descansa apropiadamente sobre aquellos sometidos a la autoridad. Esta es la única verdadera forma de autoridad apostólica en la iglesia, es decir, la cual resulta de una sumisión a otro.

Cualquier verdadero apóstol, profeta o cualquiera de los cinco ministerios de Cristo, debe ser capaz de decir, como Cristo, *"Yo no vengo a hacer mi voluntad, sino la voluntad del que me ha enviado"*. Los verdaderos apóstoles no viven para sí mismos, sino para otros. El verdadero apóstol no se representa así mismo cuando habla, sino a otro. Este verdadero apóstol completamente representa al Señor Jesús Cristo, porque él ha experimentado, visto y encarado la muerte de sí mismo, lo cual lo trae a él a un lugar de ser un hombre sumiso, permisivo, humilde y muerto –muerto a sí mismo en Cristo, para que otros puedan vivir. Y esa es la gracia de Dios que opera estas cosas en Sus siervos, hombres y mujeres – no es la habilidad de nuestras propias capacidades o deseos.

Si la iglesia va a disfrutar caminar en la gracia apostólica, debe también vivir este principio de autoridad a través de la sumisión y vida a través de morir así mismos.

Jesús, al comisionar a Sus apóstoles, dijo, *"...Como el Padre me envió, así yo les envío"* (Juan 20:21). Él había dicho antes, *"El que a vosotros recibe me recibe a mí, y el que me recibe a mí recibe al que me envió"* (Mateo 10:40). Así también la iglesia, para ser un pueblo apostólico, debe recibir a sus apóstoles y estar en armonía con ellos. La iglesia debe abrazar la unidad de espíritu con su propósito, debe honrarles y ser sometidos a su mensaje y forma de vida.

Hemos aprendido que Jesús para ser establecido Sumo Sacerdote, Él tenía que ser primero apóstol. Esto requería que él dejara a un lado Su gloria y se sometiera a Sí mismo completamente a la voluntad de otro, para que así Él pudiera representar y llevar la autoridad de esa persona completamente. Por supuesto, estamos hablando de cosas que son sin tiempo, cosas que han ocurrido en la eternidad. Nunca ha habido un tiempo que esto no fuera la opción o posición del Hijo de Dios. Él siempre ha sido, *"el Cordero que fue inmolado desde la fundación del mundo"* (Apocalipsis 13:8, 1 Pedro 1:20).

Pero aún hay una lección más que debemos aprender. Antes que Jesús fuera hecho un apóstol, Él era primero *un hijo*.

> **"Antes de que Jesús fuera hecho apóstol, primero fue hijo.**
> **Ser hijo es un pre-requisito para el apostolado".**

Jesús como Hijo

Ser hijo es realmente un pre-requisito para el apostolado. Hay algo que marca la diferencia entre un hijo y los demás, él pertenece. Él es parte y parcela, no solo de la familia, sino del padre. Él es uno con el padre, su visión de las cosas y los deseos de su corazón, todo tiene que venir del padre. En el verdadero hijo tenemos uno que es como el padre, uno que es de la misma esencia y espíritu que el padre.

En el ser hijo tenemos a uno que tiene un corazón para el padre y quien verdaderamente representa y se pone al frente por el padre.

Déjeme disgregar por un momento. No hay un hijo sin entrega del corazón, justo como el corazón del padre es por el hijo. En orden de procesión espiritual, sin embargo, es el amor del padre el cual es primero puesto sobre el hijo, pero el corazón de un hijo ha sido hecho para responder y abrazar al amor del padre. El orden de este proceso nosotros lo vemos en las Escrituras de Malaquías el profeta: *"Él (Elías) hará volver el corazón de los padres hacia sus hijos, y los corazones de los hijos hacia sus padres; sino vendré y golpearé la tierra con maldición"* (Mal 4:6).

Mi padre espiritual, apóstol Chuck Clayton, que escuchó al Señor decir algo de las más remarcables cosas en estos tiempos, escuchó esto: **"La razón de que no hemos visto el fruto que estamos buscando es porque los padres no han demostrado su amor a tal grado que los hijos estén dispuestos a dejar a un lado sus propias agendas"**. Las implicaciones de esto necesitarán ser dirigidas por mucha gente en el ministerio. Yo creo que una de las razones de mi propio éxito en el rompimiento para la edificación de nuestro equipo de ministerio que ha estado basado en relaciones, es que yo he dado mi corazón completo a mi gente y perseverado. Yo he tenido que corregir y reprender a otros entre nosotros por criticar y condenarse unos a otros, pero no he variado en mi creencia en la validez de los genuinos creyentes alrededor de mí, no importando sus deficiencias.

La ausencia de este 'afecto' de un padre por sus hijos en el ministerio ha sido uno de los grandes problemas en la iglesia. Se ha puesto mucho énfasis, especialmente en algunos círculos, sobre la necesidad de ser 'exitosos', para edificar tu propio ministerio, para perseguir un ambicioso entendimiento de los dones personales, etc. En concreto, demasiados fueron levantados en circunstancias en las cuales les enseñaron a ellos un diferente sistema de valores, más bien como un negocio mundial de perro-come-perro, donde la gente lucha por alcances individuales, promoción, avance personal, ¡pero esto ha sido dentro de la iglesia! Con el tiempo un espíritu de competencia ha venido anunciándose como 'una cosa buena' y pocos líderes tuvieron el corazón para invertirse ellos mismos en los hijos o sirvieron para hacer exitosos los ministerios de otra gente. Pero esto es precisamente lo opuesto de lo que el Espíritu de Cristo quiere, y el espíritu opuesto de la iglesia apostólica, la cual está llamada a ser su esposa. Aún un psicólogo secular puede decirte, ¡que no hay lugar para competencia en la familia! necesitamos parar de estar haciendo tales tonterías.

Volviendo a nuestro tema principal. Para venir a ser un apóstol, uno debe venir a caminar en una relación de hijo con aquél que lo establece. Ningún apóstol tiene el corazón que es requerido de un apóstol a menos que sea un hijo a aquel que está sobre él. Así, Cristo es el apóstol del Padre, y otros han venido a ser apóstoles de Cristo. Cristo fue un hijo al padre y los doce hijos a Cristo.

Nosotros no siempre nos paramos a pensar en Cristo como padre, pero en más de un lugar de las Escrituras se refieren a él como tal. El profeta Isaías estableció, *"...un hijo nos es dado... y él será llamado... Padre Eterno"* (Isaías 9:6). También leemos en el Nuevo Testamento cuando el hijo es señalado diciendo: *"Aquí estoy yo, y los hijos que Dios me ha dado"* (Hebreos 2:13b).

Así los discípulos como hijos espirituales de Jesús vendrían al lugar donde, conociendo Su amor por ellos, vinieron a amarle y confiar en Él tan profundamente que ellos rindieron su voluntad a Él y vinieron a ser completamente Sus apóstoles.

Ser hijo es el espíritu del apostolado, el cual como Cristo, nos califica para el servicio sacerdotal.

La iglesia no estará verdadera y apropiadamente expresando la vida de Dios en este mundo a menos que estemos caminando en un espíritu de hijo. El cristianismo apostólico es ser hijos – donde cada uno de nosotros debe estar en sumisión, no solo a Cristo a quien no podemos ver, sino también en relación con los que Él ha puesto a guiarnos, a quienes podemos ver y hablar y que representan a Cristo para nosotros. Nosotros debemos ser hijos a estos nuestros padres y al servirles y caminar con ellos descubrir la vida apostólica y el poder de Jesucristo.

De esto es lo que se trata el Cristianismo – del espíritu de hijo. Esto es Cristianismo *apostólico*.

> **"La verdadera autoridad viene por medio de sumisión y relación".**

Autoridad a través de la Sumisión

Es de lo más importante entender que la verdadera autoridad viene no solamente a través del *sometimiento*, sino también a través de la *relación*. No es suficiente, estar en sumisión a alguien sobre ti en el Señor; uno debe también tener una correcta relación con la persona a quien está sometida, si es que quieres llevar genuina autoridad espiritual.

Me estoy refiriendo aquí a la relación de un apóstol con aquel quien lo respalda, si él va a ser un apóstol en cualquier sentido significativo del término y si va a llevar verdadera autoridad espiritual.

Hay otras formas de autoridad, pero no son apostólicas. Por ejemplo, hay formas institucionales de autoridad en organizaciones cristianas, pero estas no son las mismas que la autoridad apostólica. Tal autoridad debe de ser respetada, pero no debe ser confundida con la autoridad personal apostólica de Cristo, la cabeza de la iglesia, recibida por los apóstoles así como servir a Cristo y a Su pueblo.

Las Escrituras nos instruyen a respetar a cada uno que está en autoridad y va tan lejos como llamar a los gobiernos como autoridades delegadas por Dios, pero esto no es lo mismo que autoridad apostólica. Para que una autoridad apostólica ocurra, esta no solo debe ser delegada, sino debe también ser el resultado de la sumisión y relación que hemos estado hablando entre Cristo y Sus siervos. Los verdaderos apóstoles no son establecidos por instituciones denominacionales o por arreglos convenidos por hombres en el ministerio – los verdaderos apóstoles son personalmente establecidos por Jesucristo solamente, y resultan de un proceso de sometimiento a Él y largo desarrollo de una relación de corazón con él.

El apóstol Juan cita a Jesús: *"Ya no les llamaré siervos, porque un siervo no conoce los negocios de su señor. En lugar de eso, Yo les he llamado amigos, porque todas las cosas que he aprendido de mi Padre se las he hecho saber a ustedes. Ustedes no me eligieron a mí, sino yo os elegí a vosotros y los he puesto para que vayan y lleven fruto..."* (Juan 15:15-16). Él dijo, *"Yo los escogí y los he establecido".* Él también dijo, *"los he llamado amigos".* Y continuó diciendo, *"Entonces el Padre les dará cualquier cosa que ustedes pidan en mi nombre".* Todas estas declaraciones son muy personales y relacionales.

Yo recuerdo que cuando el Señor Jesús se me apareció en 1997 y me dio una comisión para llevar el mensaje apostólico a las naciones, Él dijo otra cosa que fue aún más importante. Sé que fue más importante porque, no solamente fue eso Su declaración final para mí, sino algo que quedó impreso sobre mí como si Él lo hubiera dicho primero, en vez de al final. Lo que Él dijo fue, "Continúa mirando los ojos de Jesucristo".

Mirar los ojos de alguien es la cosa más íntima que puedes hacer. Es una petición mucho más íntima que simplemente buscar cosas tales como ideas, o aún mirar solo a la cara de alguien. Esto es un llamado para más intimidad, una conexión más personal. Esta intimidad es necesaria para hacer las cosas bien, o quizá también para ser capaz de hacer *todo* lo que se me ha encargado. No podemos decir suficiente acerca de la importancia de relaciones personales correctas para que la autoridad apostólica sea efectiva.

Aquí debemos tratar de entender qué tan personal e íntima es la relación entre Dios el Hijo y Dios el Padre. Sin profunda intimidad en esta relación personal, Dios no sería Dios, Dios no podría ser santo y Cristo no podría salvarte de tus pecados.

Este primer apóstol tenía que caminar en una profunda, personal e íntima relación de Hijo con Su Padre, o él nunca podría haber sido un apóstol, ni el Salvador del mundo. Si nosotros queremos caminar en la gracia apostólica y ejercer autoridad apostólica, necesitamos entender la naturaleza relacional y la fundación de la fe que tenemos.

> **"El ministerio y la autoridad espirituales son personales".**

Esto nos trae a ver que el *ministerio* y la *autoridad* son personales. Por un largo tiempo 'la iglesia', como la mayoría de nosotros la hemos conocido, ha sido largamente institucional. En esto hemos perdido el apropiado entendimiento de cómo debe ser el ministerio personal y la autoridad ministerial. Hemos crecido en iglesias denominacionales donde la autoridad para ministrar y mantener posiciones de liderazgo fueron conferidas por un proceso institucional. Al menos que uno complete el entrenamiento denominacional y reciba la aprobación denominacional a través de ser suficientemente conformado a la normas denominacionales, ellos no será aprobados para la obra del ministerio y no pueden llevar títulos tales como Reverendo o Pastor y no tendrán certificados de ordenación.

Pero el ministerio dado a Jesucristo no le fue dado porque tenía la habilidad para hacer la obra, tal como la habilidad para enseñar, o la fe para obrar milagros, o aun la disponibilidad para sufrir. No, fue dado a la única persona que tenía la relación de Hijo con el Padre que verdaderamente contaba.

Cristo tenía que ser un *hijo* sobre la Casa de Dios (Hebreos 3:6). Sin esta relación de profunda e íntima naturaleza personal, una relación incluyendo el sometimiento de la voluntad a un padre, no puede haber apóstol y no hay mandato personal para el ministerio.

Esta relación personal íntima de completa sumisión es aceptable solo de una manera, y es *con el espíritu de hijo*. Fue necesario que Cristo fuera hijo de un padre, o Él no podría ser el Cristo. Por ello es esencial que tú y yo caminemos en el mismo espíritu de esta paternidad, o nunca podremos verdaderamente ser lo que hemos sido llamados a ser. Nosotros nunca podremos representar a Cristo como Señor o llevar Su autoridad a menos que nosotros también seamos hijos a un padre.

Esta paternidad tiene que ser vista en la práctica, no solo en teoría. Cualquiera puede decir que está caminando con Dios como hijo y estar engañado. Es en la manera que caminamos con otros sobre nosotros en el Señor lo que muestra si tenemos el espíritu de hijos en el corazón, no solo en la imaginación. Como el apóstol Juan dijo, *"Esto es como nosotros conocemos quienes son los hijos de Dios y quienes los hijos del diablo: cualquiera que no hace lo que es correcto no es un hijo de Dios; ni lo es cualquiera que no ama a su hermano"* (Juan 3:10). Juan además explicó, *"Porque cualquiera que no ama a su hermano, a quien ha visto, no puede amar a Dios, a quien no ha visto"* (Juan 4:20). Este es mi punto. Cualquiera que verdaderamente sirve a Cristo manifestará eso en la forma que sirve a sus líderes.

Dios no estableció una institución en la tierra para traer así salvación a nosotros; en vez de eso envió a Su hijo. Tuvo que haber un hombre para esta tarea, el segundo Adán. De la misma manera, Cristo no comisionó un sistema religioso institucional para llevar autoridad. Las unciones de ministerios y ministros son dones de gracia, dados a los hombres y mujeres que representan a Cristo. La autoridad de Cristo es conferida sobre individuos para el ministerio; estos son equipamientos personales. Dios da estas cosas a gente no a instituciones.

Ahora, Cristo en Su ascensión establece apóstoles, profetas, evangelistas, pastores y maestros para el servicio de representar a Cristo delante de Su pueblo, equipando a Su pueblo, y proveyendo liderazgo para Su gente. Y como Cristo es establecido por Su Padre, este equipamiento es *personal*. Son hombres y mujeres que deben levantarse a hacer el trabajo del ministerio. Pero solamente aquellos que aprenden el camino de la sumisión, lo cual incluye sometimiento a otros sobre ellos en el Señor, siempre llevan una autoridad *apostólica*. El Espíritu Santo está llevándonos a encontrar esta intimidad relacional, el verdadero espíritu de hijos, de tal manera que podamos realmente revelar a Dios el Padre y al Hijo de acuerdo con nuestro llamado.

En los siglos antes de Cristo hubo muchos sumos sacerdotes del previo orden. Pero cuando Cristo, la plenitud de la revelación de Dios vino, Él llenó todas esas cosas que habían sido previamente establecidas. Ellas fueron meramente tipos y sombras de las buenas cosas que estaban por venir y Él reemplazó el temporal sacerdocio del viejo pacto con uno mejor. El viejo sacerdocio ya no servía como un medio para que alguno se acercara a Dios, ni aun el pueblo Judío. Fue declarado obsoleto y había sido quitado (Hebreos 8:13). Los sacerdotes anteriores habían sido establecidos por la ley, pero ahora había un Sumo Sacerdote sobre la Casa de Dios, no uno temporal establecido por la ley, sino uno eterno establecido por juramento de Dios (Hebreos 7:23-28).

Así, un hijo apareció sobre la Casa de Dios.

Él era y permanece, *"Fiel al que lo estableció"* (Hebreos 3:2), y mientras que Moisés fue un sirviente fiel en toda la Casa de Dios, *"Cristo es fiel como un hijo sobre la Casa de Dios"* (Hebreos 3:6). Esta fidelidad 'como un hijo' es la medida requerida para la Casa de Dios en el Nuevo Pacto. Y el ser hijo tiene otra ventaja – crea un sentido de pertenencia, pero sin ambición, posesividad, o soberbia. Como hijos tenemos una herencia, así con contentamiento llevamos nuestra responsabilidad para la Casa de Dios. Esto es 'ser dueños' sin avaricia ni esfuerzos por posesiones egoístas, ganancia o ventaja. A nosotros ya nos pertenece todo y lo mejor de todo, hay autoridad – la autoridad de un padre – en la casa. El espíritu de hijo produce buena mayordomía.

Por eso no aparecen apóstoles antes de Cristo en la historia bíblica. Cristo fue el primer apóstol, porque el apostolado y la verdadera fe apostólica de la cual es la fundación, requieren un espíritu de hijo. El espíritu y gracia de Su paternidad debe estar en todos nosotros.

Trisha Bosel

Miembro de Comunidad Apostólica 'Paz'

Testimonio

Me uní a la congregación Paz en 1991, y estoy muy agradecida al Señor por el amor de John, su integridad, y por pararse intransigentemente por Cristo, lo cual ha conformado mi vida y relación con Jesús y Dios el Padre, y me trajo de la religión y la esclavitud hacia la libertad y vida en Cristo.

Satanás destruyó a mi padre y en el proceso nuestra familia sufrió grandemente. Yo cargué muchas heridas en mi corazón las cuales ya he sepultado. Venir a Paz ha sido una jornada transformadora para mí primeramente por la gracia que Dios dio a John y su amor por todos nosotros al guiarnos en esta jornada. Yo fui bautizada no muchos meses después de haberme unido a Paz y Dios ha estado restaurando gentil y persistentemente mi corazón en santificación.

Tener un padre espiritual ha sido central a mi madurez como cristiana. El amor, la gentil amabilidad y la paciente compasión de Dios son evidentes en John, tanto como la firmeza para disciplinar y su intolerancia al pecado. Yo estoy muy agradecida por la corrección que yo he recibido porque me ha sacado del mal. Yo he sido afirmada y me han sido dadas oportunidades para crecer y madurar como cristiana. Una medida del amor de John para nosotros es también vista en la vida de los otros líderes y su amor por él, de unos por otros y por nosotros.

Cuando yo entendí que era hija y no una sierva en la Casa de mi Padre y que yo tenía una herencia, fui liberada de la mentalidad de siervo que había tenido toda mi vida cristiana y eso cambió totalmente mi relación con mi Padre Dios. Fue verdaderamente transformante.

Una vez cuando John habló de su corazón a nosotros, él dijo que nosotros en Paz éramos especiales para él y que él llevaba un profundo afecto en su corazón por nosotros. Cuando John habló esta declaración de amor hacia nosotros, yo experimenté un profundo sentimiento de paz y seguridad. Cuando estuvimos pasando a través de un periodo difícil en nuestra congregación muchos años atrás, Dios me había dicho que John y la gente de Paz estaban "inextricablemente atados juntos". Debido a que yo no entendí completamente el significado de eso en ese tiempo, John nos había siempre enseñado que las promesas que Dios le había dado a él eran para nosotros también.

En 1999 fui diagnosticada con un agresivo tumor en mi pecho. El amor y la oración que yo recibí de John y Hazel, el liderazgo de Paz y mi familia de la iglesia completa, salvó mi vida. ¡Nunca podré estar lo suficientemente agradecida! Yo nunca supe que yo era amada tan profundamente como lo fui durante todo ese tiempo. Me dijeron después que la persona que hizo la biopsia del tumor canceroso creyó en milagros debido a mi recuperación. John nos ha enseñado a amarnos unos a otros, a orar unos por otros y a unirnos para cumplir la oración de Cristo acerca de la unidad.

Yo conozco y experimento el amor de Cristo y su perdón entre mi familia de la iglesia. Eso es muy precioso para mí. Y como un padre amoroso, John desea lo mejor para todos sus hijos espirituales y esto es la formación de la semejanza de Cristo en cada uno de nosotros. Al final él pone delante de nosotros el ejemplo de su propia vida como él apasionadamente sigue a Cristo, nos ama, libremente comparte la rica revelación de la Palabra de Dios con nosotros, nos exhorta constantemente a amarnos los unos a los otros y a vivir vidas santas para Cristo nuestro Señor.

Patricia Bosel.

CAPÍTULO CUATRO

¿QUÉ ES EL CRISTIANISMO APOSTÓLICO?

"El que a vosotros recibe, a mí me recibe;
y el que me recibe a mí, recibe al que me envió."

(Mateo 10:40)

A cerca del término *"apostólico,"* quisiera decir que es una palabra de suma importancia – una palabra única y sin igual, aunque, por ejemplo, es común ver conferencias promocionadas como conferencias "apostólicas-proféticas."

El poder y el significando de la palabra *apostólica.*

Originalmente la palabra apostólica era algo único, no parecida a cualquier otra palabra, y con un significado asombroso y tan inusual y excepcional que era difícil de definir. Sin embrago, el significado del término es central e intrínseco a la fe. Esta palabra, 'apostólico', va junto con palabras como 'Cristiano,' e 'iglesia,' y habla de algo absolutamente grandísimo, histórico, y fundamental.

Y verdaderamente esta palabra no tiene igual. Arthur Katz dijo que si perdemos el significado de la palabra 'apostólica', estamos en peligro de perder el significado de la fe en sí. Hay algo maravilloso aquí que necesitamos entender.

A causa del uso moderno del término 'apostólico', encontramos que se usa la palabra en diferentes maneras, y con dos significados muy diferentes. Por ejemplo, tiene un significado cuando lo usamos al lado de la palabra 'profética'. En ese caso se usa simplemente para describir un don o un ministerio particular.

Pero tiene otro significado, más profundo, cuando se usa en el sentido clásico para describir lo indescriptible. En este caso, se refiere a dos cosas:

Primero, se refiere a la naturaleza intemporal e inmutable (inalterable) de la vida que Dios nos ha dado como su pueblo, en Su Hijo, lo cual no puede ser separado de la fe en sí. Luego volveremos a ese punto.

Segundo, se refiere al método invariable que Dios usa, por el que en todo lo que hace (sea en la creación o en intervenir en los asuntos de los hombres, y también en la provisión de nuestra costosa salvación) la naturaleza de Dios es tal que Él siempre busca expresarse y manifestarse a través de otros. Por tanto, el Padre envió al Hijo para hablar en nombre del Padre y para hacer Sus obras en el mundo, así como el Hijo había creado todas las cosas de parte del Padre en el principio. Entonces, cuando Cristo terminó su trabajo, envió al Espíritu Santo para representar al Padre y al Hijo. Y este proceso tiene que ser reproducido en nosotros. Cristo tiene que ser plenamente formado en nosotros, y debemos aprender a representar y a hablar de parte del Padre y del Hijo, y debemos por fe y por oración determinar la voluntad de Dios y abrir el camino para las obras del Espíritu Santo.

> **"Dios siempre escoge a alguien que Le represente, aún ante su propio pueblo".**

Este es el *método apostólico* de Dios, funcionando como resultado de Su naturaleza apostólica. Cuando los hijos de Israel clamaron en Egipto para que Dios les salvara, Él envió a Moisés. En ese tiempo, dijo a Moisés: *"He escuchado su clamor…así que he venido a rescatarlos…así que ve.*

Te envío a ti... " (Éxodo 3:7-10). Siempre ha escogido tener a alguien que lo represente para cumplir Sus propósitos en el mundo. Por eso escogió a Abraham, a David, a Jeremías, y a muchos otros. Y siempre escoge a alguien para representarlo aun ante su propio pueblo, quienes lo conocen personalmente y quienes caminan con Él. Por eso puso apóstoles, y todavía los pone hasta el día de hoy.

Cada uno de nosotros, sin excepciones, tiene que no solo caminar personalmente con el Señor, sino también saber cómo recibir al Señor a través de los líderes que Él ha puesto, y a través de los padres apostólicos que Él nos envía. Jesús dijo a sus apóstoles: *El que a vosotros recibe, a mí me recibe; y el que me recibe a mí, recibe al que me envió* (Mateo 10:40).

El Credo Niceno.

Los primeros padres de la iglesia tienen que haber entendido esto. El Credo Niceno fue producido después de que una gran cantidad de líderes de la iglesia, padres en la fe, se juntaron para platicar asuntos importantes en los años antes de 325 D.C. Se habían reunido de todas partes del mundo conocido para tomar un acuerdo acerca del entendimiento de quién era Cristo, porque aunque se estaba enseñando buena doctrina en muchos lugares, también se estaba enseñando herejías en todas partes. Ellos produjeron una declaración maravillosa que se llama el Credo Niceno, el cual describe a Jesús como, *"el Hijo de Dios; engendrado como el Unigénito del Padre, es decir, de la substancia del Padre, Dios de Dios; luz de luz; Dios verdadero del Dios verdadero; engendrado, no hecho; consubstancial al Padre;"*

Es una afirmación fabulosa, en la cual incluye lo siguiente: *"Creemos en una iglesia, santa, católica (universal), y apostólica."* Ellos usaron cuatro términos para describir la iglesia. La iglesia es una, la iglesia es *santa*, la iglesia es *universal*, y la iglesia es *apostólica*. Ellos usaron la palabra *apostólica* junto con otras descripciones esenciales de la iglesia. Para ellos era tan importante decir que la iglesia era *apostólica*, como decir que era una, santa, y universal. Entonces el término *apostólico* es ciertamente vital.

Entonces, ¿qué quiere decir a*postólico*? Noten que no dicen que la iglesia es pastoral; tampoco dicen que la iglesia es profética, ni evangelística, etc. Pero la palabra *apostólica*, usada en el contexto de la iglesia entera, muestra que el término tiene un significado más allá – uno que es usado junto con palabras como 'santo'. Por favor entiendan que en Efesios 4, cuando la Escritura habla de que el Señor constituyó a apóstoles junto con profetas, evangelistas, pastores, y maestros, está describiendo un don, un deber, un llamado, una responsabilidad, una obra de servicio, dado a individuos para representar a Cristo y ministrar Su gracia.

> **"Cuando decimos que la iglesia es una iglesia apostólica, es una afirmación completa con un significado profundo".**

Pero el término apostólico en el sentido mayor aplica a toda la fe de toda la iglesia, y a una cierta gracia en la cual cada uno de nosotros debemos caminar – seamos apóstoles o no. Así que cuando decimos que la iglesia es una *iglesia apostólica*, o que el pueblo de Dios debe ser un pueblo apostólico, es una afirmación completa con un significado profundo. Cuando decimos, como comúnmente escuchamos, que la iglesia es un pueblo 'apostólico y profético', perdimos el punto de qué significa ser apostólico.

Claro que somos un pueblo profético. Somos llamados a funcionar en los dones proféticos como un pueblo naturalmente profético, porque debemos vivir y ministrar cada día en los sentidos, dones, y habilidades proféticos dados por el Espíritu Santo, así como también somos llamados a vivir y servir con los dones apostólicos. Pero tenemos que ver que hay otro nivel de propósito en el término *apostólico*, definiendo algo que ninguna otra palabra puede definir, por lo cual no hay otra palabra igual. Puede ser que el pueblo de Dios tiene *funciones* proféticas, evangelísticas, y pastorales, pero la iglesia tiene que tener una *vida* apostólica, lo cual todos compartimos – y eso es algo completamente diferente.

Para confirmar la importancia de lo que estoy diciendo aquí, cito de Arthur Katz, a quien me referí antes. En el prefacio de su libro, Fundamentos Apostólicos, Katz escribe:

> "**Tengo un respeto especial** por la palabra *apostólico*. Si pierde su significado estamos en peligro de perder la fe en sí. No es una palabra fácil de definir, sin embargo hay algo en esta palabra y en su significado que está en el corazón de la fe. Es una palabra definitiva, y es una palabra que necesita ser resucitada, para no ser usada simplemente como una identificación de una denominación. Es una palabra que pulsa con gloria, y por eso necesitamos buscar y rescatar el fundamento apostólico – o no tendremos una palabra digna de esa palabra."

> "Como cada gran palabra bíblica, no se puede encontrar la definición en un diccionario. Sino que necesitamos ser apresados por la genialidad de lo que esa palabra representa. Es una búsqueda y una restauración de todo lo que era alguna vez auténtico, todo lo que se apreciaba, todo lo que se creía, todo lo que se entendía, y todo lo que era vital en la primera iglesia. Hay algo tan picante de la palabra apostólico que te hace pensar en el corazón, el espíritu, y el sentido de la iglesia cuando estaba en su gloria. La iglesia era apostólica en su comienzo, y necesita ser apostólica en su *conclusión*. Ciertamente, solo una iglesia apostólica puede ponerse de pie y vencer, y por ese testimonio, testificar y penetrar a un obstinado y resistente remanente de Israel en el misterio de Dios en el final de esta era."[1]

Katz continúa explorando este tema en la introducción del mismo libro:

> "No hay otra palabra que deba ser más viva en nuestra conciencia que la palabra *apostólica*. Es una palabra que dice todo acerca de la naturaleza y el genio de la iglesia, y todo lo que Dios espera de ella, y espera para ella... Es

---

[1] Del Prefacio de Apostolic Foundations por Arthur Katz

una palabra que necesitamos comprender, y necesitamos ser apresados por ella. Es una palabra que se ha dejado de usar, y que necesita ser restaurada, y esa restauración no será barata – pero vale *todo*.

"Nada de lo que tiene consecuencias eternas ni de lo que tiene valor inmediato puede ser efectuado en la tierra independiente de ella… Dios es celoso por la palabra apostólica. El Señor se designó el "Sumo Sacerdote y apóstol" de nuestra confesión. Si la iglesia está edificada sobre el fundamento de los apóstoles y los profetas, entonces necesitamos apropiarnos de la profundidad del significado de esa palabra para llegar a ser parte de lo que la compone, y de la configuración de las cosas apostólicas que hace que la iglesia sea la iglesia." [2]

El tratar de entender esta idea tan crucial para la fe ha sido el asunto de mis oraciones apasionadas por todos estos años. ¿Qué significa, en realidad, ser un *pueblo apostólico*? Fue el hacer esta pregunta, más que cualquier otra, que me trajo al entendimiento que ahora tengo de lo que debemos ser como un pueblo, y cómo debemos de caminar juntos.

La respuesta a esta pregunta tiene que ver principalmente con lo que *somos*, no con lo que *hacemos*. No son las actividades que emprendemos, ni los dones que ejercemos, ni las instituciones que edificamos lo que nos define como un pueblo apostólico. Sino que es cómo pensamos y cómo nos sentimos. Es decir, las actitudes de nuestros corazones y los valores que tenemos y que ponemos en práctica como cristianos. En particular, se trata de cómo nos relacionamos con Dios realmente, y cómo nos relacionamos entre nosotros. Si podemos entender eso, empezamos a entender el Cristianismo *apostólico*, y encontramos que se trata de relaciones. Cristianismo Apostólico es Cristianismo *relacional*; y la fe apostólica se trata de relaciones desde el principio hasta el fin.

---

[2] De la Introduccion de Apostolic Foundations por Arthur Katz

> **"El Señor no solo está restaurando a los apóstoles, está restaurando el cristianismo apostólico".**

Yo empecé mi búsqueda de esta respuesta algún día en el año 1995. Para entonces, ya había predicado por más de cinco años, un mensaje creciente de que los apóstoles estaban siendo restaurados en la iglesia. De repente me di cuenta de algo asombroso – el Señor no solo estaba restaurando a los apóstoles en la iglesia, sino que estaba restaurando el cristianismo apostólico en sí; que la *naturaleza* apostólica de la iglesia debería ser restaurada; y que todo el pueblo de Dios debería ser un pueblo *apostólico*.

Este entendimiento dio lugar a muchas preguntas. ¿Qué quiere decir ser *apostólico*? ¿Qué quiere decir que la iglesia sea un pueblo apostólico? Y, si se va a restaurar algo en nosotros, ¿qué es lo que falta? o, ¿qué está mal en nosotros? Si no hemos sido apostólicos, ¿qué hemos sido?

Desde el año 1995 hasta el año 2000, seguí contemplando atentamente las cosas del espíritu, y reflexionando sobre esta pregunta. Mantuve mi corazón y mis oídos abiertos al Señor, buscando una respuesta. Sin embargo el cielo se mantuvo curiosamente silencioso por un tiempo. Pero después de un rato, empecé a escuchar una voz apacible y delicada como si estuviera hablando atrás de mí. No parecía que estuviera contestando mi pregunta, sino que estaba diciendo cosas interesantes, los cuales yo recibí como información adicional. Las escribí, y seguí haciendo preguntas.

Eventualmente tuve una lista de cosas que sentí que la voz apacible y delicada del Espíritu Santo me había dado acerca de la naturaleza de un pueblo apostólico. Pero pensé que esa era información extra a la respuesta principal. Y luego se me prendió el foco. ¡Éstas *eran* las cosas principales!

En un momento, compartiré con ustedes cuál era esa verdad de la que por fin me di cuenta, pero mientras tanto, permítanme explicar por qué yo era tan lento para oír.

Estaba buscando un tipo de respuesta equivocada. Como muchas personas, ya había sido condicionado para esperar una respuesta *poderosa* cuando consideraba el término *apostólico*. En varias ocasiones había escuchado a un predicador proclamar que necesitábamos ver una restauración del poder apostólico y la autoridad apostólica en la iglesia. Normalmente eso quería decir que nosotros, y el predicador, queríamos ver señales, maravillas, y milagros. Queríamos ver a los multitudes venir a Cristo, y queríamos ver pueblos, ciudades, y naciones, volteadas boca abajo por Jesús – y relacionábamos esas cosas con el obtener 'poder' apostólico.

Pero no es lo mismo ser un pueblo apostólico, y muchos cometen este error. Es común creer que el ser 'apostólico' se define por las cosas que hacemos en el ministerio. Si alguien planta iglesias, sana a enfermos, o envía evangelistas, o sale como misionero, es asumido que tienen que ser apóstoles. Si una iglesia o congregación opera en cosas como plantar iglesias y milagros, es asumido que son una iglesia 'apostólica'. Pero no necesariamente es así. El ser apostólico nunca se determina solo por el tipo de cosas que hacemos. De hecho, hay mucha gente que hace estas cosas que no necesariamente es apostólica; algunos de ellos ni son cristianos.

No, el hecho de que seamos un pueblo apostólico, caminando en una gracia apostólica es determinado por lo que somos, y como pensamos, y la manera en que nos relacionamos – nunca por lo que hacemos. Debemos caminar en una gracia apostólica, como un pueblo apostólico, compartiendo una vida apostólica. Lo que determina si estamos haciéndolo no se encuentra en cosas externas y físicas, sino en cosas internas y espirituales – cosas del corazón.

Pero siempre ha habido predicaciones urgiendo la necesidad de que la iglesia camine en la gracia y el poder de la primera iglesia apostólica. ¿Dónde, entonces, se puede encontrar el poder apostólico de la iglesia?

Hazte esta pregunta: ¿Cuál persona entre todos los que han vivido, ejercitó mayor poder? ¿Quién, entre todos los hombres y mujeres que han caminado en la tierra, ha llevado mayor autoridad? La respuesta, por supuesto, es el que caminó sobre el agua, reprendió el viento y las olas, convirtió agua en vino, levantó a los muertos, limpió a los leprosos, dio vista a los ciegos, levantó a Lázaro aun cuando su cadáver ya estaba putrefacto, y quien al final, fue levantado de su propia muerte y ascendió a la gloria. Su nombre es Jesús.

¿Cuál es el secreto del poder y la autoridad que Jesús ejercitó? Como ya hemos concluido en el último capítulo, Jesús no ejercitó una autoridad propia – no trabajaba en su propio poder, sino que llevaba la autoridad de otro. El poder era de Su padre, fluyendo a través de Él, por el Espíritu Santo, y hecho eficaz por su sumisión al que tenía autoridad sobre Él.

> "La verdadera autoridad y poder se delegan como resultado de sumisión a la autoridad y de una relación apropiada con esa autoridad".

En otras palabras, autoridad verdadera y poder verdadero son delegados como resultado de sumisión a la autoridad, y de una relación apropiada con esa autoridad. Así fue como el hombre más poderoso y de mayor autoridad, nuestro salvador, ejerció Su ministerio. Y es como la iglesia y cada creyente, cada apóstol, profeta, evangelista, pastor, y maestro, debe ejercer su ministerio también.

La autoridad y el poder están disponibles a la iglesia, pero la plena expresión del poder y la autoridad apostólica solo vendrán cuando la iglesia, como un pueblo esté de nuevo compartiendo una vida apostólica, sometida a otros apóstoles, con esos apóstoles sometidos a Cristo.

Simplemente, el poder apostólico viene a través de la sumisión. Y la mejor ilustración de esto es algo que sucedió en la vida de nuestro Salvador, a quien ya hemos visto como el mayor ejemplo de un hombre ejercitando la autoridad y el poder de Dios. La historia escrita en los evangelios nos cuenta de un centurión que tenía un siervo enfermo. El Salvador fue implorado a sanar al siervo. Cuando Jesús escogió ir a la casa, las palabras del Centurión a Jesús fueron: *"solamente di la palabra, y mi criado sanará"*. ¿Cómo pudo sentirse tan seguro el centurión? Entendió que como Jesús vivía en sumisión a la autoridad divina, él tenía la autoridad para demandar y para soltar el poder de esa autoridad divina.

El centurión demostró ese principio cuando dijo: "*Porque también yo soy hombre bajo autoridad, y tengo bajo mis órdenes soldados; y digo a éste: Ve, y va; y al otro: Ven, y viene*" (Mateo 8:9). ¿De qué estaba hablando el Centurión? Él estaba ilustrando su entendimiento de cómo es la autoridad, y mostrando su profundo entendimiento espiritual acerca de la fuente del poder de Jesús. Él sabía que su propia autoridad para mandar a sus soldados venía del hecho de que él estaba bajo el mando de otros soldados superiores a él. Y él sabía que como Jesús era "un hombre bajo autoridad", es decir, en sometimiento a la autoridad de Su Padre, Él tenía todos los privilegios de ejercitar el poder y la autoridad de Aquél a quién estaba sometido.

Este es el secreto de la autoridad apostólica, y su única fuente verdadera. Si la iglesia desea ver otra vez la plenitud del poder apostólico demostrado por la iglesia primitiva, entonces tenemos que volver a ser un pueblo de un corazón y de una mente, caminando en amor los unos con los otros, sometidos al liderazgo de nuestros apóstoles, con toda la Iglesia, incluyendo a los apóstoles, sometidos a Cristo. Este es el camino de Dios. Esta es la posición de las Escrituras. Y no tenemos ningún derecho de demandar que la iglesia opere en otra manera.

Todo esto es confirmado en lo que Lucas escribe en el libro de los Hechos de los apóstoles. En los meses siguientes al día de Pentecostés, y con la iglesia en Jerusalén habiendo crecido a miles de personas, se hizo la siguiente descripción de la vida de esa primera iglesia: "*Y la multitud de los que habían creído era de un corazón y un alma; y ninguno decía ser suyo propio nada de lo que poseía, sino que tenían todas las cosas en común. Y con gran poder los apóstoles daban testimonio de la resurrección del Señor Jesús, y abundante gracia era sobre todos ellos*" (Hechos 4:32-33).

Esta frase, "*con gran poder los apóstoles...*" nos dice mucho. Viene después de una descripción del estado de todos los creyentes. Hay un nexo – un lazo, una conexión invisible pero definitiva – entre, por un lado, el alcance de la autoridad, el poder, y los logros de los apóstoles; y, por el otro lado, la cualidad del sometimiento, la fe, y las oraciones del pueblo de Dios.

Los "Nexos" Críticos entre los Apóstoles y los Creyentes.

Por mucho tiempo me he dado cuenta que para el ministerio efectivo, para la victoria en la guerra espiritual y el progreso del evangelio, los creyentes como un todo necesitan de los apóstoles, y los apóstoles necesitan al pueblo de Dios. Ninguno es suficiente por sí mismo, es decir ninguno es independiente, cada uno está incompleto sin el otro. Apóstoles que no tienen un pueblo en acuerdo, en armonía, orando por ellos, peleando juntos la batalla de la fe, de acuerdo con ellos, caminando con ellos, no pueden hacer mucho. El trabajo será menos efectivo y aparentemente menos significativo. El apóstol necesita ser servido, ser levantado, y ser fortalecido por un pueblo de creyentes. Cuando tenemos tal clase de pueblo, Dios libera gran poder a través de los apóstoles.

El apóstol Santiago fue muerto a espada, pero en la misma situación Pedro fue liberado porque *"la iglesia estaba orando a Dios incesantemente por él"* (Hechos 12:5). El apóstol Pablo en sus cartas estaba siempre suplicando por las oraciones de su pueblo, no solo por sus propias necesidades, sino especialmente para que él pudiera encontrar libertad para predicar y hablar valientemente, y hacer que el evangelio fuera entendido (Efesios 6:19-20). Sin tal gente un apóstol está limitado y puede aún ser grandemente impedido de tener éxito en lo que debería ser logrado.

Por el otro lado, el pueblo de Dios sin apóstoles estará sin rumbo fijo, abiertos a todo viento de doctrina, y llevados en muchas direcciones por personas bien intencionadas quienes no tienen las gracias apostólicas para la unidad y sobre todo dirección del Cuerpo de Cristo. Muchas denominaciones están bajo el liderazgo de tales bien intencionadas gentes, quienes pueden ser ministros de Cristo, y pueden tener muchos dones y trabajan duro, pero no son apóstoles. Sin apóstoles, la gente también permanece grandemente limitada, aún estorbada, y frecuentemente atrapados y despojados por el enemigo. Para hacerlo peor, muy seguido la tradición y el institucionalismo religioso y otras organizaciones cristianas previenen a la gente de ver sus necesidades de apóstoles, y de reconocerles a ellos cuando Cristo les envía.

Un Ejemplo Ilustrando estos "Nexos".

Yo tengo una historia personal que ilustra este nexo del cual hablo, entre el apóstol y las personas. En el año 2000, Cindy Jacobs, una americana bien conocida por su ministerio público de profecía e intercesión, vino a Australia para hablar en una conferencia. Ella públicamente trajo una fuerte profecía referente a un llamado para orar sobre el panorama político en Australia. Ella especificó cerca de una docena de puntos de oración, pero la esencia de la profecía era que la iglesia Australiana tenía que orar fervientemente concerniente a la próxima elección, de otra manera había un peligro que el partido político equivocado pudiera ser electo en ese momento. Sin identificar ningún partido, ella profetizó, con referencia a los mayores partidos que uno, si era electo, podría ayudar a Australia a ir en la dirección espiritualmente favorable para la nación, y eso estaba de acuerdo con lo que el Señor quería. Pero si el otro partido era electo, esto podría llevar a Australia en un carril contrario, espiritualmente adverso a nuestros mejores intereses.

Lo maravilloso fue que la iglesia en todas partes parecía realmente tomar estas oraciones. Sobre todo el territorio el pueblo estuvo orando de acuerdo con esta Palabra. Una versión impresa de su profecía encontró su camino hasta nosotros en Rockhampton, y nosotros tomamos estas oraciones también. Después de algunas semanas, en un periodo cuando yo estaba muy ocupado en casa entre nuestra propia gente, la llamada de Dios vino a mí repentinamente un día. Yo tenía que ir a Canberra, nuestra capital nacional, y pasar siete días en oración en la Casa del Parlamento con tal de buscar a Dios para el conocimiento de Su voluntad, y para creer a Dios por los resultados que Él deseaba en la elección la cual pronto sería realizada.

Así que yo fui, y cada día por siete días yo estaba en la puerta del Parlamento cuando abrían al público a las 9am. Una vez dentro, yo caminé orando por todas partes accesibles del edificio. Me senté en la galería pública de la Casa de los Representantes y oré ahí. Después fui y me senté en la galería pública del Senado y oré, luego al Salón del Comité mayor y oré en la galería pública ahí. Después caminé y oré en los techos del edificio, y después en todas las calles aledañas. Cuando después de varias horas yo hice todo esto, lo hice todo de nuevo. Cada día, dos, tres, o cuatro veces, yo me mantuve con este proceso.

A veces yo me sentía llevado a incluir otras oraciones. Caminé orando la Avenida Commonwealth desde la Casa del Parlamento al Centro de la Ciudad. Fui a la Casa del Parlamento antiguo y oré a lo largo de ese edificio. Ore y caminé por el "Anzac Parade", haciendo pausas para orar en varios monumentos, pero en particular en el Monumento de la Guerra de Vietnam. Fui a la oficina del periódico

"Canberra Times" y oré y profeticé concerniente a cómo los medios de esta nación en los próximos días pudieran ayudar al evangelio. También fui a la Torre Telstra sobre la Montaña Negra, desde la cual hay una vista de 360° de Canberra y todos sus alrededores, y oré sobre la nación desde ahí; también desde el Mirador de la Montaña Ainslie. Pero pasé la mayor parte de esas largas horas dentro del edificio del Parlamento, intercediendo, suplicando, escuchando, mirando y pidiendo a Dios que actuara – y creyendo también, lo cual es la parte esencial.

No confié en mí mismo para realmente saber la voluntad de Dios concerniente a los partidos políticos y elecciones. De los siete días, pasé los primeros cuatro o cinco buscando conocer la mente del Señor. Cada uno de nosotros tenemos nuestras propias ideas y es muy fácil para nosotros asumir lo que Dios quiere. Yo sabía que no podía hacer eso. Yo no estaba dispuesto a orar simplemente de acuerdo con lo que yo pensaba que era bueno, tampoco de acuerdo a mi preferencia para votar. Yo tenía que conocer la mente del Señor. Los cuatro o cinco días que yo invertí orando por la gracia para discernir lo que el Señor quería fue realmente importante para mí – mi sumisión a Su voluntad y un claro testigo interior que tenía que encontrar, por motivo de conciencia, y así ser confiable a la posición que yo tendría que tomar. Finalmente, yo tuve que tomar la decisión que yo creí que Dios estaba diciendo, y oré de acuerdo con la decisión. Tomé una pluma, y un cuaderno, y comencé a registrar lo que yo escuché como yo oí y permití a Él hablar.

Aquí está un resumen de lo que Él me dio: El Partido Liberal iba a ser el partido del listón azul en la política. El Partido Laboral no iba a tener tracción en las encuestas. Los Demócratas iban a tener su poder destruido, iban a dividirse, y tenían sus números reducidos a la mitad en el Senado. Yo iba a orar para que al Partido Nacional le fuera dado el balance de poder en el Senado. Además de esto, había muchos otros puntos. Mucha oración se necesitó concerniente al equipo que trabajaría en la Casa del Parlamento, no solo los representantes electos sino además los que limpiaban, el equipo de seguridad, y otros servidores públicos. Hubo oraciones para remover los ocultistas y gente con otras 'agendas' de intereses especiales, y hubieron oraciones para traer cristianos fieles orando, intercesores dedicados, dentro del equipo del Parlamento, quienes deberían orar mucho por el gobierno, la nación y el servicio público.

En ese día el primer Ministro convocó la elección, la cual debía ser realizada algunas semanas después. Volví a casa el día de la elección, algunos de nosotros pasamos el día en el cuarto de oración. Yo oí al Señor decir, "Te he dado 90% de lo que tú me has pedido".

El Partido Liberal ganó la elección, y en efecto el Partido Laboral no tuvo atracción en el electorado, ni la tuvieron por un largo tiempo después. No muchas cosas fueron visibles ese día, pero el Señor me había dicho que Él me había concedido el 90% de lo que yo le había pedido. Justo cinco meses después de la elección, los Demócratas en el Senado comenzaron los más increíble dimes y diretes entre ellos – ello fue muy público y aparentemente muy irracional, y en un periodo de pocas semanas, el poder del partido fue destruido, la mitad de sus senadores renunciaron al Partido, y los Demócratas habían dejado de tener poder en la política En la siguiente elección tres años después, a través de inusuales circunstancias el Partido Nacional tuvo un senador adicional electo inesperadamente quien le dio al Partido Nacional el balance de poder en el Senado.

La idea de que el Partido Nacional podría tener el balance de poder en el Senado era la más improbable de toda la política Australiana. Era vergonzoso aun sugerir que tal cosa fuera posible. Yo sé, porque algunos meses antes de esa elección particular, el líder Federal del Partido Nacional, el Honorable John Anderson, estuvo visitando Rockhampton e hizo un pronunciamiento público a los medios acerca de los caminos. Resulta que él y las cámaras de televisión estaban en la esquina, solo unas puertas más lejos. Así que le invitamos a visitarnos por unos minutos. Él dijo que había problemas de cara al Partido Nacional debido a los cambios demográficos en Australia. Yo le dije a él que por algunos años había estado orando y creyendo que Dios podría darle al Partido Nacional el balance de poder en el Senado. Él se sintió un poco avergonzado, y yo también, porque ambos sabíamos que eso no era una posición racional. Él políticamente me agradeció mis oraciones. Pero dentro de unos pocos meses de la conversación, una subsecuente elección fue realizada, y el Partido Nacional en efecto ganó el balance de poder en el Senado.

Nada de esto es un comentario sobre dónde están las cosas ahora mismo, o qué Dios puede estar diciendo acerca de la política Australiana hoy. Todo esto ocurrió algunas elecciones atrás y las cosas han cambiado. Yo simplemente estoy diciendo la historia para ilustrar un punto muy importante con respecto a la vida de la iglesia.

El punto es este: Yo creo que la razón por la que el Señor me llamó a ir a Canberra fue para pasar tiempo lidiando con tales asuntos y estar tomado de Dios por gracia fue por que la iglesia estaba orando.

Yo creo que cuando la iglesia está orando y el pueblo de Dios está en un acuerdo, el Señor activa apóstoles y profetas. Eso podría verse como si un apóstol hubiera hecho una gran cosa, o que un profeta ha traído una asombrosa palabra, pero yo creo que lo mejor y más grande de la obra de Dios a través de apóstoles y profetas viene como un resultado del pueblo de Dios posicionándose ellos mismos. Yo creo que sin la profecía de Cindy Jacobs, y sin la gente de Dios creyendo fervientemente y en sinceridad, la llamada para ir a Canberra y tratar con esas cosas con autoridad apostólica no hubiera sucedido.

Necesitamos respetar estos nexos entre el apóstol y el pueblo de Cristo y trabajar para recrear la efectividad de ello. Se necesitan apóstoles para edificar el Cuerpo de Cristo, y se necesita que otros líderes de la iglesia vean por ellos. Nosotros necesitamos establecer de nuevo el fundamento apostólico. La iglesia debe buscar estar en armonía con sus apóstoles, y comprometerse a sí misma a caminar en la vida y fe de los apóstoles que Cristo envía. Estos apóstoles servirán para traer al pueblo de Dios a libertad, madurez, y nuestra herencia compartida.

¡Libertad! – El Primer Principio del Ministerio Apostólico

Yo no puedo decir con seguridad si la libertad es realmente el *primer* principio del ministerio apostólico, pero para mí lo es. Mi papel es abrir los "ojos de los ciegos" revelándole al pueblo de Dios la libertad espiritual que ellos tienen en Cristo, y ayudar a los creyentes a venir a esa libertad. Yo establezco libertad dentro de las estructuras de nuestro propio ministerio, y siempre le dijo a la gente, "Ustedes tienen la libertad de venir, y también de irse. Pero si ustedes permanecen, mi intención es mostrarles cómo vivir por Cristo, cómo caminar con el pueblo de Dios y cómo conducirse ustedes mismos en la Casa de fe. No quiere decir que todo se vale. Disciplinas espirituales apropiadas, respeto por otros, y sumisión a la autoridad les traerá hacia una verdadera libertad".

> **"Disciplinas espirituales apropiadas, respeto por otros, y sumisión a la autoridad les traerá hacia una verdadera libertad".**

Un ministerio apostólico, o una iglesia apostólica, requiere autoridad y disciplina, pero sin control. Por eso todas las estructuras de liderazgo y la vida de iglesia por sí misma deben estar basadas en relaciones significativas saludables, en las cuales la autoridad es reconocida y honrada. A los apóstoles se les ha dado la gracia de edificar relacionalmente, pero eso es un proceso de aprendizaje, crecimiento, y madurez.

Yo escribí antes que en respuesta a mis preguntas, yo comencé a escuchar al Señor concerniente lo que realmente significaba ser un pueblo apostólico, y terminé con una lista de cosas las cuales después vine a darme cuenta que eran la mayor respuesta a mi pregunta. Esto es lo que Él me dio.

La siguiente lista, "Las Cualidades Dinámicas de un Pueblo Apostólico", ha sido revisada y reproducida del capítulo 11 de mi primer libro, *La Revelación Apostólica.*

Estas cosas enlistadas son los valores y éticas las cuales son fundacionales a la naturaleza de la iglesia apostólica. Esas son las verdaderas características de un pueblo apostólico. Estos son principios energizantes, y son claramente parte de la revelación de Dios para la vida de Su pueblo. De manera que nos sometamos a Cristo, y aprendamos Su camino, el poder de Dios fluya a través de dicha gente.
Las Cualidades Dinámicas de un Pueblo Apostólico.

La palabra dinámica se usa aquí con un propósito. *Dinámico* se refiere a una fuerza motora, algo que es potente, y energético. Aquí están descritas las cualidades específicas y la naturaleza de la vida compartida de un pueblo apostólico.

Un Corazón y una Mente:

Un pueblo apostólico está marcado por un gran deseo de unidad, aunque la unidad no es en sí misma un fin. El propósito de la unidad no solamente es establecer amor entre los hermanos, sino también obtener intimidad con Dios y traer al mundo la fe en Cristo. Aun así, el amor y aceptación de uno a otro es real. Apóstoles traerán unidad a la iglesia, dentro de cada congregación local, y a través del Cuerpo. Este es uno de los grandes propósitos de los apóstoles, y no hay ningún apóstol maduro sin esta carga – una carga por el Cuerpo completo. La meta apostólica es la unidad de la fe y la madurez de la iglesia, hablado en Efesios 4:13, la cual es para ser edificada sobre la unidad del Espíritu, por el cual podemos esforzarnos y mantenernos.

Humildad, Enseñabilidad, Sumisión:

Estos valores vienen a ser nuestra vida cuando nosotros tenemos el Espíritu de Jesús. Ninguno es capaz de cambiar su propio corazón, pero cuando recibimos a Jesús, recibimos Su Espíritu, y somos capacitados por el Espíritu Santo a vivir y pensar y sentir como Jesús lo haría. No puede haber tal cosa como un pueblo apostólico que no sea enseñable y en sumisión a sus líderes. Sin estas cualidades no puede haber unidad, y no puede haber visitación del Espíritu en poder. Sin enseñabilidad no habrá crecimiento en gracia, y sin sumisión no hay genuina autoridad en el creyente. Sin estas gracias en el corazón, la verdad no puede ser recibida. La humildad precede a estas dos cualidades, y es esencial para un poder apostólico.

Honrando Líderes:

Un pueblo apostólico honra a su liderazgo, no solo porque es un mandato bíblico, sino porque es una fuente primaria de vida y bendición que Dios ha ordenado. La capacidad para dar honor es una marca de madurez, sabiduría y un corazón puro. El impuro siempre batalla para dar honor, porque eso es contra la naturaleza de la carne. En comunidad, la honra mutua de uno a otro prepara para una maravillosa y pacífica experiencia de vida. Esta es la sabiduría que viene del cielo, mencionada en Santiago 3:17-18, y es lo opuesto a la pugna de envidia y orgullosa ambición que afectan a muchas congregaciones cristianas y traen todos los males.

> **"El Cristianismo Apostólico nos llama a descubrir relaciones significativas basadas en la fidelidad de unos a otros".**

Relaciones del Corazón:

En iglesias tradicionales, las relaciones están frecuentemente basadas en conveniencia. Las relaciones continúan mientras son convenientes, pero cuando ya no es así, la gente se va. Muchos cristianos efectivamente viven para ellos mismos, y el resultado es que las relaciones son superficiales. El cristianismo apostólico nos llama a descubrir relaciones significativas, basadas sobre la fidelidad de uno a otro. Venimos a ser entregados los unos a los otros, como el apóstol instruye, *"Ámense los unos a los otros con amor fraternal, respetándose y honrándose mutuamente"* (Romanos 12:10). Nosotros estamos para ser hermanos y hermanas, madres y padres los unos a los otros en la fe. Efectivamente, esta es una relación del corazón –damos nuestros corazones los unos a los otros.

Responsabilidad, Transparencia, Apertura, Honestidad:

Entre un pueblo apostólico, existe responsabilidad a través de relaciones. Estamos para vivir vidas de transparencia unos con otros. Para que esto sea efectivo, debemos venir al lugar donde confiamos unos en otros. La Biblia dice que el amor siempre confía, pero por supuesto esto solo puede ser la experiencia de aquellos que están en una comunidad, donde los asuntos que dividen han sido trabajados, nuestros corazones están en descanso, y nos aceptamos los unos a los otros. En comunidad y en la fe apostólica, los individuos no persiguen una agenda privada. Vivimos por el bien de otra gente, y somos honestos por nosotros mismos, nuestros propósitos, y nuestros motivos.

Amor:

La iglesia apostólica primitiva fue reconocida por los creyentes y sus enemigos como ser una gente de asombroso amor de unos a otros. Ellos estaban cumpliendo la Ley de Cristo. Los enemigos de la iglesia se disgustaban por el amor que tenían los unos por los otros, y este amor era fundacional al poder evidente en la iglesia primitiva. No hay otra manera por la cual el mundo fuera trastornado, y la iglesia apostólica tuviera éxito en hacer esto en una generación. Este es el llamado de Dios para la iglesia de hoy, ser un pueblo apostólico en nuestra generación, marcada por el asombroso, abnegado y sacrificial amor, que es Cristo en nosotros.

Dando Nuestras Vidas por los Hermanos:

Cristo nos llama a amarnos unos a otros, y hacerlo así en la misma forma que Él nos amó a nosotros. Él nos amó a nosotros hasta el punto de poner su vida por nosotros, como Él lo remarcó a sus discípulos, *"Nadie tiene amor más grande que el dar la vida por sus amigos"* (Juan 15:13). El apóstol Juan después escribió esta retadora apelación, *"En esto conocemos lo que es el amor: en que Jesucristo entregó su vida por nosotros. Así también nosotros debemos entregar la vida por nuestros hermanos"* (1 Juan 3:16). Esto describe el espíritu de cristianismo apostólico. No se sorprendan si Dios llama a Su pueblo a un supremo sacrificio. Agregando a este punto, entiendan que el amor de nuestros corazones hacia los demás debería ser tal que consideráramos las vidas de otra gente como dignas de sacrificio. Esto al menos llamará a obediencia al próximo enunciado de Juan, *"Si alguno tiene posesiones y ve a su hermano en necesidad pero no se compadece de él, ¿cómo puede el amor de Dios estar en él? Queridos hijos, no nos amemos de palabra o de lengua sino con acciones y en verdad"* (1 Juan 3:17-18). Este es el espíritu de un pueblo apostólico.

No una Democracia, sino una Comunidad:

La Democracia puede estar bien para las naciones, pero nunca ha sido el plan de Dios para la iglesia. Aun Churchill remarcó que "La democracia es la peor forma de gobierno excepto todas esas otras formas que han sido tratadas de vez en cuando"[3] En lugar de ello, la iglesia es el medio para alzarse sobre la misma democracia y alcanzar una sociedad. La democracia no puede producir comunidad, como la discutimos anteriormente. Una compañía apostólica funciona a través de relaciones y por su gente conociéndose y confiando uno a otro profundamente, no a través de políticas de quién puede conseguir más votos. En la comunidad, no es la opinión de la mayoría lo que cuenta – es el Espíritu de Dios trayendo paz al corazón que guía y habla. La voz de solo un miembro puede ser usada por Dios para traer a cualquiera corrección o

---

[3] "Winston Churchill – citas," Jarrold Publishing 1997.

dirección, y los creyentes cuyos corazones son rectos con uno y otro sienten un testimonio interior a la verdad. Al final, el liderazgo ungido de la comunidad lleva la responsabilidad por el entendimiento del corazón de la gente y la mente del Espíritu, sin importar a través de quién eso se haya expresado.

Con Derechos, pero sin Derechos:

Para ser un pueblo apostólico debemos ceder nuestros "derechos". Si nosotros no estamos preparados para hacer esto, no estamos siguiendo el camino de Cristo, y por lo tanto nunca podremos conocer Su poder. Cristo fue honrado por el Padre y exaltado hasta lo sumo, específicamente porque Él cedió sus derechos y confió en el Padre. Este es el mensaje de Filipenses capítulo 2, donde nosotros somos llamados a ser de una misma mente y uno en espíritu y propósito con los creyentes, porque estamos unidos con Cristo. Nosotros estamos llamados para ver por los intereses de otros, tanto como los nuestros, e instruidos a tener los mismos valores que Cristo tuvo cuando Él se hizo a sí mismo nada. Jesús no contó Su igualdad con Dios como algo a qué aferrarse y se humilló a sí mismo para venir a ser un siervo a los demás. Igualmente, los creyentes de una comunidad apostólica no demandan sus derechos, sino confían la cobertura de Dios, y buscan ser siervos a su gente. Un pueblo apostólico debe estar contento de ser " nada", y es Cristo quien los exaltará en Su manera y en Su tiempo. Esta es la gente que heredarán la promesa apostólicas, *"El Dios de paz pronto aplastará a Satanás bajo vuestros pies"* (Romanos 16:20).

La Línea de Plomo: Amós 7:7-8

"El Señor me mostró otra visión: Estaba él de pie junto a un muro construido a plomo, y tenía una cuerda de plomada en la mano. Y el Señor me preguntó:

—¿Qué ves, Amós?
—Una cuerda de plomada —respondí.
Entonces el Señor dijo:
—Mira, voy a tirar la plomada en medio de mi pueblo Israel; no volveré a perdonarlo."

Esta Escritura ha sido usada por predicadores para traer un mensaje de advertencia de los juicios de Dios, y para decir que Dios está poniendo una plomada entre Su gente. Una plomada es una herramienta usada entre artesanos para asegurar que lo que ellos construyen es verdaderamente recto y correcto. Es usada aquí como una ilustración de Dios estableciendo una medida entre Su pueblo, para juzgar así lo que está torcido. Lo que yo noto aquí acerca de la visión en la profecía es que cuando el Señor dijo esto, Él estaba junto a una pared que había sido edificada verdaderamente a plomo.

Piénselo. El Señor ha hablado de un juicio viniendo sobre lo que está torcido entre Su pueblo, pero poniendo la plomada para juzgar lo que está imperfecto, Él está también parado junto a la pared que se ha edificado alineada. Los muros o paredes en las Sagradas Escrituras se refieren a la Ciudad de Dios, y a las fundaciones apostólicas en particular.

Esto puede solo significar que en los próximos días de juicio, no importa qué formas falsas, religiosas, apóstatas de la fe o de la iglesia puedan haber en el mundo, habrá también un pueblo edificado correctamente. Esto es entonces una referencia a la iglesia madura de los últimos días, la esposa sin mancha o arruga, la iglesia madura y restaurada de Jesucristo funcionando con una vida apostólica, y llevando la palabra de vida a las naciones.

Carolyn Ponicke, Líder de Adoración

Comunidad Apostólica 'Paz'

Testimonio

Yo crecí en un hogar cristiano y acepté a Jesús como mi Señor y Salvador a la edad de 8 años. He vivido como una cristiana desde entonces, aunque a veces no muy bien. Yo fui previamente miembro de una denominación evangélica tradicional. Mi esposo Tony y yo comenzamos a asistir a Paz en Enero de 1991, y desde entonces hemos estado en una maravillosa jornada con John y nuestra gente redescubriendo la verdad del cristianismo apostólico. Ustedes pueden ver que tengo algún entendimiento del cristianismo "tradicional", y todo lo que va con eso.

Hemos estado en esta jornada ahora por algunos 18 años, durante los cuales ha habido un alejamiento de la religión y la tradición, y una vuelta a la verdad del cristianismo del Nuevo Testamento. Habiendo experimentado lo viejo, y ahora lo nuevo, yo sé dónde quiero estar, y es justo donde estoy. John es mi padre espiritual y yo soy su 'hijo', y es grandioso. Sé que soy amada y aceptada. Estoy animada y empoderada para ser todo lo que puedo ser en el Señor. He sido enviada al ministerio, y exhortada a seguir avanzando más y más hacia Dios y venir a ser todo lo que puedo ser para Él. Yo amo a John profundamente y estaré por siempre agradecida con él por todo lo que ha hecho. Esto incluye el hecho que John ha sido tenaz en su seguir al Señor, y esto ha traído real revelación. Me siento muy privilegiada de ser parte del equipo de liderazgo de Paz y de trabajar al lado de John en el ministerio.

No siempre se me ha hecho una relación fácil, mayormente debido a mis propios asuntos con la autoridad, y figuras paternas, y el equivocado sistema de creencias en el que había estado viviendo. En efecto yo estaba por un tiempo temerosa de John, temerosa de decepcionarlo y de que él me desaprobara. Sin embargo esto no ha sido así. John ha sido siempre muy gentil y gracioso en sus tratos conmigo, aun si eso ha sido en algo que yo necesitaba ser corregida. Esto es porque estamos en una genuina, santa relación apostólica. No hay un señorío sobre nadie. Para mí no hay presión, ni competencia y no tengo que "probarme a mí misma".

Como parte del liderazgo de Paz, sé que nos honramos, respetamos y amamos unos a otros, y esto fluye hacia la vida de la iglesia de Paz. Hay genuino amor compartido entre nosotros. Somos una comunidad que se cuida profundamente unos a otros. Me siento amada por la gente de Paz, y los amo a ellos. Queremos lo mejor para cada uno. Como dije antes, yo sé dónde quiero estar. Este es mi hogar. Estoy a salvo y segura y siendo guiado por alguien que realmente me ama, y quiere ver lo mejor para mí, y de hecho lo mejor para todos.

Todos queremos crecer hasta llegar a la imagen de Jesús, y tanto en John como en Hazel veo el carácter y los atributos de nuestro Señor siendo modelados. Yo soy verdaderamente privilegiada de ser parte de este ministerio, y parte de lo que el Señor está haciendo en la tierra ahora.

Carolyn Ponike.

CAPÍTULO CINCO

LA GRACIA
APOSTÓLICA
DE SER HIJO

"Porque a los que antes Dios conoció él también los predestinó
para ser conformes a la semejanza de Su hijo,
para que Él fuese el primogénito entre muchos hermanos."

(Romanos 8: 29)

La naturaleza de Dios es hacer todas las cosas a través de Su hijo. Y al traernos a Él mismo, Él nos ha declarado ser Sus hijos también. El Espíritu de adopción ha sido enviado a nuestros corazones por el cual nosotros clamamos "Abba, Padre" (Romanos 8:15-17, Gálatas 4: 5-7).

En el mensaje del evangelio, hecho especialmente claro por Pablo después de una especial revelación, pero visto en todas partes en la Santa Escritura, nosotros no solo somos *"predestinados para ser adoptados como Sus hijos a través de Jesucristo"* (Efesios 1:5), sino también *"predestinados para ser conformados a la semejanza de Él"* (Rom. 8:29).

Hechos para Ser como Él.

Ser hijos está en nosotros. Aún desde el tiempo que el hombre fue creado a la imagen de Dios, y ciertamente desde el tiempo que fuimos nacidos de nuevo y el Espíritu del Hijo de Dios nos fue dado, éste ha sido el diseño de Dios para nosotros, y su huella sobre nosotros. Fuimos bautizados en Cristo, y hemos venido a ser UNO con todos los creyentes. El espíritu de Santificación dentro de nosotros ha estado esforzándonos, dirigiéndonos a Jesús diariamente, enseñándonos a amar, así como a conformarnos a la imagen del Hijo de Dios. No hay absolutamente nada relacionado a la vida cristiana que no tenga escrito el espíritu del hijo.

Si vamos a ser conformados a la imagen del hijo de Dios, por lo menos esto significará que debemos aprender a pensar como Él, amar como Él, actuar como Él, valorar lo que Él valora, y hacer lo que Él hace. Así todos los valores y actitudes de Jesús, el Hijo de Dios, van a ser formados completamente en cada uno de nosotros.

El Espíritu de Hijo en Jesús.

Debemos considerar concienzudamente éste hecho: cada cosa que Jesús hizo, Él lo hizo como hijo de un padre. ¿Por qué debemos de tomar nota especial de esto? Porque esto es la vida, y el estilo de vida a la cual nosotros vamos a ser conformados.

> **"Todo lo que Jesús hizo, lo hizo como hijo de un padre – ésta es la vida y el estilo de vida a la cual seremos conformados".**

Al seguir a Cristo, debemos abrazar Sus caminos. Él no estuvo aquí para agradarse a sí mismo, ni para hacer Su propia voluntad, sino la voluntad de otro. El completo plan de Salvación, incluyendo la forma en que Él había de vivir y cómo debía producir fruto para Dios, todo fue hecho bajo la dirección de otro, en diaria sumisión a Su Padre. No hay nada acerca de la manera que el Hijo de Dios vivió Su vida en la tierra, o cómo Él vive en la eternidad, que pueda separarse de la vida del Padre en Él. Todos Sus gozos, todo Su dolor, todo Su trabajo, todos Sus pesares, y todos Sus triunfos – todo Su propósito de ser – estaba envuelto en Su identidad como un hombre que vivió todo el tiempo como un hijo para

Su Padre.

Salvación es el Espíritu de Hijo.

Tenemos que entender este estilo de vida de *ser hijo*. Debemos venir a apreciar la actitud y valores de Jesucristo, para esto estamos ahora siendo conformados por el Espíritu Santo. Si rechazamos esto, rechazamos el propósito de Dios en nuestra salvación. Esto es de lo que se trata la Salvación, como el escritor a los Hebreos dijo, *"En efecto, a fin de llevar a muchos hijos a la gloria, convenía que Dios, para quien y por medio de quien todo existe, perfeccionara mediante el sufrimiento al autor de la salvación de ellos"* (Hebreos 2:10).

Así que seamos muy claros. El espíritu de hijo, y nuestra conformidad a este patrón, es lo que la fe cristiana y nuestra salvación vienen a ser enteramente. Todas las Escrituras hablan y nos dirigen a llegar a este resultado. Es un destino que solamente puede ser alcanzado a través de caminar en relaciones – relaciones con Dios en el Padre, el Hijo, y el Espíritu Santo, y como las Escrituras lo hacen claro, relaciones con el pueblo de Dios también.

La Santa Comunión

Por ejemplo, el apóstol Juan incluyó un poderoso pronunciamiento en el principio de su primera epístola. *"Les anunciamos lo que hemos visto y oído, para que también ustedes tengan comunión con nosotros. Y nuestra comunión es con el Padre y con su Hijo Jesucristo"* (1 Juan 1:3).

Esta es una emocionante Escritura, la cual no sólo revela claramente que nuestra comunión con los santos y nuestra comunión con Dios el Padre y el Hijo es _la misma_ comunión, sino más. Como en otros lugares de la Escritura, el Espíritu Santo ha inspirado a propósito a los escritores a intercambiar lo que nosotros podríamos haber pensado era el orden aceptable cuando se refería a Cristo y la iglesia. El propósito es acentuar la verdad que toda comunión con Dios el Padre y el Hijo es también vista como comunión con los santos. Rechazar la comunión con los santos es perder a Dios y Su propósito, y dejarnos nosotros mismos espiritualmente vulnerables y pobres, habiendo mal entendido las riquezas de Cristo y nuestra verdadera herencia.

> **"No es posible tener una comunión con Dios en una mano, y una comunión separada con los santos en la otra".**

Una cosa es muy clara aquí. La comunión referida es una sola comunión. Nosotros no tenemos una comunión con Dios en una mano, y una separada comunión con los santos en la otra. Hay una sola santa comunión – y cuando tú eres traído dentro de esta comunión con Dios el Padre y el Hijo, tú estás en la comunión de los santos. En esto ustedes han sido traídos a una relación con hermanos y hermanas la cual es santa, y la cual no puede ser definida como de menor importancia que nuestra relación con Dios, porque es Dios mismo quien declara que todos nosotros somos uno con Él y con los otros al mismo tiempo. Hay solamente una 'unicidad'.

Esto es fuertemente mostrado ser el caso en la oración del Sumo Sacerdote Jesús por todos los creyentes en la noche anterior que Él fue a la cruz... *"Ruego... por los que han de creer en mí... para que todos sean uno. Padre, así como tú estás en mí y yo en ti, permite que ellos también estén en nosotros, para que el mundo crea que tú me has enviado. Yo les he dado la gloria que me diste, para que sean uno, así como nosotros somos uno: yo en ellos y tú en mí. Permite que alcancen la perfección en la unidad, y así el mundo reconozca que tú me enviaste y que los has amado a ellos tal como me has amado a mí"* (Juan 17: 20-23).

Su Amor en nuestra Adopción

Tal vez una alarmante comprensión para algunos podría ser escuchar que Dios el Padre nos ama tanto como Él ama a Su Hijo Jesús. Mucha gente no se detiene a pensar acerca de esto, pero éste es el significado literal de la obra de Dios en nuestra salvación. Esto es proclamado en las mismas palabras de la oración de Jesús, *"los has amado a ellos tal como me has amado a mí."* (Juan 17:23).

El Padre no ama a Cristo con un tipo de medida de amor, y a ti y a mí con una diferente medida. Él te ama a ti en la misma manera como a Su Hijo, y en el mismo grado. De otra manera Él no hubiera permitido que Su hijo sufriera por nosotros. En Sus ojos tú eres tan querido como Jesús, como quiso a Jesús, tan regocijado y tan apasionado como lo sintió por Jesús – y tan aceptable en Su presencia como Jesús. Esto es lo que significa ser adoptado como hijos – tú tienes el mismo status que Jesús el Hijo de Dios. Como el gran escritor del libro a los Hebreos dijo, *"Tanto el que santifica como los que son santificados tienen un mismo origen, por lo cual Jesús no se avergüenza de llamarlos hermanos"* (Hebreos 2:11).

La Bendición de la Comunión

Nosotros, por lo tanto, no deberíamos despreciar la llamada a caminar cercanamente con nuestros hermanos y hermanas en la fe, y hallaremos esa gracia y sabiduría viniendo a nosotros de Dios cuando elijamos realmente caminar con otros. Somos enriquecidos procurando estas relaciones. Aún más, cuando nosotros amamos y servimos a nuestros líderes espirituales, encontramos que gran gracia es dada a nosotros y nuestra vida es maravillosamente enriquecida. Por largo tiempo he sentido, aun desde que era muy nuevo en la fe como un adolescente, que 90% de la gracia, bendición, providencia, y respuestas a mis oraciones que habían de venir a nosotros, vienen siempre y cuando estamos en relaciones correctas con nuestros hermanos y líderes. La gente que evita relacionarse, particularmente aquellos que evitan sumisión al liderazgo, siempre batalla espiritualmente, aunque ellos digan que la están pasando muy bien.

> "Dios es un Dios del tipo padre-hijo. Él siempre buscará reproducir Su naturaleza en la iglesia".

Hay muchos ejemplos en la Biblia de relaciones personales en la fe que siguen un patrón padre e hijo. En efecto, nosotros deberíamos sorprendernos si no fuera así. Dios es un Dios del tipo padre-hijo. Esta es su propia naturaleza. Él siempre busca reproducirse a sí mismo en la humanidad, y seguramente reproducirá su naturaleza en la iglesia.

La Manera del Hombre

Pero el hombre es terco e incorregiblemente religioso – esto es parte de nuestra naturaleza caída pecaminosa. Consecuentemente, cuando nuestras mentes vuelven a Dios, pensamos complacer a Dios en las maneras que parecen correctas a los hombres, y terminamos construyendo el tipo de instituciones que se levantan como la Torre de Babel como si ellas pudieran ser superiores sobre todas las cosas. Nos asombra que el Señor ha 'confundido nuestros lenguajes' dividiendo a los cristianos que son religiosamente conducidos en muchos campos. El institucionalismo no es la manera de Dios, sino del hombre.

La Manera de Dios

La manera de Dios fue caminar con Adán en el Jardín del Edén en la frescura de la tarde. La manera de Dios es caminar y hablar, para así desarrollar intimidad relacional. La manera de Dios fue caminar con Adán. La manera de Dios es esa de profunda amistad personal, un deseo de conocer y ser conocido, un deseo por la unidad de los corazones, aun con Sus propias creaturas. La manera de Dios es el camino del amor, y eso solo puede ser expresado en el tipo de intimidad que viene de una amistad que ha aprendido a confiar, a honrar, y estar en descanso en la presencia de otra persona – el tipo de amistad donde hay una aceptación de la otra sin una agenda de demandas, juicios y expectaciones.

Pero la iglesia cuando es guiada por el hombre, se mantiene produciendo institucionalismo; por ello no ha sido entendido el nuevo pacto en la Sangre de Cristo, y está constantemente volviendo atrás a lo viejo en sus prácticas. Así nosotros reedificamos forma y ceremonia y sacerdocios jerárquicos instituidos, cuando en realidad a lo que Dios ha estado llamando es a tener relaciones del corazón.

Dios quiere hijos 'reales', y Él nos llama a aprender cómo *ser* hijos reales. Esto nosotros lo hacemos por la manera en la cual conducimos nuestras relaciones en la iglesia.

Niveles de Madurez Espiritual

Ciertamente la iglesia es una hermandad, seamos hombres o mujeres; somos todos hermanos de Cristo, e hijos de Dios nuestro Padre. Pero también somos una familia, y en ésta, mientras estamos en la tierra al menos, somos medios para cumplir ciertos roles de unos a otros. Algunos son espiritualmente maduros, y algunos son muy jóvenes en la fe. Hay una progresión espiritual la cual cada uno de nosotros debemos seguir, de ser infantes, a la niñez, luego adultez y finalmente a la madurez plena de venir a ser padres.

El apóstol Juan se dirigió a la iglesia en estos términos familiares: *"Os escribo a vosotros, hijitos, porque vuestros pecados os han sido perdonados... Os escribo a vosotros, padres, porque conocéis al que es desde el principio... Os he escrito a vosotros, jóvenes, porque sois fuertes, y la palabra de Dios permanece en vosotros, y habéis vencido al maligno..."* (1 Juan 2:12-14). Juan usó cuatro términos Griegos en el pasaje: "*teknion*" – que significa infante, un cristiano convertido; "*paidon*" – un niño, un muchacho o muchacha medio crecido, un cristiano inmaduro; "*neaniskos*" – un joven, un hombre joven (bajo 40 años); y "*pater*" – un papá, padre.

Esta terminología nos da un cuadro de varios niveles de madurez espiritual y progreso. Todos nosotros entendemos que hay niños recién nacidos en la fe, aquellos que necesitan leche y no comida sólida (1 Corintios 3:1-3, 1 Pedro 2:2). Hay también muchos que son aun niños espiritualmente, que nunca han crecido, y aun se menean de aquí para allá por cada cosa que viene (ver Efesios 4:14-16). Pero cuando nosotros venimos a las otras dos designaciones que Juan usa, encontramos ahí varias sorpresas.

Él define un "hombre joven" en la fe como alguien que conoce la Palabra de Dios, quien es fuerte, y quien vence al maligno. Esto nos suena más como una descripción de nuestros líderes, de pastores y profetas, pero de acuerdo al apóstol esto es sólo un hombre joven. Todos los niños en la fe necesitan venir a ser "jóvenes" como estos.

Pero entonces, ¡hay padres! Juan describió a los padres como, *"aquellos que le conocen a Aquél que es desde el principio"*. Estos son aquellos que han alcanzado un lugar de intimidad con el Señor y que tienen tal conocimiento del corazón de Dios, que ellos han entrado en una posición de descanso. Ellos han peleado sus batallas, y madurado. Estos son como del status de Abraham. Han venido a ser amigos de Dios. Y en efecto esto es a lo que cada uno de nosotros somos llamados – ¡madurez espiritual! Esto nos trae al lugar donde como hijos, hemos venido también a ser padres.

La Meta de Madurez

¿Cuál es la mejor manera para tener esta madurez en la fe? Sabemos que la madurez es la meta, pero la madurez de la iglesia ha siempre sido el propósito de la vida y del trabajo de todo verdadero apóstol. Pablo declaró en Efesios 4 que los apóstoles y los otros cuatro ministerios deben continuar siendo establecidos por Cristo, en Su ascensión, *"hasta que todos alcancemos la unidad en la fe y en el conocimiento del Hijo de Dios y vengamos a ser maduros, logrando la total medida de la plenitud de Cristo"* (Efesios 4:13). Muy claramente el cuadro total en este capítulo indica que Cristo se despoja en Su ascensión y continúa estableciendo apóstoles y profetas y otros ministerios hasta que la iglesia como un todo venga a este lugar de madurez.

¿Qué clase de madurez es ésta, y como puede ser medida ésta madurez?

El pasaje de Efesios 4 revela que la medida de ésta madurez no solo se encuentra en la unidad de la fe, sino finalmente por la medida de la completa estatura de Cristo. En Romanos 8:29 Pablo nos dice que nosotros somos llamados a esta estatura, cuando Él establece que nosotros fuimos predestinados a ser conformados a la imagen del Hijo de Dios. Seguramente esto se está refiriendo a la misma cosa – ¡madurez espiritual!

> **"No puede haber tal madurez espiritual sin madurez relacional".**

Ahora la madurez de la que se ha hablado es madurez *relacional*. No hay otra posible explicación para estas muchas Escrituras. De hecho, no puede haber tal cosa como madurez espiritual sin madurez relacional.

¿Quién entonces Es Maduro?

¿Cómo determinamos quién es una persona madura espiritualmente? ¿Será alguien que ha sido un cristiano por largo tiempo? No, hay muchos que han estado en la fe por décadas pero aún son creyentes inmaduros. ¿Tener un extenso conocimiento de la Escritura, o sabiduría doctrinal, o ser capaz de predicar bien, es lo que determina que una persona es espiritualmente madura? No, cualquiera puede ganar conocimiento, pero el conocimiento por sí mismo envanece. Muchos se expresan muy bien, pero esto no garantiza carácter. ¿Qué tal alguno con grandes dones en profecía, uno que puede hablar lo que parece ser palabra de Dios, y tiene una percepción aguda sobre lo que Dios está haciendo hoy? Tampoco esto es prueba de madurez espiritual, porque la habilidad de profetizar es un don, activado por fe no por madurez. Ninguna de estas cosas es una medida de madurez espiritual.

¿Qué tal si alguien tiene gran efectividad en ganar almas, con una gran pasión por el evangelio, y es incansable en este trabajo? De nuevo, obras externas y facilidad en dones, aun el tener pasión de corazón por las cosas espirituales, no prueban madurez espiritual. Yo conocí a alguien así, un incansable testigo por Jesús. Él vino a unirse a nuestra iglesia, y era más entusiasta que cualquiera alrededor para compartir el evangelio con los de afuera, pero no permaneció mucho tiempo. No había lidiado con sus heridas, y su inseguridad, y así se ofendía fácilmente y nunca estableció relaciones. Nunca entendió lo que era sometimiento o confiar en el liderazgo espiritual. Para él, todo lo hacía muy difícil de permanecer, y continuar adelante. Pero seguir adelante no resuelve los problemas, porque los problemas están dentro – y van con ellos. Gente como ésta continúa batallando con los mismos asuntos a todo lugar que va. Permanecen inmaduros espiritualmente por que no han tratado con los asuntos relacionales.

Madurez Relacional es Madurez Espiritual.

Hay solamente una cosa que es finalmente una medida efectiva del grado en el cual un cristiano es espiritualmente maduro – esta es la manera en la cual él o ella caminan en relación con otros creyentes, especialmente con líderes que están sobre ellos o ellas en el Señor.

Esto es lo que nosotros necesitamos ver en creyentes para ser confiables en su madurez espiritual. ¿Qué tipo de relaciones mantiene esta persona? ¿Qué tipo de actitud hacia la gente? ¿Qué tan fácilmente se ofende? ¿Evitan rendir cuentas? ¿Son ellos honestos, transparentes y abiertos? ¿Son amables hacia otros, y conscientes de las necesidades de otra gente? ¿Permanecen en relaciones comprometidas y tratan con sus asuntos que van saliendo en vez de pasar a otra relación?

Note ahora, en las cualificaciones bíblicas para ancianos establecidas por Pablo en 1 Timoteo 3 y Tito 1, la calidad de carácter, la vida familiar, y la gracia impartida a viudas y niños por el espíritu del líder de la iglesia como esposo y padre era la medida más grande para determinar si un cristiano del ministerio quíntuple tenía la gracia y estatura espiritual para ser un anciano en la iglesia sobre la ciudad entera.

La medida final, realmente la única medida de madurez espiritual, es encontrada en la manera que nos conducimos nosotros mismos en nuestras relaciones en la Casa de Dios.

El Espíritu y Poder de Elías.

"He aquí, enviaré al profeta Elías antes que venga el grande y terrible día del Señor. Él hará volver los corazones de los padres hacia los hijos, y los corazones de los hijos a sus padres; si no yo vendré y heriré la tierra con maldición" (Malaquías 4:5-6).

Esta Escritura está puesta en uno de las más prominentes posiciones en la Biblia. Es bien conocida y seguido mencionada, e incluye una profecía, una promesa, y una amenazadora maldición.

Debemos notar inmediatamente que la profecía está por ser cumplida en un tiempo específico en la historia, la cual es justo antes de la segunda venida de nuestro Señor Jesús Cristo. Pero justo antes, no digo que uno o dos días antes. Una palabra como ésta es cumplida por la gracia de Dios sobre una generación entera, o aún más como sobre dos o tres generaciones.

Por lo tanto esta profecía es para ser cumplida en la última gran era de la iglesia, una era en la cual el ministerio de la iglesia será tipificado por la evangelización de todos los grupos étnicos en un gran cumplimiento   misionero.
Esto puede ser solo cumplido en los últimos días a través de una gracia apostólica, pero la otra cosa por la que debe ser tipificada la gran era de la iglesia, será su vida apostólica restaurada. Predicadores se han referido muy seguido a la comúnmente sostenida creencia de que debe venir un día, antes de la gran venida del Señor, cuando la novia de Cristo, la iglesia, será madura, pura y sin mancha o arruga (Efesios 5:27).

La iglesia en sus comienzos fue un pueblo apostólico – los creyentes gozaban una vida apostólica bajo un liderazgo apostólico. En sus últimos grandes días en la tierra, el Cuerpo de Cristo tendrá otra vez tal vida. La iglesia otra vez será completamente un pueblo apostólico.

Con respecto a la madurez, necesitamos entender esto: los primeros apóstoles, escribiendo a la iglesia primitiva, les urgían a alcanzar la madurez. Esto significa que aunque la iglesia primitiva tenía una vida apostólica, y eran verdaderamente un pueblo apostólico, ellos no eran aun la iglesia completamente madura. Aunque nosotros presentemos a la iglesia primitiva como un modelo para nosotros ahora, este modelo en sí no era perfecto. Ellos también fueron urgidos por sus apóstoles a ir a una expresión más madura de la fe. Necesitamos reconocer una importante verdad aquí. Antes de la venida de Cristo, la iglesia en la tierra debe, se requiere, venir al lugar donde en ella no solo ha sido restaurada la vida apostólica, sino una completa madurez (Efesios 4:13).

> "Antes de la venida de Cristo, la iglesia en la tierra debe, se requiere, venir al lugar donde en ella no solo ha sido restaurada la vida apostólica, sino una completa madurez".

Nosotros notamos también en ésta profecía que cuando Elías venga, él hará un tipo particular de trabajo. Pero ¿Qué podría ser entendido por "Elías"? ¿Significa que Elías va a venir en persona, o es esto una figura de lenguaje?

Cuando vamos al evangelio de Lucas, encontramos la historia de la visitación del ángel a Zacarías, quien vino a ser el padre de Juan el Bautista. Encontramos aquí que el ángel informa a Zacarías concerniente al significado de la vida de Juan: *"...Y él irá delante del Señor, en el espíritu y poder de Elías, para volver los corazones de los padres hacia los hijos y los desobedientes a la sabiduría de los rectos..."* (Lucas 1:17). Aquí encontramos una Escritura que es claramente relacionada a la profecía de Malaquías 4, y da una aplicación a ello que es adicional al tiempo referido en Malaquías 4.

Malaquías se refiere a los días antes a la segunda venida de nuestro Señor Jesucristo, porque él específicamente dice, *"antes de la venida del grande y terrible día del Señor."* De ningún día se habla más en la Escritura que de éste día, el día del juicio de Dios. Juan el Bautista, sin embargo, iba a venir antes de la primera venida de Jesús para preparar el camino para Él. Así, este concepto de 'Elías viniendo' se refiere a una gracia especial que debe estar en operación antes de la venida del Señor Jesús, ambas en Su advenimiento y en su segunda venida. Jesús mismo dijo, como se registró en el evangelio de Mateo, que Juan el Bautista había sido éste Elías (*"Les digo, Elías ya ha venido..."* Mateo17:12), pero él precedió esto también diciendo que, *"a la verdad, Elías viene y restaurará todas las cosas"*. (Mateo17:10-11), un muy pertinente comentario relacionado al futuro. Jesús reconoció que Juan el Bautista fue un cumplimiento de ésta Escritura, pero que su gran cumplimiento aún estaba adelante.

No tenemos respuesta final a la cuestión de si Elías personalmente debe venir – es posible, viendo que él no murió en el cuerpo, sino fue tomado vivo al cielo. Si el Señor deseara, Elías podría venir para tener algunos días más de ministerio. Pero esto no es necesariamente lo más obvio o el cumplimiento de esta profecía. Es mucho más probable que Elías y Juan sean el tipo de una cierta clase de ministerio el cual florece en la iglesia de los últimos días – el del apóstol y el profeta. La verdad es, que en los últimos días, a lo largo de muchas naciones necesitaremos muchos 'Elías'.

Así que, si como fue dicho, el espíritu de Elías reposó sobre Juan, ¿qué significó esto? Si Jesús puede decir de Juan a la multitud, *"si ustedes están dispuestos a aceptarlo, él es el Elías que había de venir"* (Mateo 11:14), entonces es ciertamente posible que el 'Elías' en ésta profecía sea simplemente un tipo de futuros ministerios que carguen la misma gracia y unción que Elías. Pero ¿a cuál gracia y a cuáles unciones se refiere esto? Es una importante pregunta, porque la iglesia como un todo, y los apóstoles y profetas en particular, deben entender así como ver, recibir y caminar en las gracias que se están poniendo disponibles para el ministerio ahora.

Ha sido común equiparar la idea de 'el espíritu de Elías' con poder, señales y maravillas, y milagros. Elías fue el profeta de fuego, que en más de una ocasión bajó fuego del cielo, ya sea para destruir a sus enemigos o para convencer a Israel que Dios era en efecto Dios. Él cerró los cielos de tal manera que no llovió, y él abrió los cielos. Él corrió sobrenaturalmente adelante de los carros. Él habló al Jordán y sus aguas se separaron delante de él. Los cuervos le alimentaron en el desierto, y la harina de la viuda y el aceite nunca dejaron de fluir. Él levantó de la muerte al hijo de una viuda. Puedes darte cuenta por qué ha sido común simplemente llegar a la conclusión de que el 'espíritu y poder de Elías' debe ser para poderes milagrosos para traer testimonio público al ministerio de Cristo.

Pero Juan el Bautista no obró milagros. No hubo señales y maravillas en su ministerio, y fue en efecto un requerimiento planeado por Dios para su ministerio que él no obrara milagros. Por lo tanto, dado que el ángel dijo el *"espíritu y poder de Elías"* reposaría sobre Juan, entonces 'el espíritu y poder de Elías', como un término para la gracia y poder referido, no puede estarse refiriendo al poder de señales y milagros. Debe estarse refiriendo a algo más, lo cual en efecto, lo es.

Malaquías 4:6 y Lucas 1:17 ambas nos dicen para qué es dado el espíritu y poder de Elías. Es una gracia para obrar grandes cambios en los corazones de los hombres, y especialmente con respecto a las relaciones. En particular, es una gracia que vuelve los corazones de los padres hacia los hijos, y de los hijos a los padres. Todo eso tiene que ver con relaciones y actitudes del corazón, y en particular traerá grandes cambios en restaurar los valores apropiados que los creyentes deberían tener en la Casa de Dios. Esto es particularmente relevante en nuestros días, porque con la restauración de los dones del Espíritu en los últimos 100 años por un lado, y la moderna tecnología de sistemas de sonido, música, cámaras, publicidad, y modernas campañas para juntar dinero en la otra, gran parte de la iglesia ha sido orientada al espectáculo. En estos días es muy fácil aparecer lleno de dones, mirarse ungido, exitoso, y no importa cómo te relaciones con la gente, o si eres capaz de rendir cuentas. Pero el espíritu y el poder de Elías reposando sobre los apóstoles y profetas, ha estado haciendo que los corazones del pueblo de Dios vuelvan de la forma de apariencias y espectáculos, al amor y a las relaciones que verdaderamente da poder al evangelio. Y Jesús no está volviendo por una iglesia que es tonta, vacía, carente de madurez espiritual u orientada al show. Él está enviando apóstoles.

La profecía de Malaquías 4 hace muy claro que este gran trabajo, que ha resultado del derramamiento del Espíritu de Elías, traerá un cambio de corazón en el pueblo de Dios antes de la venida de Cristo, para prepararlos para su venida. Esta no es otra que la gracia necesaria para reformar la iglesia, así como para traer a aquellos que son de Cristo, dentro de una vida relacional, y para restaurar el corazón adecuado que los líderes del Cuerpo de Cristo deben tener (un corazón de padres), y establecer el corazón adecuado en los creyentes que cada uno de ellos deben tener (los corazones de los hijos hacia los padres).

Este es el último gran avivamiento de la iglesia que ha sido frecuentemente profetizado; no un avivamiento en el sentido clásico de cruzadas evangelísticas, sino en el más grande sentido de un amplio despertamiento espiritual el cual, en un gran nivel de base, se expanda de casa en casa y corazón a corazón, mes tras mes, año tras año, a lo largo de todas las naciones del globo, hasta que haya una completa y total restauración del cristianismo. Es un despertamiento espiritual de grandísimas proporciones, el cual ya ha comenzado, y continuará hasta que se pueda decir de la iglesia de los días por venir que es un pueblo apostólico verdaderamente maduro. Y esta es la gente que finalmente tendrá éxito en llevar el evangelio efectivamente a todas las naciones.

Después de eso, nosotros veremos el cumplimiento de esa otra gran profecía registrada por el profeta Malaquías, ' *"He aquí, yo envío mi mensajero, el cual preparará el camino delante de mí; y vendrá súbitamente a su templo el Señor a quien vosotros buscáis, y el ángel del pacto, a quien deseáis vosotros. He aquí viene, ha dicho Jehová de los ejércitos. ¿Y quién podrá soportar el tiempo de su venida? ¿O quién podrá estar en pie cuando él se manifieste?"* ' (Malaquías 3:1).

'El Espíritu de Hijo' es una Gracia Apostólica.

Pablo dijo que por la gracia que le fue dada, él era un perito arquitecto (1 Corintios 3:10). Los apóstoles tienen la gracia en particular para edificar la iglesia *relacionalmente*. ¿A quién, entonces, esperaríamos que Dios usara para enseñar y modelar las relaciones necesarias, y al hacer así proveer el más asombroso ejemplo de vida apostólica en el Nuevo Testamento? A Pablo por supuesto.

De todos los apóstoles, y hubo muchos incluyendo a los 12 que caminaron personalmente con Jesús los tres años de Su ministerio (estoy hablando de los once, más Matías), ¿cuál de estos en particular hace que el Nuevo Testamento realmente se revele a nosotros – su vida personal, su amor, su doctrina, sus cumplimientos, su pasión, su revelación de Cristo, su sufrimiento, etc.? Sucede que se trata del más grande modelo – un modelo que representa a Cristo en su ministerio, portando exactamente el fruto apostólico correcto, amor cristiano y ministerio de padre e hijo. Pablo derramó su amor hacia sus hijos, no para crear seguidores u obreros, sino para recrear la gran gracia que él había recibido en las vidas de otros que fueron verdaderos hijos.

Al escribir a Timoteo (2 Timoteo 3:10,14), a los Corintios (1Corintios 4:16-17), los Filipenses (filipenses 2:16), Tesalonicenses, (2 Tesalonicenses 3:7,9), y a otros, Pablo nos enseña, tanto como a ellos, que debemos para imitar su doctrina y su forma de vivir. Su manera de vivir incluyó su necesidad de derramar su amor paternal a sus hijos en el ministerio.

La Escritura dice, *"acordaos de vuestros pastores, que os hablaron la palabra de Dios; considerad cuál haya sido el resultado de su conducta, e imitad su fe."* (Hebreos 13:7) Dígame, ¿de quién podríamos aplicar ésta instrucción más que de Pablo? Seríamos tontos si dijéramos que seguimos esta doctrina, pero a la vez ignorar, o ser negligentes, o rechazar, su forma de vida en ministrar como padre e hijo, como si esto no fuera parte central del mensaje total de Cristo y el punto focal del verdadero ministerio.

¿Las cartas de quién, más que de ninguno otro, nos han sido dadas en la Escritura para estudiar? ¿Revelaciones de quién? Más que a todos los apóstoles, ¡a Pablo le fue dada gran revelación personal en el evangelio y las doctrinas de Cristo! (2 Corintios 12:17) Y fue este hombre quien entonces produjo, directamente como resultado de la gracia que le había sido dada, la única relación en la Escritura la cual es probablemente más predicada que cualquier otra en la historia – la de Pablo y Timoteo. ¡Él ha provisto un maravilloso modelo para nosotros, y debemos seguir su ejemplo y patrón dado!

Pablo dijo, *"Hermanos, sed imitadores de mí, y mirad a los que así se conducen según el ejemplo que tenéis en nosotros"* (Filipenses 3:17).

Testmonio

Una de las cosas que he observado es que – ¡relacionarse con un padre es muy emocionante!

¿Por qué entré en ésta relación de padre e hijo? Algunos años atrás, yo recibí esta impresión del Espíritu que Él estaba a punto de hacer grandísimas cosas en mi vida y ministerio, pero yo necesitaba hacer algo. Tomar un padre en la fe. Eso fue muy claro, Yo comencé a orar por un padre. Consideré a dos que estaban en mi mente en ese tiempo. Uno era un pastor Filipino, y el otro era John. Después de algún tiempo, me sentí impulsado a pedir a John que fuese mi padre.

Desde ese tiempo yo sentí que tremendas cosas pasaron. Una fue una unción incrementada en mi vida. También, yo comencé a recibir revelaciones acerca de las relaciones padre e hijos. Yo sentí que el más grande milagro en la vida de Jesús no es la resurrección de la muerte en la cruz. El Señor abrió mi entendimiento de que la razón por la que Él murió fue en obediencia a Su Padre. Que el camino a la grandeza es realmente el someterse usted mismo a un padre y amarlo, respetarlo y honrarlo. Me di cuenta que yo solo puedo venir a ser un buen padre si soy un buen hijo como el Señor.

Cuando nosotros estuvimos listos para comprar la propiedad de nuestra iglesia, sentí en mi corazón que eso fue porque ahora como hijo yo tenía una herencia.

Como un hijo de John, yo sentí que su corazón estaba muy cercano al mío también. Yo quiero compartir acerca de ello siempre que tengo oportunidad de hacerlo. En efecto, en nuestro grupo pastoral aquí en Taguig City, dos pastores me pidieron que viniera a ser su padre. La enseñanza es ahora bien aceptada aquí en nuestra ciudad como otros predicadores están también predicándolo. Yo tengo también otros dos hijos de otros lugares también.

Yo siento tal amor por John y por los hijos que yo tengo ahora. He decidido que cuando sea que él esté aquí (en las Filipinas), yo veré cómo estar con él. Estoy orando para que Dios continúe dándome entendimiento de cómo levantar hijos e hijas que amen al Señor y le sirvan fielmente.

Un hijo (y orgulloso de ello),

Gerry Viray.

CAPÍTULO SEIS

EL ESPÍRITU

DE HIJO

"Espero en el Señor Jesús enviaros pronto a Timoteo...
No tengo a nadie como él, que tiene un genuino interés en ustedes...
pero ustedes saben que Timoteo ha sido probado,
porque como un hijo con su padre él ha servido
conmigo en el trabajo del evangelio."
(Filipenses 2:19-20,22)

¡Ser hijo! Es, así de simple, la manera como Dios prefiere hacer negocios. Si tú deseas hacer negocios con Dios, necesitas realmente aprender lo que significa ser hijo de un padre en el Cuerpo de Cristo. Esto es especialmente importante en estos días, porque aunque pensábamos que Dios estaba complacido por bendecir nuestro denominacionalismo y los caminos institucionalizados en el pasado, todo esto está cambiando. Ir adelante con Dios, y no permanecer atascado en alguna rutina, o en un charco de agua estancada, necesitamos estar preparados para escuchar lo que Dios está haciendo, y estar preparados para aceptar el cambio.

Dios está restaurando las gracias apostólicas con tal de re-establecer una iglesia apostólica en los últimos días. Entonces si tú quieres caminar en la más grande medida de bendiciones de Dios, necesitarás aprender cómo ser un hijo en el ministerio de Jesús. No es difícil; solo es necesario estar dispuesto. ¿Realmente tienes un corazón como el que un hijo debe tener? ¿Tienes el corazón de Cristo – dispuesto a ser nada, dispuesto a ser un siervo, dispuesto a ser humildemente natural en relaciones con otra gente?

Pablo escribió a los Romanos y les dijo que él estaba consciente que cuando viniera a visitarles, él debería *"venir en la medida completa de la bendición de Cristo"* (Romanos 15:29) Esto indica que, aun para un apóstol, es posible caminar en algo menos que la medida *completa* de la bendición de Cristo, de otra manera Pablo no habría sido tan necio como para desperdiciar sus palabras en una declaración carente de significado. Pero hay muchas personas ahora – aún mucha gente en el ministerio – que no caminan en ninguna cosa como la medida completa de la bendición de Cristo, porque no caminan en relaciones apropiadas.

> **"Muchos no caminan en nada como la medida completa de la bendición de Cristo, porque no caminan en relaciones apropiadas".**

Pablo sabía lo que era ser padre; él sabía lo que era mantener el cuidado profundamente personal, sin egoísmo, e íntimas relaciones con otros a los cuales el ministerio de Cristo les había llamado. Él sabía que había obtenido gracia y estaba caminando en ella. Los registros de Pablo son puros, y no solo con Timoteo, sino también con Tito, los Tesalonicenses, los ancianos Efesios, Filemón, y la lista continúa. Las cartas de Pablo están vivas con su amor por la gente y con un registro de su profundo involucramiento personal en salud, cuidado, relaciones explicables, con muchos de ellos.

Usted puede argüir que Pablo mismo no tenía un padre espiritual, aunque él fue un padre para otros. Hay alguna gente que aparece así, pero el corazón de un hijo no está ausente de ellos – fue simplemente que no hubo ninguno para ellos, ninguno que pudiera cumplir con ese rol. Aun diciendo esto, podríamos equivocarnos, porque estamos discutiendo desde el silencio. No sabemos qué pasó durante la mayor parte de los años de sus vidas tempranas. Pablo se sentó a los pies de Gamaliel, Moisés fue muy sumiso a su suegro Jetro, de Elías no sabemos al respecto, pero amaba a Eliseo y obviamente tenía relaciones significativas con mucha gente. Piensen acerca de la gran cantidad de hombres en esas escuelas de profetas, y su temprana aflicción sobre el hecho de que Jezabel había puesto a muchos profetas a muerte.

Pero también notamos otro fenómeno. Estos padres que fueron antes, y que levantaron grandes hijos para caminar en victoria, padecieron más que sus hijos. Es verdad que un líder cristiano que no tiene la protección y bendición de un padre espiritual puede hacer gran progreso. Puede llegar a una victoria espiritual, puede abrir camino para otra gente – pero le será más costoso. Como sea, aquellos que son hijos de un padre, no tienen que cometer los mismos errores, no tienen que pagar el mismo precio, ellos pueden aprender las lecciones necesarias al ser enseñados por sus padres en vez de aprenderlas por sufrimiento; ellos obtienen mayor éxito a una edad más temprana, y otra cosa más, parecen obtener una mayor cooperación y apoyo de la gente de Dios.

Los ejemplos son bastante claros. Moisés tuvo constante oposición durante 40 años de liderazgo, con bastantes quejas y resistencias para encender sus frustraciones, todo el camino, lo cual solo sirvió para exacerbar su ira. Aun Josué, desde el momento que Moisés impuso sus manos sobre él y transfirió algo de su autoridad tuvo un amplio éxito. El disfrutó grandemente el apoyo de la gente, y los guio a su herencia (lo cual, por cierto, es en sí el propósito del liderazgo espiritual).

Y esto es típico. Los que son hijos, parecen encontrar el camino de una manera más fácil. En efecto, la generación total que siguió a Josué fueron hijos, habiendo sido levantados en el desierto, y así fueron encaminados a su herencia, porque ellos tuvieron la actitud de hijos. Siempre son los hijos los que reciben la herencia.

Vemos el mismo patrón con Elías y Eliseo. Elías fue un hombre que peleó grandes batallas, que debió haber conocido la soledad, un hombre del desierto, escondiéndose de las autoridades, bajo amenaza de muerte. Algunas veces huyendo horrorizado, pero él permaneció y se abrió paso hasta la victoria. Pero Eliseo, el hijo que recibió la bendición y el manto de Elías, fue un hombre de los pueblos y la ciudad, un nombre honrado, un hombre recibido en todas partes con santo temor y respeto, un confidente de reyes, un hombre social que viajó por las comunidades de Israel. El contraste es enorme.

Este tipo de padres sufren para hacer camino para otros, y son un gran beneficio para aquellos que vienen a ser hijos – cuyos caminos han sido abiertos para ellos. Una comparación moderna podría ser la del gran evangelista Billy Graham, el oró y creyó, trabajó duro y mantuvo gran integridad por muchos años, y edificó con otros, un ministerio de impacto genuino en todo el mundo. Haciéndolo así, él fue a lugares donde nadie más había ido. Su hijo Franklin, también un hombre de gran integridad es quien se ha beneficiado de ser hijo de un padre. Para Franklin Graham, hay grandes beneficios de herencia espiritual, pero no es el único beneficiado. La iglesia también es muy beneficiada y grandemente enriquecida cuando verdaderos hijos siguen grandes padres en ese modelo.

No debemos cometer el error de pensar que esto solo aplica a bien conocidos padres, o a gente que edifica grandes ministerios. Los principios son verdaderos y son propios de cada líder y padre en la fe. En pequeñas iglesias y ministerios en cualquier parte, la gracia fluyendo sería más poderosa, los resultados finales para los creyentes más grandes, las bendiciones más evidentes y más libremente obtenidas, si los ministerios fueran a ser establecidos a través de padres amorosos y llevados por verdaderos hijos. Esto podría traer a la gente de Dios a su herencia, la cual en su más grande expresión es siempre una herencia compartida en los santos (Efesios 1:18).

> **"No es la calidad del padre la que cuenta, sino la calidad del hijo".**

Debemos también entender que cualquier gracia y bendición que fluye no viene realmente del padre espiritual en sí como tal, sino de Dios que se complace con lo que Él encuentra en el corazón de un hijo. Nosotros tenemos una máxima que compartimos con la gente: *"No es la calidad de la paternidad, sino la calidad del hijo lo que cuenta"*. Siempre volvemos a lo que está en el corazón. Alguien que yo conozco contó la historia de un joven pastor que dijo: "Me voy a conseguir un padre famoso." Este chico encontrará, si permanece en su actitud, que esto no le producirá avance en la fe, porque hay un orgullo y una tenaz codicia que es manifestada en ello. El Espíritu de hijo, de ninguna manera se trata de esto.

Ser hijo es dar nuestro corazón para servir a otros, a alguien que nos ama y nosotros elegimos amar, y que nos hacemos nosotros mismos responsables de dar cuenta de nuestras vidas a ellos. Claro que deseamos recibir bendiciones de ellos, pero nuestro servicio no está basado sobre lo que ellos pueden hacer por nosotros; sino que todo se trata de lo que nosotros podemos hacer por ellos. Aun si nosotros estamos establecidos en nuestro propio ministerio, estamos aquí para servir a los ministerios de otros.

Así que no se trata de cuán grande, cuántos dones, que influyente o cuán ungido deba ser un padre espiritual. La mayoría de la gente tendrá padres espirituales muy promedio. Todo de lo que se trata es cuánto les amamos, servimos, honramos y apoyamos.

Alguna gente no ha tenido un padre espiritual, en el sentido de tener alguien en liderazgo que personalmente les cuide o les oriente, y aun así ellos recibieron todas las bendiciones de hijos. ¿Cómo es así? Recuerdo haber conocido a un pastor en una comida hace algunos años. Él tenía una iglesia grande en Victoria, Australia, de algunos cientos de familias. Había algunos pastores alrededor de la mesa todos compartiendo sobre la comida, pero yo estaba escuchando lo que este hermano tenía que decir. Él me impresionó como alguien que tenía una profunda sabiduría, una genuina intuición de la iglesia y de los caminos de Dios. Yo sentí que él podía tener solamente esta gracia por ser un hijo en el ministerio. Yo le pregunté: "Seguramente tú has caminado con un padre espiritual, ¿no?" Él contestó negativamente. Dijo que siempre había querido tener un padre espiritual pero no había podido encontrar a nadie en su denominación evangélica que pudiera darle el tiempo o la relación.

La conversación continuó alrededor de la mesa, y me mantuve escuchándole decir cosas en un sentido que revelaba que tenía una gran gracia. Yo sentí que él podría haber amado a un padre espiritual, así que hice la mención de nuevo. Pero otra vez, él me aseguró, que no había tenido tal relación.

Después de un momento, él comenzó a decirnos acerca de su familia. Él tenía un número de hermanos, y su padre había sido un pastor. Él dijo que los domingos en la mañana su padre acostumbraba salir de casa temprano caminando a la iglesia, así que podía poner literatura cristiana en los buzones por el camino, por lo cual él tomaba diferentes rutas cada semana. Me dijo que siempre él fue con su padre en estas caminatas. Dijo que sus hermanos siempre iban con su madre en el carro, en vez de caminar con su padre, pero él, siempre quería estar con su papá. ¡Ahí estaba la clave! El Espíritu de hijo había estado en el corazón de éste hombre todo el tiempo, por lo cual a él se le había dado gran intuición por el Señor y era rico en gracia.

Esta es una de las razones por la cual la vida del Rey David fue tan rica espiritualmente. ¿Quién sino alguien lleno de gracia podría escribir esos Salmos, y ser un hombre conforme al corazón de Dios? El corazón de hijo de David fue probado, no solo en relación con su padre Isaí, sino con el hombre quien vino a ser su líder, su suegro Saúl. David fue traído a la casa de Saúl, se casó con la hija de él, fue el capitán de los ejércitos de Saúl, y peleó las batallas del rey.

Espiritualmente, David fue un gran hijo. A pesar del hecho que Saúl, se puso rabioso con celos, trastornado como un loco, y turbado por un espíritu maligno, hasta quiso matarlo y buscó hacerlo vez tras vez, David nunca cambió su corazón hacia Saúl, él lo amó, lo honró y siempre quiso pelear sus batallas y hacerle exitoso. Y cuando Saúl fue muerto en batalla, David lamentó por él y le sostuvo en alto honor. David fue un verdadero hijo, lo cual fue en parte razón por la cual Dios declaró de él que era un hombre conforme al corazón de Dios (1 Samuel 13:14, Hechos 13:22).

Note que la causa de David no fue dañada por tener tan terrible padre espiritual como Saúl. Las cosas fueron tan mal que David, para preservar su propia vida, tuvo que retirarse de Saúl y se escondió en el desierto. Pero David nunca apartó su *corazón* de Saúl. Y el resultado de su fidelidad fue que no solo David fue hecho rey de Israel, sino que Dios lo eligió para hacer un pacto personal con él. Y ¿cuál fue el pacto? que a David nunca le faltaría un hijo que se sentara en su trono eternamente – y finalmente "su hijo" no fue otro que el León de la tribu de Judá, el Mesías prometido, el Rey de Gloria (2 Samuel 7:11-16, 1 Crónicas 17:10-14). Su fidelidad como hijo aseguró las bendiciones de Dios sobre su linaje por venir. Eso es herencia, y más: eso es también típico de la posteridad que es dada por la gracia de Dios a aquellos que tienen el corazón de hijos. Recuerde, este es el corazón de Cristo – Dios es un hijo.

¡Qué Claros Ejemplos Bíblicos!

Las Escrituras del Viejo Testamento fueron comúnmente referidas como "La ley y los profetas". Usted recordará que Jesús se refirió a ellas en esta forma; esto fue lo acostumbrado (Mateo 7:12). Así que esto ayuda a notar que dentro de la colección de libros del Antiguo Testamento conocido como la ley, y otra vez entre los libros conocidos como los profetas, tanto como en las Escrituras del Nuevo Testamento, encontramos tres extraordinarios ejemplos de relaciones padre-hijo, los cuales han sido puestos ahí por el Espíritu Santo. En consecuencia los dos grandes segmentos de la Palabra de Dios aportan testigos a ésta verdad.

Me estoy refiriendo a Moisés y Josué, Elías y Eliseo, y Pablo y Timoteo. Estos no son los únicos ejemplos de tales relaciones; realmente hay muchos otros. Pero estos tres son generalmente bien conocidos por todos los cristianos; y son sobresalientes ejemplos de la forma en la cual todos debíamos caminar, aprender de ellos, servir y honrar a nuestros líderes y padres espirituales. La posición del Nuevo Testamento es que todas éstas historias fueron escritas bajo inspiración del Espíritu Santo como ejemplos a seguir para nosotros (1 Corintios 10:11), y que estas Escrituras fueran usadas para enseñar, corregir, e instruir en justicia (2 Timoteo 3:16). Rechazar estos ejemplos como un modelo de vida para cada Cristiano es rechazar los verdaderos testigos que la Escritura nos da concerniente a la forma que nosotros debemos caminar en nuestra salvación.

Transfigurados con Cristo.
Cuando Jesús fue a lo que Pedro llamó *"el monte santo"* (2 Pedro1:18) con sus tres discípulos líderes, y fue ahí transfigurado en gloria delante de ellos, dos hombres aparecieron con él en esa gloria. Estos fueron Moisés y Elías. La Escritura dice que los tres de ellos, Moisés, Elías con Jesús estaban discutiendo las cosas que estaban por venir, y que él cumpliría. Uno tendría que preguntarse si era necesario que esta discusión se llevara a cabo. Uno podría pensar que la voluntad de Dios estaba establecida desde la eternidad, que Jesús sabía la voluntad del Padre y que Moisés y Elías tenían poco qué ver en esto. Pero si piadosos hombres de Dios del pasado, patriarcas del Antiguo Testamento y profetas, aparecieron con Jesús en esta gloria discutiendo con él Su propósito, ¿por qué estos dos? ¿Por qué Moisés y Elías, porque hay otros que deberían verse más elegibles para esta tarea?

¿Por qué no Abraham que fue padre de la fe y amigo de Dios? ¿Por qué no estuvo ahí? ¿Qué de David, el hombre con quien Dios hizo pacto para que no faltara uno de sus hijos en su trono eternamente – el hijo que no fue otro que el Señor Jesús quien estaba en el monte de la transfiguración? David predijo con gran detalle en los Salmos la completa pasión de Jesús. ¿Por qué él no estaba ahí con el hijo de ésta gloria? O ¿por qué no Daniel, hombre sabio y confidente de reyes y gobernantes quien era, de acuerdo al ángel, el más altamente estimado de los hombres? ¿Por qué él no estaba ahí? ¿Por qué no Isaías, sublime profeta, asombroso escritor de las más dulces Escrituras y numerosas profecías del Cristo? O ¿por qué no Jeremías, quien sufrió por años con corazón quebrantado y agonía por el pueblo de Dios, esperando por su salvación?

La respuesta es bastante simple. De todos los ministerios de profetas, sacerdotes, y reyes en el Antiguo Testamento, sólo hubo dos quienes no solo levantaron un hijo en el ministerio para ser como ellos, y hacia quienes ellos fueron un verdadero padre en la fe, sino también ellos exitosamente pasaron a este hijo su propia unción para los propósitos en marcha del ministerio, y para el cuidado, liderazgo y protección del pueblo de Dios.

La razón por la que Moisés y Elías estuvieron en el monte de la transfiguración discutiendo con Jesús las cosas por venir, fue porque estos dos, más que todas las figuras del Antiguo Testamento, representaban más correctamente y prefiguraban el ministerio que iba a venir bajo el nuevo pacto en la Sangre de Cristo. El nuevo orden que venía, el ministerio del Cuerpo de Cristo (1 Pedro 2:5,9) iba a ser un ministerio relacional. El Cuerpo de Cristo, el cual sería el *odre nuevo* que vendría, tendría una naturaleza y estructura que era *relacional*.

El Ministerio que Sería Establecido en Relaciones.

Este nuevo ministerio se debía establecer en relaciones de padres e hijos. Líderes maduros, hombres y mujeres, serían padres y madres en la fe. Ellos estarían para amar, cuidar, vigilar y levantar hijos e hijas a su propia 'semejanza'. Estarían para desear y planear pasar sobre sus 'hijos' su propia porción de gracia y unciones para ministrar. Entonces sus hijos, levantados en ésta manera bajo la disciplina de una autoridad paterna, podría tener dos porciones – la suya propia, y la de sus padres agregadas a ellos. Así cada creyente podría encontrar una verdadera doble porción del Espíritu, a través de amor, en relaciones santas, como deben ser. Cada creyente es, por definición, un hijo primogénito (Hebreos 12:23), y la doble porción debe ser la herencia para el primogénito.

Este concepto de relación padre-hijo en el ministerio, la cual Moisés y Elías modelaron, es el preciso estilo de ministerio para el cual el Cuerpo de Cristo ha sido diseñado, y de hecho, al cual llama el nuevo Pacto. Sí, nosotros somos hermanos en el Señor – y así fueron Pablo y Timoteo tal como seguramente Elías y Eliseo fueron, pero nosotros debemos aprender a caminar juntos como padres e hijos si queremos obtener la llenura de las bendiciones y la poderosa gracia de múltiples unciones para el ministerio.

> **"Debemos aprender a caminar juntos como padres e hijos si deseamos obtener la plenitud de la bendición y la poderosa gracia de múltiples unciones".**

Dios es padre e hijo por naturaleza. La tarea de la iglesia y de cada creyente es revelar a Dios al mundo. No es posible revelar a Dios sin revelar Su naturaleza, y por esta razón Él envió a Su hijo. Nosotros somos el medio para revelar al Hijo de Dios y para mostrar Su amor. Nosotros somos medios para revelar esta gran salvación lque tiene el poder de traer a cada uno que cree a una amistad íntima, tanto como al espíritu de hijos, con Dios. Esto es una salvación relacional, diseñada para traer a cada uno de nosotros a un cuerpo relacional. ¿Cómo ha de ser esto manifestado al mundo, si todo lo que siempre mostramos son nuestras instituciones?

No podemos traer gente a edificar una denominación y esperar que ellos reconozcan a Dios. Estas cosas no son relacionales en sí mismas, y así no podemos mostrar la gloria de Dios o Su naturaleza. Solo hay una cosa que puede mostrar la naturaleza de Dios, y por lo tanto manifestar la gloria de Dios, y esto es la clase de relaciones en las cuales los hijos de Dios caminan.

Relaciones que Demuestran la Naturaleza de Dios.

Si nosotros vamos a manifestar la naturaleza de Dios, nuestras relaciones deben reflejar esa naturaleza. Si Dios es de hecho un padre-hijo, entonces Él debe producir en nosotros una paternidad y un espíritu de hijo de la manera en la cual nosotros caminamos con otros. Cuando los no creyentes ven nuestras relaciones, y ven el amor, la honra, la confianza, el afecto, la intimidad de relaciones, el profundo sentido de comunidad, la aceptación, y el descanso interior, ellos entonces estarán viendo la bondad del Señor y reconociendo la verdad.

Jesús mismo lo hizo muy claro cuando El oró y pidió al Padre *"Que todos ellos sean uno, Padre, así como tú estás en mí y yo en ti. Que ellos también estén en nosotros para que el mundo pueda creer que tú me has enviado... que ellos sean traídos a completa unidad para que el mundo sepa que tú me enviaste y les has amado así como tú me has amado"* (Juan 17: 21-23).

Así que para clarificar lo que la oración de Jesús nos dice, aquí hacemos un resumen: Para que el mundo crea que el Padre envió al Hijo para ser el Salvador del mundo, todos los creyentes, incluyéndote a ti y a mí, necesitamos ser uno en la misma manera, así como Dios el Padre y el Hijo son uno.

Esta 'unicidad' por sí sola es lo que le da a la iglesia el poder dinámico que tenemos que significar en el mundo. Pablo proclamó *"el evangelio... es el poder de Dios para salvación de todos los que creen"* (Romanos 1: 16). Pero la verdad de este evangelio es revelado a los no creyentes por el amor de Dios que ellos ven en nosotros. Ellos verán Su gloria y confiarán en Su poder cuando sus ojos estén abiertos por lo que ellos ven en nuestras relaciones. Jesús dijo, *"En esto conocerán todos que sois mis discípulos, si tuviereis amor los unos con los otros"* (Juan 13: 35).

> "Estas relaciones son de suprema importancia para el poder del evangelio en el mundo".

En el ministerio de Cristo, debemos caminar juntos como padres e hijos, hermanos y hermanas, y madres e hijas – pero no solo en apariencia, o usando solo el lenguaje: no funciona así de ninguna manera. Yo recuerdo a Juan Carlos Ortiz diciendo hace algunos años, *"Nos decimos 'hermano' porque no lo somos"* No son los nombres, títulos, o el vocabulario correcto lo que avanza la causa de Cristo. Debemos caminar en relaciones del corazón, como Dios mismo lo hace. Estas relaciones son de suprema importancia para el poder del evangelio en el mundo.

Todos Nosotros Tenemos Muchos Padres.

Mucha gente objeta y dice que nosotros solo tenemos un padre, es decir, nuestro Padre Celestial – y ellos parecen implicar que es ofensivo para Dios decir o pensar que tenemos otros padres. Pero de hecho, todos tenemos muchos padres y así es como Dios lo hace. Dios no tiene miedo de su paternidad. Él sabe que nosotros tenemos necesidad plena de ello y él diseñó a toda la raza humana para que tuvieran necesidad de padres y de paternidad que Él provee de muchas maneras.

A continuación está una lista Bíblica de algunos de los que Dios mismo nos ha dado específicamente para ser padres en la fe:

Primeramente, está el Señor Jesús. Esto sorprenderá a algunos, pero en adición a Dios Padre, la Biblia refiere a Dios Hijo como nuestro Padre también. La profecía de Isaías concerniente al Cristo establece, *"Porque un niño nos es nacido, hijo nos es dado, y el principado sobre su hombro; y se llamará su nombre Admirable, Consejero, Dios Fuerte, Padre Eterno, Príncipe de Paz"* (Isaías 9:6). Y el libro de Hebreos cita a Jesús diciendo: *"He aquí, yo y los hijos que Dios me dio"* (Hebreos 2:13).

Luego debemos considerar el lugar de Adán. Él fue creado por Dios para ser el padre de todos nosotros, el padre espiritual de toda la raza humana, y esencialmente, el primer apóstol. Pero Adán cayó, y por consecuencia, en vez de ser una fuente de bendición a todos sus hijos, vino a ser la fuente de nuestras maldiciones. La paternidad espiritual tiene amplias ramificaciones. Pero la solución al daño causado por un padre caído no es el rechazo a la paternidad. Aún se necesita una buena paternidad.

Así que el Señor tenía que levantar a otro padre para toda la raza humana. Finalmente, éste debería ser Cristo, el segundo Adán. Pero Cristo no iba a venir en un largo tiempo, así que mientras tanto otro padre fue necesario. Dios eligió a Abraham para ser el padre de la fe para toda la raza humana. Adán es la fuente de maldición para cada persona nacida en este mundo, pero Abraham es la fuente de bendición para todo aquel que cree. Su primer nombre fue Abram, lo cual significa "padre exaltado". Dios cambió su nombre a Abraham, lo que significa, "padre de muchas naciones". Él no tenía hijos y para venir a ser el padre de la fe, su fe tenía que ser probada creyendo la promesa de Dios que le daría un hijo. Su fe fue aún más probada sobre la cuestión de si él estaría preparado para ofrecer ese hijo a Dios. Todos los acontecimientos en la vida de Abraham y su caminar con Dios estuvieron rodeados por asuntos de paternidad y de hijos, y él vino a ser padre de fe. Es Dios mismo quien llamó a Abraham nuestro padre, y declara que usted y yo somos su descendencia, *"Él es nuestro padre a los ojos de Dios"* (Romanos 4:16-17).

Similarmente, Isaac y Jacob son nuestros padres también, habiendo caminado en la fe, y provisto una clara voz que escuchar, y habiéndonos dejado una herencia espiritual.

El rey David también es nuestro padre espiritual. Él es conocido en la Escritura como el Pastor de Israel (2 Samuel 5:2), pero no porque él haya pastoreado una congregación, o haya estado dispuesto para aconsejar. Más bien, por la vida que él vivió, la gracia que él llevaba, la manera como él cuidaba sobre la nación, su corazón por Dios, y el ministerio del Espíritu Santo a través de él en oraciones y salmos, él vino a ser para nosotros verdaderamente un gran padre en la fe. Su papel como padre continúa hasta hoy. Cantamos sus palabras, oramos sus oraciones, somos enseñados por su sabiduría, emulamos su espíritu. La gracia que él descubrió ha llegado a nosotros como nuestra herencia. Así, cada uno de nosotros aprende de él, y viene a ser a Dios, como David, *"un hombre conforme a mi corazón"* (Hechos 13:22).

De la misma manera, muchos como Elías, Eliseo, Isaías, Jeremías, Daniel, y otros son nuestros padres, para eso los hizo Dios; este es el papel que Dios les ha dado.

Hay aun otro verdadero gran padre de todos nosotros, sin excepción. Este es el apóstol Pablo. Pedro, Juan y Santiago son padres de nosotros también; mientras que seguimos leyendo sus palabras, recibiendo sus testimonios, y confiamos en su sabiduría, cada uno de ellos ayuda a moldear nuestro pensamiento y nuestra fe. Pero Pablo tiene un lugar especial, y por la gracia de Dios ha venido a ser un extraordinario padre espiritual a la iglesia Cristiana por los últimos 2000 años. Él se declaró así mismo como un padre en Cristo, y aquellos que siguieron su liderazgo y oyeron sus palabras fueron sus preciosos hijos. Él dijo, y nos dice a nosotros aún *"...mis queridos hijos... en Cristo Jesús... yo he venido a ser vuestro padre en el evangelio. Por lo tanto, les insto a que me imiten"* (1 Corintios 4: 14-16).

> **"Dios, nuestro verdadero padre, nos provee de la paternidad que necesitamos, y lo hace en gran parte por medio de otra gente".**

Estas palabras son ciertamente poderosas, y la verdad de ellas, y la intención del Espíritu Santo detrás de ellas, es muy obvia. Nosotros necesitamos padres, y Dios los ha provisto. Al final de cuentas cada creyente debe aceptar que Dios mismo ha hecho a Abraham y Pablo, estos dos al menos, padres de su pueblo. Pero debemos entender que esto va mucho más lejos que esto. Dios, nuestro verdadero Padre, es el que provee la paternidad que necesitamos, y Él hace gran parte de esto a través de otra gente, porque necesitamos los testimonios de aquellos que han caminado por donde nosotros necesitamos también caminar.

Es más, en la historia de fe más reciente que los registros Bíblicos, tenemos tales héroes de la iglesia como Lutero, Zinzendorf, Wesley, y otros muy numerosos como para mencionarlos. Estos también son nuestros padres. Sufrieron por nosotros, y abrieron camino para nosotros, y hemos sido ricos en herencia por ellos. Estos, y sus voces continúan hablándonos ahora. Ellos vinieron a ser padres de muchas naciones, así caminando en la herencia de su padre Abraham a quien estas promesas fueron dadas. En un gran sentido, ellos son el cumplimiento de las promesas de Dios a Abraham, cuando Dios dijo que haría a Abraham padre de muchas naciones, y que todas ellas serían bendecidos a través de él. Así estas promesas hechas a Abraham son cumplidas por el mismo proceso en el cual muchos creyentes, como hijos de Abraham, vinieron a ser padres a muchos hijos. ¡Esto es una gran bendición!

Luego tenemos muchos padres a quienes hemos conocido personalmente. Está aquél que primeramente nos discípulo en Cristo, o el pastor de la iglesia donde asistimos primero, y muchos otros – desde maestros de la Escuela Dominical o de la Biblia, directores del colegio, por ejemplo. Por todo el camino ha habido alguien a quien Dios le ha dado la gracia para ser nuestro padre. Así, muchos fueron nuestros padres, pero no tuvimos el lenguaje ni el entendimiento para reconocerlos.

Cuando veo atrás en mis más de 40 años en el ministerio de Cristo, veo ahora los padres que no reconocí antes. He hecho esto mi negocio, volver atrás y reconocerlos y honrarlos y obtener su bendición. La bendición de un padre es una aprobación poderosa, y una impartición de favor y poder espiritual.

¿Entonces significa que un padre es superior y un hijo es inferior en posición espiritual? No, porque padre e hijo son para ser de un solo y mismo Espíritu, por lo tanto iguales, como en nuestra doctrina de la Deidad – tú no puedes ser un padre y llamar a alguien hijo, sin tener al menos un pequeño llamado de esa persona para venir a ser lo que tú eres, pararte donde te paras, venir a ser uno contigo en esencia. Por eso los Fariseos estaban tan chocados con Jesús, porque Él clamaba ser igual con Dios declarando ser Él mismo el Hijo de Dios (Juan 5:18).

Para entender esto mejor, quizá podemos ilustrarlo diciendo que, ya que necesitamos servir a alguien como un hijo, necesitamos entonces tener a alguien dispuesto a servirnos como un padre. Cada uno sirve al otro, y así ellos cumplen un muy importante rol hacia uno y otro. Uno toma el 'oficio' de hijo, y el otro toma el 'oficio' de padre. Esto debe ser al menos algo similar a la Deidad, porque Dios el Padre y Dios el hijo son de exactamente la misma 'edad' – ninguno tiene señorío sobre el otro, excepto en los roles en relación y en sumisión a la autoridad que ellos cumplen hacia uno y otro. El Padre es Dios Eterno, el Hijo es Dios Eterno, y ambos son co-iguales en poder y gloria. Aunque el Padre es un padre a Su Hijo, y el Hijo es un hijo a Su Padre.

Pero Cristo no se 'avergonzó' de ser llamado nuestro hermano, y en el proceso reconoció a sus propios 'muchos padres' (ese comentario podría ofender a alguien, pero por favor siga la explicación).

El nombre favorito de Cristo para sí mismo fue 'el Hijo del Hombre'. Literalmente esto significa, hijo de Adán, o hijo de la raza humana. En su venida como nuestro Mesías, Él también vino como el hijo de Abraham y el hijo de David. Decir que Él no se avergonzó de llamarnos Sus hermanos es decir que Él no se avergonzó de reconocer a sus 'padres' tampoco.

Viniendo como el Hijo del Hombre, Cristo vino a ser el segundo Adán, así como a representar a toda la raza humana en ofrendar Su vida en nuestro lugar por el pecado. Desde que Él fue también el hijo de Abraham, entonces removiendo la maldición de la ley que era contra nosotros por Su muerte, Él nos hizo también hijos de Abraham garantizando así nuestra herencia y acceso a la fe (Gálatas 3:14). La más grande bendición de Abraham que nosotros heredamos es que nuestra fe es contada en justicia. Cristo también vino como hijo de David, para cumplir el pacto que Dios había hecho con David de establecer su trono para siempre, y darle un hijo quien reinaría sobre el trono de David para siempre (1 Crónicas 17:10-14, Lucas 1:32).

Hasta este día Cristo es conocido como el Hijo de David. Él es también conocido, y esto es citado regularmente en iglesias por todos lados, como *"un renuevo... del tronco de Isaí"* (Isaías 11:1) y como *"la raíz de Isaí"* (Isaías 11:10). Pablo citó a Isaías, *"Brotará la raíz de Isaí, el que se levantará para gobernar a las naciones; en él los pueblos pondrán su esperanza"* (Romanos 15:12). Estos son ejemplos de padres de los cuales podemos decir que Cristo "no se avergonzó".

Las Escrituras no pueden ser quebradas, y las palabras de Cristo referentes a sí mismo, tanto como las palabras de los profetas y apóstoles, deberían verse ahora muy claras. Aquellos en el Cuerpo de Cristo que son negativos acerca de la 'paternidad', y quienes empujan la línea que 'nosotros tenemos un solo padre' y 'Dios en el Cielo es mi único padre espiritual' necesitan reconsiderar su posición. No estoy hablando así para aquellos que tienen honestas preguntas, sino aquellos que por escepticismo, temor o heridas parecen torcer en oposición a lo que Dios está diciendo y haciendo. Estas Escrituras refutan la mentira de aquellos que rehúsan ver que hay válidas relaciones que tienen la belleza de Cristo en ellas y las cuales Dios no sólo ha ordenado, sino dado los más increíbles ejemplos en cada parte de la Escritura. La negación intransigente de algunos no proviene de sabiduría espiritual o búsqueda honesta y genuina delante de las Escrituras en el Espíritu Santo. Más bien viene de heridas del pasado, falta de seguridad, desconfianza, orgullo, agendas personales, independencia, arrogancia, celos, o ambición.

¿Pero Qué Hay de Mateo 23:9?

Una cuestión comúnmente preguntada que se presenta de vez en cuando es referente a lo que Jesús dijo en Mateo 23:9, cuando Él dijo *"Y no llaméis padre vuestro a nadie en la tierra; porque uno es vuestro Padre, el que está en los cielos"*. Yo he incluido enseguida el texto completo de Mateo 23:1-13, ya que esto es una importante cuestión para contestar y nosotros debemos considerar el contexto en el cual Jesús habló.

> *"1 Entonces habló Jesús a la gente y a sus discípulos, diciendo: 2 En la cátedra de Moisés se sientan los escribas y los fariseos. 3 Así que, todo lo que os digan que guardéis, guardadlo y hacedlo; mas no hagáis conforme a sus obras, porque dicen, y no hacen. 4 Porque atan cargas pesadas y difíciles de llevar, y las ponen sobre los hombros de los hombres; pero ellos ni con un dedo quieren moverlas.*
>
> *5 Antes, hacen todas sus obras para ser vistos por los hombres. Pues ensanchan sus filacterias, y extienden los flecos de sus mantos; 6 y aman los primeros asientos en las cenas, y las primeras sillas en las sinagogas, 7 y las salutaciones en las plazas, y que los hombres los llamen: Rabí, Rabí.*
>
> *8 Pero vosotros no queráis que os llamen Rabí; porque uno es vuestro Maestro, el Cristo, y todos vosotros sois hermanos. 9 Y no llaméis padre vuestro a nadie en la tierra; porque uno es vuestro Padre, el que está en los cielos. 10 Ni seáis llamados maestros; porque uno es vuestro Maestro, el Cristo. 11 El que es el mayor de vosotros, sea vuestro siervo. 12 Porque el que se enaltece será humillado, y el que se humilla será enaltecido.*

13 Mas ¡ay de vosotros, escribas y fariseos,
hipócritas! porque cerráis el reino de los cielos delante
de los hombres; pues ni entráis vosotros, ni dejáis entrar
a los que están entrando" (Mateo 23:1-13).

Primeramente, en la interpretación de la Biblia nunca debemos tomar un versículo o frase y volverla una doctrina o un dictamen de atadura legalista. Tampoco significa que siempre apliquemos el más restringido significado posible a cualquier simple frase de la Escritura. El principio esencial de la doctrina Bíblica, o referente a cualquier cosa que haya de establecerse como verdad general, debe ser confirmado por el completo tenor de la Escritura. La regla es, 'cada verdad es establecida en la boca de dos o tres testigos' (Mateo 18:16, 2 Corintios 13:1). Para que una verdad o doctrina sea establecida como primaria, o absoluta, debe haber dos o tres claros pasajes de instruccionales de la Escritura los cuales establecen o hablan de esa verdad.

Mateo 23:9 es un testigo. Lo que debemos hacer, así como obtener un completo entendimiento de la mente del Señor, es considerar la Biblia como un todo, y recibir el testigo de cada referencia en la Santa Escritura para el tema.

Esta declaración de Jesús no puede ser inferida como significando que el uso de la palabra 'padre' está prohibida, dado que el término es usado tan libremente por el apóstol Pablo, y también por el apóstol Juan y otros. El testimonio de Pablo es que la iglesia de los Corintios era más pobre por haber tenido solo unos pocos padres (1 Corintios 4:15), y el apóstol Juan dos veces se refiere a los padres, entre otros, a quienes él estaba escribiendo (1 Juan 2:13-14). Por lo tanto hay un uso propio y apropiado del término 'padre' en el Cuerpo de Cristo, como aplicado a la madurez o ministerio de ciertos creyentes.

Probablemente lo que más ayuda para notar aquí es que Jesús no prohibió a ninguno el cumplir el rol de un padre en el ministerio como proveyendo cuidado, confort, ánimo, liderazgo, madurez, sabiduría, enseñanza, corrección, represión, etc. Estos son roles de la paternidad y la Escritura ordena a los discípulos cumplirlos (2 Timoteo 4:2, ver también 1 Timoteo 5:1-2). Aun más, Jesús pone prohibiciones sobre ser llamado por estos nombres o *títulos de honor*, y sobre aplicar a otras personas estos términos como *títulos de honor*, en particular cuando es todo por ostentación, y para lucirse, y cuando todo es una forma de apariencia religiosa y ceremonia, e hipocresía, así como era con los Fariseos.

Jesús no estaba desechando las funciones de liderazgo espiritual, sino que estaba desechando los deseos humanos carnales y llenos de orgullo para buscar un estatus y distinciones carnales de honor a través de títulos de orgullo.

Debemos notar que cada cosa que Jesús dijo en Mateo 23 fue directamente relevante a las prácticas específicas de los líderes religiosos y Fariseos de Sus días, y Su discurso siguió sobre las actividades de los Fariseos en Mateo 22. Mateo 23 registra siete 'ayes' hablados por Jesús referentes a los expertos en la ley y fariseos (aunque R.V.G. Tasker dice que, "Estos 'ayes' no son tanto maldiciones como expresiones de lástima, y una mejor traducción podría ser 'pobres de ustedes', más que *ay de ustedes*"[1]). Y las instrucciones de Jesús en los versos 8-10 fueron hechas específicamente a la luz de una conducta extremadamente controladora, arrogante, en búsqueda de honor y llena de orgullo, y prácticas religiosas de los líderes de Su día. Él estaba dirigiéndose a acciones muy particulares y acciones religiosas culturales y sociales, que eran una abominación en ese tiempo, y las cuales eran un peligro espiritual, y las cuales son un peligro espiritual en cualquier época.

Los saludos especiales en la cultura Judía eran una cortesía requerida, y el no saludar a una persona considerada superior en su conocimiento de la ley era un serio insulto, y las plazas a las que se refieren, por supuesto, eran lugares públicos. Los líderes religiosos del día de Jesús, grandemente codiciaban esos títulos de respeto, y al mismo tiempo, ellos eran maestros muy controladores de sus estudiantes, y tenían que ser venerados en muchas maneras. El título 'Rabí' significa "mi grandioso". El enunciado, *"Y no llaméis a nadie en la tierra 'padre'"* fue más como una referencia a el 'Ab' ("padre del Sanedrín") quien era el segundo en el cargo. El Príncipe del Sanedrín (Ha- Nasi) se sentaba en medio de los ancianos. A su derecha se sentaba el Ab, y a su izquierda el Chacham (sabio). Se ha dicho que 'Jesús significó el completo sentido de su noble palabra por nuestro Padre Celestial. "Abba

---

[1] Comentarios Tyndaledel Nuevo Testamento Mateo: The Tyndale Press, 1969.

no era un modo común de dirigirse a una persona viva, sino un título de honor para Rabinos y grandes hombres del pasado" (McNeile)[2]'.

Esto es significativo, porque la tradición común de la iglesia primitiva fue que el evangelio de Mateo fue escrito primero en Arameo para los muchos lectores Judíos cristianos de los años tempranos, y traducido después al Griego.

Ciertamente, Jesús habló arameo, así que aun si el evangelio fue escrito en Griego, es aun solamente una traducción de lo que Jesús dijo. Así que 'pater' en Griego, no es el término que Jesús usó personalmente, lo cual solo sirve para reforzar la idea que quizá la palabra 'padre', como la conocemos y la usamos, no es aun intentada en este pasaje.

De hecho, ninguno de los tres términos que Jesús uso aquí fueron realmente palabras comunes (es decir, 'Rabino', 'Ab', y la palabra traducida como 'maestro' en la NVI en el verso 10 – esta última palabra fue también un término específico, que significa 'maestro' o 'guía', y no es el usado por Jesús en Mateo 23:8, el cual significaba profesor). Además, éstas fueron palabras especiales usadas por los líderes religiosos como títulos reverenciales, con los que se acicalaban ellos mismos en público por la gente. Realmente, sin intentar criticar, esto es más como el uso de títulos como, 'Muy Reverendo' o 'Arzobispo' que el simple uso de términos como referencias a roles y llamados, tales como el uso de profesor o padre espiritual en el Nuevo Testamento, y como es usado por los cristianos ahora. Esto significará que habrá un uso propio para palabras como pastor, apóstol, profeta, y un uso impropio.

Ninguno de estos pronunciamientos de Jesús significa que no debe haber líneas de autoridad en el lenguaje que nosotros no debemos reconocer y honrar personas en posiciones de liderazgo y autoridad entre nosotros. Ni trata el Señor Jesús por estos pronunciamientos, de poner a un lado todo orden civil y natural. Esto es simplemente un rechazo al uso de títulos para ganar honor, y por el cual los hombres y mujeres persiguen prestigio, o posicionarse a ellos mismos como más grandes que otros. Es particularmente abominable que cualquiera se ponga en el lugar de Cristo, enseñoreándose sobre otros, asumiendo

---

[2] Fotos del mundo de Robertson, comentarios sobre Mateo 23:9

autoridad o poder para controlar la vida de otros, o doctrina, o dar dictados a las conciencias de los hombres y mujeres cristianos como los fariseos lo hicieron. Los verdaderos apóstoles y líderes de la fe son de hecho los más humildes siervos de todos.

Pero las relaciones padre-hijo de los que éste libro habla no son como éstas, más que eso, son piadosas, Cristianas, y bíblicas, son llamadas para el evangelio y servicio a Jesucristo, y han sido modeladas para nosotros. ¿Cómo son? Son sin jerarquías, no controladoras, voluntarias, rinden cuentas voluntariamente, llenas de afecto, con mutua humildad, sirviendo uno a otro, honrándose mutuamente, basado en la amistad, amor y cuidado, y sin apropiarse uno del ministerio del otro; hay una libertad de conciencia, sin propiedad controladora, aun con un espíritu sometido. Una discusión completa de la autoridad bíblica relacional que un apóstol tiene, y no tiene, fue tomada en el capítulo cinco de mi libro anterior, "La Revelación apostólica". Los mismos principios aplican a la paternidad espiritual.

Los Tres Grandes Modelos Bíblicos de Relación Padres-Hijos.

Cada verdad, la Escritura dice, es establecida en boca de dos o tres testigos. Dios nos ha provisto de tres testigos que necesitamos para establecer una gran verdad. Aunque esto no es sólo una verdad, es una doctrina bíblica por la forma de vida, debe ser vivida en servicio a Dios a través de Jesucristo.

Ellas son grandes lecciones para aprender de cada uno de estos ejemplos – de Pablo y Timoteo, Moisés y Josué, y Elías y Eliseo. Y estas tres historias también tienen un tema en común.

Las gracias y principios que nosotros vemos comunes a estas tres historias son que:

- La fidelidad en el servicio a un líder espiritual levanta gran recompensa;
- La persistencia sobre el largo recorrido de los muchos años de nuestra vida es lo que nos trae los más grandes resultados;
- El amor y el corazón de un hijo a un padre, junto con la fidelidad y el servicio, es realmente el ingrediente clave, es decir, el hijo debe dar su corazón al padre;
- Seguir y continuar siguiendo cuando todos los demás fallan, es

un componente esencial de ser hijo;

- Hay un flujo de autoridad y gracia del padre al hijo, lo cual se incrementa sin duda de vez en cuando, pero la cual tiene asombrosas consecuencias al final;

- y no hay necesidad de decir, Dios se complace mucho con bendecir tales corazones.

> ## "Hay un flujo de autoridad y gracia del padre al hijo".

Para cada líder espiritual, Dios quiere proveer fieles seguidores, hijos, individuos compatibles a sus necesidades de manera única, que estarán a su lado sin importar qué suceda. Esto es lo que Dios hará por todos los que Él llama y establece, si solo los corazones de los padres se vuelven hacia los hijos. Por supuesto, al empezar con los hijos no siempre se ven hechos de acuerdo a la necesidad. Yo tengo numerosos hijos, y un equipo de maravillosos hombres y mujeres, jóvenes y viejos, que están junto a mí sin importar las circunstancias, y que han estado conmigo por muchos años. Uno de ellos, Michael era un joven terminando la universidad en 1992, cuando él vino a mí con una pregunta. Había terminado justamente su grado y el Consejero de la Industria estaba pidiéndole para que se moviera a una ciudad más grande para beneficio de su carrera en esa profesión. En su corazón realmente quería quedarse en nuestra ciudad para permanecer en la iglesia. Oramos juntos acerca de lo que él debería de hacer. Inmediata y claramente, el Señor dio una anticipada instrucción. Michael era llamado para una futura prominencia en el mundo misionero, y el Señor quería que yo lo contratara como un asistente en la iglesia en preparación para su futuro ministerio. Yo no había planeado emplear a nadie, y él había asumido que podría seguir una carrera profesional. Pero esto parecía exactamente correcto, sus padres sintieron lo mismo, y así yo tuve un joven aprendiz.

Descubrí que Michael, aunque era un graduado universitario, no tenía buena ortografía, y no tenía experiencia de oficina. Uno de sus primeros deberes fue vaciar diariamente las canastas de la basura. Aun así, en un corto periodo de tiempo, Michael vino asombrosamente a adaptarse a todas las cosas. Lleno de dones y habilidoso, natural para hacer múltiples tareas, vino a ser mi gerente de oficina, contador, entrenador del equipo, administrador del edificio y de los exteriores, gerente de personal, gerente de librería, solucionador de problemas, asistente de investigación, escritor fantasma, y productor técnico, todo al mismo tiempo. Y sobre los años, vino a ser grandemente experto en oración y discernimiento, en guerra espiritual, y en predicar y enseñar aunque él nunca había sido establecido como pastor. Él ha venido a ser un gran apóstol y es ahora un miembro vital de mi equipo apostólico, y yo puedo enviarlo a cualquier lugar y confiar en él completamente. Él es el director de nuestra misión mundial, y es ahora también el director de nuestra escuela primaria y secundaria. Michael fue mi primer 'Timoteo', y estoy muy contento que oímos al Señor ese día.

Aun así, Michael tuvo que trabajar en ciertos asuntos, y se ha plantado conmigo no importa qué pase, y he tenido que ser muy paciente con él a través de ciertos periodos. Pero nuestro amor y compromiso del uno al otro ha traído grandes premios en el servicio de Cristo, y en el gozo de nuestros propios corazones también. Yo cuento la historia para ilustrar mi creencia de que Dios proveerá a cada líder tales Timoteos, si solamente ellos como padres vuelven sus corazones hacia sus hijos.

Aún más, cada seguidor de Cristo necesita pegarse a un líder, para amarlo, servirlo, y perseguir la relación. No estoy aquí solamente hablando de jóvenes cristianos, o de la masa del público cristiano que es miembro de congregaciones. Yo estoy hablando con referencia a cada cristiano. Esto incluye cada líder, cada apóstol y profeta, y cada pastor y evangelista. No importa qué tan viejo estés, o cuánto hayas servido a Cristo, qué tan bien establecido esté tu ministerio, en cuánta autoridad tú camines, o cuánta gracia tengas para liderar a otros; tú necesitarás ser un hijo. Tú debes ponerte en el camino de esta gracia. Si uno no camina en la sumisión de un hijo a un padre, no podrá tener toda la gracia que necesita y que puede alcanzar en Cristo.

Veamos ahora por un momento en estos tres ejemplos individualmente.

Pablo y Timoteo:

El amor de Pablo por Timoteo, y la fidelidad de Timoteo por Pablo, es legendaria. Pablo escribió a Timoteo (2 Timoteo 1:2-4) hablando de cuán amado Timoteo era, cuánto él había esperado para verlo, cómo él recordaba sus lágrimas, y cuán lleno de gozo él estaría cuando lo viera de nuevo. Estas son expresiones sentidas del corazón de profunda emoción. Este era el corazón de un padre hablando al hijo que él amaba, y en quien él encontró gran gozo. Es crucial para el ministerio De Cristo que todos nosotros en el liderazgo espiritual tengamos esa profunda emoción, tal cuidado personal y sentimiento por otros – por hijos, por nuestros compatriotas, y por nuestros líderes. Nosotros debemos amar con profundo anhelo y gran gozo sobre ellos.

Pablo dijo, escribiendo a los Filipenses (2:20) que él no tenía a nadie como Timoteo. Él lo describió como que era un espíritu similar al suyo, siendo como de una misma mente. Esto es lo que estas relaciones deben producir – un profundo acuerdo de espíritu, un común conocimiento y entendimiento de los caminos de Cristo, y profundidad de sentimientos de compañeros acerca del por qué estamos aquí y qué debe ser alcanzado. Al mismo tiempo, un amor común es compartido por aquellos a quienes ministramos y a quienes cuidamos. Este es el elemento crítico en edificar equipos de liderazgo apostólico para el ministerio de la iglesia en estos días. Esto no puede ser alcanzado sin dar nuestros corazones en relaciones de padre-hijos, para que podamos conocerlos y amarlos, así como Jesús nos conoció y nos amó.

Pablo escribe a los Corintios como a sus propios queridos hijos, teniendo carga por ellos. Les urge a imitarlo a él, viendo que él es su padre en Cristo. Ellos necesitaban una visita de él para refrescarles en su entendimiento de la forma de vivir para Cristo, pero él no podía venir. El escribe, *"Por tanto, os ruego que me imitéis. Por esto mismo os he enviado a Timoteo, que es mi hijo amado y fiel en el Señor, el cual os recordará mi proceder en Cristo, de la manera que enseño en todas partes y en todas las iglesias"* (1 Corintios 4:16-17).

Es obvio, ¿no? Ellos necesitaban ver más claramente la forma en que vivía Pablo, pero él no podía ir, así que la solución era enviar a Timoteo. No solo Timoteo podría recordarles a ellos fielmente lo que había en Pablo, sino que ellos serían capaces de verlo en Timoteo. La gracia del padre y del hijo es una misma y sola gracia.

Moisés y Josué:
La historia es remarcable por un número de razones, y no pequeñas

porque hay una clara transferencia de autoridad para guiar a toda una nación hacia su herencia.

Josué sirvió a Moisés en una forma personal, devota todos esos 40 años en el desierto. Josué nunca dejó el tabernáculo de reunión (Éxodo 33:11). Él fue muy defensor de la autoridad de Moisés y de su liderazgo (Números 11:28-29). El guio el ejército en batalla en lugar de Moisés, pero en la remarcable historia de Éxodo 17 podemos ver que el poder espiritual para ganar batallas venía de las oraciones de Moisés.

> **"Siempre habrá una conexión espiritual directa entre la victoria en batallas espirituales por la mano de los hijos, y la forma en que el padre camina en el Señor".**

Ustedes conocen la historia de Moisés en el monte con las manos levantadas, con Aarón y Hur asistiéndole, mientras que Josué peleaba con los Amalecitas en el valle. Siempre que las manos de Moisés estaban levantadas, Israel prevalecía en batalla, pero cuando Moisés descansaba sus brazos, Amalec prevalecía. Aarón y Hur sentaron a Moisés en una roca, y sostuvieron sus brazos en alto hasta que Josué venció totalmente a los Amalecitas. Estas historias están escritas para ilustrar verdades espirituales. Siempre habrá una conexión espiritual entre ganar las batallas espirituales por las manos de los hijos, y un caminar del padre con el Señor. Josué nunca podría haber vencido a Amalec si no hubiera sido por Moisés. El enemigo fue puesto a espada, pero la gracia para hacerlo fue obtenida en la punta de la montaña.

Los hijos son necesarios para servir a los padres, pero ellos no pueden prevalecer sin sus padres. Un hijo que alcanza victoria en la batalla nunca debería pasar por alto la verdad que la gracia fluyó porque él caminó en relación con su padre espiritual. No solo Dios elige bendecir relaciones, sino la relación en sí misma es la clave para que un hijo se mantenga conectado al poder de Dios. De importancia para notar aquí es que en Éxodo 17:14, el Señor le dio a Moisés una instrucción,

"Escribe esto en un rollo como algo a ser recordado y debes estar seguro que Josué lo oiga, porque Yo borraré completamente la memoria de Amalec de debajo de los cielos."

Moisés fue instruido a escribir en el rollo de recuerdos concerniente a lo que ocurrió, pero específicamente para estar seguro que Josué escuchara todo. El real significado de esto no es que Josué debía recordar que él destruyó a Amalec con la espada, sino que él debía entender y recordar que la gracia para hacerlo vino a través de Moisés. El poder y la autoridad apostólica siempre fluyen a través de la sumisión y relación. Josué iba a tener un recordatorio perpetuo, no solamente de Palabra del Señor concerniente a Amalec, sino del papel que Moisés jugó en la victoria. Eso fue, primero y ante todo, la victoria de Moisés, pero una victoria en la cual Josué podría rectamente regocijarse como una herencia compartida.

En sus últimos años de vida, Moisés buscó al Señor para que pusiera un hombre que le remplazara. Él sabía que su mayordomía había ahora concluido, y él clamaba por un hombre que fuera establecido en su lugar para introducir a Israel a que recibiera su herencia. ¿Y qué respondió el Señor? Pon manos sobre Josué, y dale algo de tu autoridad (Números 27:15-23). No se le dio todo lo que Moisés tenía, pero aun así era gran parte de lo que Moisés tenía, y todo lo que Josué necesitaba. En este punto de la historia, no todas las cosas que Moisés tenía pasaron a Josué, porque algunas de las responsabilidades fueron tomadas por el Sumo Sacerdote.

Así Moisés comisionó a Josué con la imposición de manos delante de todo el pueblo. Deuteronomio 34:9 dice que Josué fue lleno del espíritu de sabiduría específicamente porque Moisés había puesto manos sobre él. Esa fue la razón por la cual los Israelitas le escucharon e hicieron lo que el Señor ordenó. Sorprendente ¿no?

Cuando se necesitó un hombre para liderar a Israel, Dios eligió al hombre que había sido un hijo. Estoy seguro que en el vasto número del campamento de Israel había muchos hombres dotados, muchos hombres poderosos, muchos llenos de visión, sabiduría y entendimiento, muchos con gran capacidad para liderar y sabiduría en cada circunstancia de la vida. Pero Dios escogió a Josué, porque él era un hijo.

Y después de la muerte de Moisés, Dios habló con él, *"Nadie será capaz de hacerte frente todos los días de tu vida. Así como yo estuve con*

Moisés, así estaré contigo; no te dejaré ni te desampararé" (Josué 1:5). Este tipo de promesa solo puede venir a un hijo. Las palabras *"como estuve con Moisés, así estaré contigo"* son muy descriptivas, y revelan la continuidad del favor de Dios a través de la fidelidad en las relaciones.

La Iglesia en todas partes necesita tal clase de hijos quienes por pelear las batallas junto con un padre espiritual a lo largo de muchos años, serán finalmente calificados y les será dada la gracia y oportunidad para guiar al pueblo de Dios hacia la victoria y a su herencia.

En los días que vienen veremos a la iglesia en la tierra viniendo a una gran herencia. Esta herencia puede ser obtenida cuando el pueblo de Dios sea finalmente guiado por aquellos que han sido hijos fieles.

Elías y Eliseo:

Hablaré más de Elías y Eliseo en un capítulo posterior mostrando cómo y por qué seguir a los padres espirituales. Pero por ahora, considere estas observaciones. De su historia encontramos que la gracia para el ministerio puede ser dada en doble porción, pero fue dada a un hijo que persiguió implacablemente y que no dejó de lado a su padre espiritual.

La historia hace muy clara una cosa. Para obtener una verdadera doble porción de la herencia de las unciones, gracia, y poder del Espíritu Santo para el ministerio, uno necesita dos padres – uno en el cielo, y uno en la tierra.

Yo he escuchado en muchas ocasiones a fieles creyentes orar en las reuniones de la iglesia, clamando por *"una doble porción del Espíritu."* Pero nunca he escuchado de nadie un testimonio de haber recibido respuesta a esta oración. Hay una razón – ellos estuvieron pidiendo al padre equivocado.

La Biblia contiene solo un registro de un hombre recibiendo una doble porción de unción para el ministerio. Deberíamos tomar nota de cómo la obtuvo.

En este caso su padre espiritual preguntó, *"¿qué puedo hacer por ti?"* (2 Reyes 2:9), y en respuesta Eliseo pidió a Elías que le diera una doble porción de su espíritu. Vamos a considerar más de esto después, pero por ahora yo hago este punto. Para obtener una doble porción de unción para el ministerio, necesitarás el acuerdo de tu Padre Dios en el cielo y tu padre espiritual en la tierra. Es Dios solo quien da la unción, y es Dios solo quien tiene la soberana decisión sobre si te es dada o no, pero parece que también depende de obtener el acuerdo y la aprobación del padre espiritual con quien tú has caminado.

Pero alguna gente objetará. Ellos dirán, "Yo no necesito un padre espiritual, Yo tengo a Cristo solamente". O pueden decir, "Abraham no tuvo un padre espiritual y yo soy hijo de Abraham. Yo camino en las pisadas de mi padre Abraham como el Nuevo testamento dice. Por lo tanto si Abraham puede ser el hombre de fe y el amigo de Dios sin tener un padre espiritual, así también yo puedo".

La gente que piensa así tiene solo la mitad de la verdad. Es verdad que Abraham puede no haber tenido un padre espiritual en el sentido de lo que hablamos ahora, es decir, una permanente relación continua de rendición de cuentas y de liderazgo espiritual. Pero asumir que Abraham fue por lo tanto independiente y sin sumisión a otro es completa ignorancia y pasar por alto los hechos. Abraham no fue un hombre independiente, y hay algo asombroso, aun sorprendente concerniente a él. Aunque Dios llamó a Abram, y le dio verdaderamente grandes promesas (Génesis 12:2-3) lo cual comprometió a Dios hacer de Abraham una gran nación, bendecirlo, hacer su nombre grande, y ser una bendición a todas las naciones de la tierra, debemos notar este hecho. Antes de que Abraham conociera a Melquisedec, el sacerdote del Dios Altísimo, y lo reconociera como superior en el Señor, se sometiera a él y le pagara su porción, después de lo cual él recibió la bendición, absolutamente nada había pasado en la vida de Abraham.

Abraham tenía las promesas iniciales, pero no más. Aún después de haber recibido las bendiciones de Melquisedec, Dios vino a Abraham e hizo un pacto con él, y entonces hizo muchas más promesas como parte de ese convenio. Entre esas promesas estaba la promesa de un hijo.

Fue desde el momento de recibir la bendición de otro hombre, uno que estaba sobre él en el Señor, que todas las cosas que nosotros sabemos que fueron de gran importancia en la vida de Abraham, y en la historia de la salvación, comenzaron a pasar, incluyendo la promesa de un hijo. Así, desde esa antigua historia de la justificación por fe vemos el principio que para que la plenitud de la herencia venga a nosotros que estamos en el Señor, debemos recibir la bendición de otra persona, alguien que esté sobre nosotros en el Señor, como Abraham lo hizo.

Usted está llamado a caminar en las huellas y en la fe de su padre Abraham. Usted necesitará emular su fe en esta materia también.

Quizá alguno objetará y dirá, "Yo soy seguidor de Cristo. Yo no necesito a ninguno en mi vida sino a Jesús. Yo haré solo las cosas que Él me enseñe a hacer".

Consideremos a Jesús entonces. Hijo de Dios nacido sin pecado, creció en sabiduría y en favor con Dios y con los hombres. Cuando él cumplió los 30, el tiempo había llegado para que Él comenzara Su misterio, porque en la cultura judía un hombre de 30 años venía a ser un adulto completamente maduro, y en el negocio familiar la palabra de un hijo de esta edad estaba respaldada por su padre. Hasta este momento Él no había conducido ningún ministerio público, y no desarrolló señales o milagros.

Antes que Él comenzara su ministerio, Cristo también se tuvo que someter a otro hombre, alguien quien fuera, 'en Cristo' delante de Él – alguno que estuviese en el ministerio y tuviera la aprobación de Dios, pero alguien que en un sentido, tuviera señorío. Eso era necesario para que Jesús recibiera la bendición de Dios de alguien, antes de que Él comenzara Su propio ministerio. Él fue a uno que había sido enviado delante de Él especialmente para este propósito – Juan el Bautista, quien estaba bautizando en el río Jordán.

Usted puede ver el significado de esto ya. Juan le dijo a Él, *"Yo necesito ser bautizado por ti, y ¿tu vienes a mí?"* Jesús replicó, *"Déjalo así ahora. Es propio para nosotros hacer esto para cumplir toda justicia"* (Mateo 3: 14-15). Jesús sabía que eso era esencial. Aunque Él era el Hijo de Dios sin pecado, Él debía someterse a la gracia de Dios que había sido dada a otro, el que había venido delante de Él. Así Él buscó y recibió la imposición de manos y la bendición de Juan. Habiendo recibido esto, los cielos se abrieron, y el Espíritu de Dios descendió sobre Él corporalmente. Fue después de su sumisión a otro, que Jesucristo, nuestro Salvador, recibió la llenura del Espíritu en preparación para el ministerio. Esto debe ser un requerimiento para cada uno de nosotros también.

> **"Fue después de haberse sometido a otro que Cristo recibió la plenitud del Espíritu en preparación para el ministerio".**

Sin sumisión no hay verdadera autoridad, y sin relación no hay llenura de bendición. Cada uno de nosotros, cada creyente, cada ministro de los cinco ministerios, está llamado a encontrar la llenura de gracia y la bendición a través de relaciones, de sumisión, y de honrar a otros creyentes, pero especialmente aquellos que están sobre nosotros en el Señor.

¿Qué es el 'Espíritu de Hijo'?

¿Qué es el 'Espíritu de Hijo'? Hemos dicho que es una actitud, y un sistema de valores. ¿Qué es un valor? Valores son esas cosas que nosotros mantenemos en nuestros corazones como creencias fundamentales con referencia a lo que es correcto e incorrecto, concerniente a cómo debemos de vivir, y cómo el mundo debe funcionar. Nuestros valores no son demostrados en lo que decimos que creemos, sino en cómo reaccionamos, cómo invertimos nuestro tiempo, cómo tratamos a la gente, las decisiones que hacemos, el uso de nuestro dinero – básicamente, la forma que en verdad vivimos revelará realmente lo que son nuestros valores.

Los valores de Cristo fueron manifestados por la forma en que Él vivió, y especialmente por la forma que Él sirvió al Padre. El 'Espíritu de Hijo' es la operación de la gracia de Cristo en nuestros corazones por lo cual aprendemos esos valores y caminamos en ellos, especialmente en nuestras relaciones con otra gente y con respecto a cómo seguimos y servimos a nuestros líderes como padres espirituales.

De especial nota aquí es que el 'espíritu de hijo' es el mismo en el corazón de los padres como el de los hijos. Estos no son valores que sólo los hijos deben caminar; estos son los valores de todos, incluyendo a todos aquellos que han madurado como padres en la fe. De hecho, ninguno nunca realmente puede ser un padre sin primero haber sido hijo. Y aun entonces, cada padre permanece siendo un hijo de alguien más. Ser hijos es común a todos nosotros. No hay cualidades en Jesús que no estén en Su padre también – los valores y actitudes para servir, tanto en Dios Padre como en el Hijo, son los mismos.

Al entrar en tal relación padre-hijo, donde como un hijo damos nuestros corazones a un padre, muy frecuente e inmediatamente, se abre el camino para que la gracia fluya. Nos hemos encontrado seguido con pastores y otros que son casi maduros en el ministerio, que cuando ellos vienen a ser hijos, inmediatamente vienen a ser padres también. Es un asombroso efecto dominó. Hombres y mujeres que nunca fueron reconocidos antes como padres en la fe, inmediatamente vienen a ser vistos como tales por sus seguidores después de que vienen a ser 'hijos'.

Los Valores de Ser Hijo.

¿Cuáles son éstos? Este es un set de valores que incluye amor, lealtad, fidelidad, honra, un sentido de pertenencia a otra gente, unidad espiritual, cuidado de líderes, un genuino sentido de familia, contentamiento y gozo por otros, anhelo por verles, honestidad y transparencia en relaciones del corazón, servicio mutuo, honra mutua, tener genuinamente un corazón para otra gente. Y cada una de estas actitudes y valores son dirigidas en particular para servir a otros sobre ti en el Señor y para caminar con un padre espiritual. Tú aceptarás la responsabilidad de caminar en relaciones sanas y donde se rinden cuentas, y reconocerás y honrarás la autoridad espiritual.

Yo he dicho que los padres pueden pasar sus unciones a sus hijos, y este es uno de los grandes beneficios de la relación padre-hijo. Desafortunadamente la unción de Eliseo fue con él a la tumba por que no pasó su autoridad profética y gracia a otro antes de morir. Esto es quizá porque su discípulo Giezi, el que más parecía estar siendo entrenado para esta posición (como podemos ver en 2 Reyes 4), cayó de su llamado debido a su codicia, y desobediencia, traído por su espíritu de independencia y falta de sumisión. Había algo muy equivocado en su corazón y en 2 Reyes 5 vemos el juicio sobre Giezi.

Se neceistan hijos fieles de buen carácter. La historia cristiana tiene muchos casos de profetas y otros que murieron sin pasar de forma personal y relacional la gracia y las unciones que ellos encontraron. ¿Sucedería que ellos no entendieron la paternidad? Esto pareciera ser así. ¿O sería que no había hijos confiables en la casa? Esto también es posible.

Personalmente, mi plan es pasar lo que yo tengo a tantos como sea posible, y pasarlo pronto. Yo creo que el llamado de un apóstol es ayudar a hacer que otra gente sea exitosa. Yo debo obedecer este llamado, y levantar hijos para la gloria de Cristo. Es como usar una veladora, *para encender otra.*

El Corazón de un Hijo.

Un hijo no debería ver a su padre como un 'boleto al éxito', o solamente como el medio para su avance. Aunque es algo común que pastores ambiciosos y creyentes impulsados cometan este error. He tenido unas pocas personas que han venido a mí con un espíritu equivocado. Ellos quieren lo que tú puedes hacer por ellos, y piensan que tú vas a levantarlos y empujarlos hacia adelante en el ministerio – pero ellos no son motivados por amor a ti y los hermanos; ellos son impulsados por ambición y orgullo.

Ocasionalmente viene alguno que se mira apoyador y cuidadoso aparentemente, pero es guiado por algo peor – codicia (en el sentido original de la palabra). Codicia significa un deseo interior, y tenaz, o un intenso deseo de tomar y retener cosas que otra gente tiene, para satisfacer sus necesidades internas. En una persona codiciosa, su placer es tomado, a menudo sin que ellos se den cuenta, por tener el oculto y desagradable efecto de drenar a otra gente, o aun tragárselos. Pablo fue más lejos al decir, *"si ustedes persisten en morderse y devorarse unos a otros, cuidado o ustedes serán destruidos unos por otros"* (Gálatas 5:15), y además de eso dijo, *"No seáis vanidosos provocándose y envidiándose unos a otros"* (Gálatas 5:26).

Santiago habló de esto también, *"Pero si tenéis celos amargos y contención en vuestro corazón, no os jactéis, ni mintáis contra la verdad; porque esta sabiduría no es la que desciende de lo alto, sino terrenal, animal, diabólica. Porque donde hay celos y contención, allí hay perturbación y toda obra perversa"* (Santiago 3:14-16). Gente impulsada por este tipo de codicia tienen el efecto de dejar debilitada a la gente que les rodea; les sustraen la vida, su energía les es drenada, la visión se oscurece, y la motivación se embota. Tenemos que ser cuidadosos de esos creyentes en particular, si son falsos o carnales, cuyo entusiasmo por el ministerio es codicia. Hay un peligroso y poderoso espíritu que trabaja a través de tal gente.

Jesús dijo a sus discípulos, *"¿No os he escogido yo a vosotros los doce, y uno de vosotros es diablo?"* (Juan 6:70). De este grupo original que Él llamó apóstoles (Marcos 3:13-14), 11 vinieron a ser hijos. Otro fue un peso muerto, sin duda una carga en el corazón de Jesús, aunque él tenía un necesario rol que cumplir. Y mi experiencia ha sido que, aún donde yo he tenido gente por quienes he contendido, quienes fingieron ser hijos pero eran impulsados por codicia, a pesar del dolor del proceso, hay muy positivos resultados. Aprendemos grandes cosas, maduramos. Algunas veces gente como esta es la inesperada llave a la madurez de gente alrededor de nosotros que aprenden y ven. Hay grandes victorias a ser obtenidas cuando el Señor nos permite ser expuestos a demonios debilitantes por un tiempo.

Pero nuestro propósito es levantar hijos, no demonios. Los hijos tienen un corazón diferente, o por lo menos aquellos que están dispuestos a aprender y cambiar ayudan a tener una mejor visión de las cosas. Mientras un padre es una fuente de bendición y seguridad para un hijo, un hijo espiritual no puede permitirse tener como motivación principal lo que su padre pueda hacer por él. Nuestra motivación principal, como en todas las cosas, debe ser el amor de Cristo en nosotros causándonos amar a otros. Por lo tanto, el amor por un padre espiritual, y el beneficio que nosotros podamos ser para él y otros al servirles, es la motivación de un verdadero hijo.

Tuvimos un remarcable testimonio algunos años atrás de un pastor que es hijo mío. Él y su esposa están en los 60's, y fue pastor Bautista por más de 40 años. Él vino a ser mi hijo algunos años atrás, y tuvimos muy fructíferas visitas a su ciudad. Él y otros han estado viniendo con regularidad a nuestras conferencias en Rockhampton. Él había estado siempre convencido del mensaje apostólico, y hablaba de mí sin ninguna vergüenza, y era muy generoso financieramente también. Pero un año él tuvo una transformación, aunque lo que estaba en él antes era bueno.

Mi padre espiritual, Chuck Clayton, vino a Australia para nuestra Cumbre apostólica 2005, y cuando él arribó y se paró en la puerta de nuestro edificio, le fueron dadas repentinamente fuertes impresiones y visiones del Señor para nosotros. En particular, Dios estaba a punto de hacer una nueva cosa en los corazones de nuestra gente – en vista que desde antes ellos habían creído el mensaje y apoyado la visión porque ellos aceptaron mi liderazgo y creyeron que lo que yo estaba haciendo era bueno, ahora vendría un gran cambio en sus corazones. Desde ese momento, Dios causaría que la visión y el mensaje estuviera en ellos como si fueran propios, y Cristo reuniría a ellos bajo sus brazos como una gallina junta sus pollitos. Ellos creerían el mensaje y correrían con la visión, no solo porque la visión en mí era verdadera, sino porque ella estaría también en ellos.

Unos pocos días después, en medio de la serie de reuniones de la cumbre, durante la alabanza el espíritu del Señor cambió completamente el corazón de este hermano. Su testimonio fue que hasta ese momento él había visto el mensaje apostólico y el ministerio del apóstol, o sea yo, como de gran beneficio para él y su gente, pero ahora él veía las cosas completamente diferente. Ahora él podía ver que el mensaje y el ministerio apostólico que Dios me había dado era tan importante que, él debía comprometerse a sí mismo a servirme, tanto como levantarme y ayudarme. Ya no se trataba de lo que yo pudiera hacer por él, sino lo que él podría hacer por mí.

Esto nos da un cuadro de la motivación de un verdadero hijo. Esto es lo que vemos en Cristo. Esto es lo que vemos en Josué y en Timoteo más claramente. Esto no es que un hijo no tenga necesidades, o no tenga por último su propio llamado y propósito en la vida. Claro que sí. Pero un hijo no ve el propósito de su padre y su propio propósito como dos cosas diferentes o separadas. Nosotros somos familia; estamos trabajando por la misma herencia; estamos aquí para servir a otra gente – y nuestro amor ha crecido hasta el punto donde amamos dar y servir. Es un cumplimiento de esa percepción que Jesús compartió, *"Es mas bienaventurado dar que recibir"* (Hechos 20:35).

Jenny Brown

Miembro de Comunidad Apostólica 'Paz'

Testimonio

He estado pensando considerablemente acerca de lo que la paternidad espiritual ha significado para mí, y qué impacto ha tenido en mi vida diaria, y en mi caminar espiritual con el Señor.

Solo recientemente vi y entendí los beneficios que los padres espirituales han traído a mi vida, cuando los dos pastores bajo quienes yo he crecido, empezaron a caminar juntos. Yo tuve la oportunidad de reencontrarme con mi primer "padre espiritual" en una reciente plática que tuvimos en nuestro pueblo. Como una joven cristiana no sabía cómo explicarme bien con él, pero yo sabía que él se preocupaba por mí. Yo podía ver el amor en su corazón para los que le rodeaban, y aunque él no me conocía bien, conociendo ese amor me daba confianza para seguir a Cristo, confiar en él y conocer su liderazgo.

John Alley es ahora mi padre espiritual, y el hecho de conocerle me ha continuado dando la confianza y la seguridad en mi caminar con Cristo. Pero hubo un tiempo, antes de que John viniera a este entendimiento de paternidad y de hijos y él estaba compartiendo esa revelación de amor hacia nosotros, que otras amistades "cristianas" tomaron y destruyeron la confianza que yo una vez tenía.

Esas amistades totalmente me inutilizaron. Yo perdí la confianza en cada aspecto de mi vida y si alguien hablaba de lo bueno en mí, yo no podía creerlo. Tenía una baja opinión de mí misma, pensando que no valía para nadie, y fue un difícil tiempo de soledad, colgando de la orilla de Cristo y Sus palabras, y la verdad que él había hablado a mi vida en el pasado. Por un periodo de al menos 4-5 años, diariamente batallaba con los efectos de las mentiras que vinieron de las vidas de otros, y su efecto en mi familia también.

La afirmación de la relación padre/hijo/hija tuvo el poder de sanidad del amor que Cristo desea establecer en la iglesia. La fortaleza y el poder de ese amor llenará vidas, ellos triunfarán, ellos sabrán y estarán confiados de quiénes ellos son en Cristo. Una vez más, soy libre de seguir a Cristo sin condenación , y tengo gran confianza en la verdad que Dios es mi Padre y Él me ama cariñosamente.

Muchas gracias John, por la oportunidad de expresar mi corazón acerca de éste maravilloso don que Dios ha dado a la iglesia a través del corazón apostólico de Cristo.

Con Amor, Jenny.

CAPÍTULO SIETE

EL ODRE

DEL

NUEVO VINO

"Les decía también una parábola:
–Nadie corta un parche de un vestido nuevo
para remendar un vestido viejo.
De otra manera, el vestido nuevo se rompe,
y el parche tomado del nuevo no armoniza con lo viejo.
Ni nadie echa vino nuevo en odres viejos.
De otra manera, el vino nuevo romperá los odres;
el vino se derramará, y los odres se perderán.
Pero el vino nuevo debe ser echado en odres nuevos.
Y ninguno que bebe lo añejo quiere el nuevo,
porque dice: 'Lo añejo es lo mejor.'"
(Lucas 5:36-39)

La relación padre-hijo es el odre nuevo de la iglesia de la cual Jesús habló.

Este odre nuevo fue especialmente diseñado para la familia de Dios que sería reunida en Cristo, para que el nuevo vino no pudiera ser derramado dentro del odre del viejo pacto. ¿Pero cómo las relaciones pueden ser el odre nuevo por sí mismas?

El Viejo y el Nuevo.

Primeramente, necesitamos entender qué son el odre viejo y el odre nuevo. El odre viejo fue el judaísmo, y el odre nuevo es el Cuerpo de Cristo. El odre viejo fue establecido como un resultado del pacto que Dios hizo con Su pueblo en el Monte Sinaí, pero algún tiempo después Él prometió que un nuevo pacto debería ser hecho. (Jer. 31:31-34, Heb. 8:8-12).El viejo pacto no llenaba las necesidades del pueblo, y Dios lo encontró imperfecto para el pueblo (Heb. 8:7,9). El nuevo pacto es el que nos ha sido dado en la Sangre de Cristo (Luc.22:20).

Con el viejo pacto fue establecido un sacerdocio y un Sumo Sacerdote. Con el nuevo pacto fue establecido un nuevo sacerdocio, y un nuevo Sumo Sacerdote. El viejo pacto había sido ratificado y el sacerdocio autorizado por la entrega de la Ley en el Sinaí. El nuevo pacto fue ratificado por el derramamiento del Espíritu en el día de Pentecostés, y el nuevo Sumo Sacerdocio, el del Señor Jesucristo, en el orden de Melquisedec, fue fijado no por la ley, sino por un juramento de Dios (Heb. 7:20-28).

El viejo pacto requería un sacerdocio, un tabernáculo, muebles, ofrendas, y muchas otras cosas – un montón de cosas físicas. El nuevo no requiere de ninguna cosa física – nuestra salvación es por fe solamente, sin adornos físicos religiosos. El nuevo pacto tiene un tabernáculo pero es espiritual, en los cielos, y no hecho por hombre. El nuevo también tiene un sacerdocio santo, ofrendas espirituales, y con el sacrificio de Cristo, una mejor sangre. Estas características del nuevo podrían sonar similares al viejo, pero eso es solo en la superficie. Hay una total, permanente y contundente diferencia entre el viejo y el nuevo pacto, tanto en estructura como en resultados. Una exhaustiva lectura de la Epístola a los Hebreos, del capítulo 4:14 al capítulo 10:23 clarificará grandemente todo esto.

Todas las cosas bajo el viejo pacto fueron físicas, externas, visibles y temporales, mientras que bajo el nuevo pacto todas las cosas son espirituales, internas (del corazón), vistas y entendidas por fe y no por vista, y permanentes. El viejo es la sombra, y el nuevo es la substancia. El viejo es temporal y el nuevo es eterno. El viejo tiene apariencias exteriores, pero el nuevo es real.

El viejo ha sido ya quitado – ha perecido porque Dios lo declaró obsoleto. Dios lo removió y nunca será restaurado (Heb. 8:13). El nuevo es permanente, garantizado en la Sangre de Cristo en quien tenemos una eterna esperanza, y Él ha entrado en los cielos a nuestro favor, viviendo eternamente para interceder por los santos.

Con esta muy breve visión de conjunto, déjeme puntualizar una cosa realmente significativa de un odre. El propósito de un odre es contener y preservar una valiosa mercadería para que usted pueda mantenerla, almacenarla, transportarla, y disponer de ella. Un odre mantiene algo que de otra manera es difícil de almacenar, y la hace disponible para nosotros y utilizable. Si usted tiene una botella de agua, no es porque usted quiere la botella, sino porque usted quiere el agua. Si yo le doy el contenido de una botella de agua para que lo lleve a casa, pero para quedarme con la botella yo derramo el agua en sus manos, el agua no será utilizable para usted. No es que no haya más agua en el mundo, pero no está disponible para usted porque no tiene un contenedor, y toda se derrama.

Y este es el rol que un "odre" cumple en los propósitos de Dios. Algún tipo de "odre" es esencial si Dios va a hacer completamente disponible Su bondad, presencia, vida y poder a Su pueblo en la grandísima manera que Él quiere hacerlo.

Jesús habló de sólo dos odres en particular, el viejo y el nuevo. Cada uno de estos tenía un propósito. Este era recibir y retener efectivamente la revelación, la vida y la gracia de Dios, de hecho la mera presencia, poder, y bendiciones de Dios, y traer estas cosas santas dentro de la experiencia del pueblo de Dios para hacerlos disponibles y útiles para ellos.

Así Dios diseñó los odres, viejos y nuevos, para grandes propósitos. El más grande de todos los propósitos de Dios ha sido siempre venir y vivir entre Su pueblo.

> "El más grande de todos los propósitos de Dios es venir y vivir entre Su pueblo".

Pero en el antiguo pacto todas las cosas eran externas y físicas. La revelación de Dios sobre el monte fue tan física como terrorífica. Cuando todas las cosas habían sido puestas en su lugar en el campo de acuerdo a la Ley, por ejemplo el tabernáculo, los altares, las ofrendas, el sacerdocio, los sacrificios, etc. Dios mismo vino y vivió en el campo. La gloria de Dios vino y tomó el tabernáculo como residencia. Desde ese momento ellos vieron la presencia de Dios, marcada por la nube de Su gloria sobre la tienda. Pero note esto: aún la presencia de Dios fue solamente de naturaleza física. Eso había sido prometido, pero solo como una sombra y esperanza de las cosas por venir. Eso nunca fue la realidad. La presencia de Dios no estaba en el corazón de ninguno de ellos. Aún las ofrendas no limpiaban las conciencias de los creyentes. Así que todas las cosas bajo el viejo pacto, incluyendo la presencia de Dios en el campo, fueron físicas y externas. Y es por eso que para Dios esto era incompleto. No llenaba las necesidades del pueblo, y solo era temporal.

Entonces, ¿qué fue el odre viejo? Fue el pueblo de Israel como nación, con prácticas religiosas establecidas por las cuales ellos podían acercarse a Dios, pero esperando una revelación mayor de Dios en un nuevo pacto. Cuando los esclavos salieron de Egipto eran una multitud mezclada (Éxodo 12:38), porque no todos descendían de Abraham. Pero en el Monte Sinaí, con la entrega del pacto y la Ley, ellos vinieron a ser un pueblo. Un odre es siempre un grupo de gente. Eso era una forma de comunidad, pero la comunidad era externa; se estableció en el mundo una nueva nación con una vida política y religiosa compartida.

Los mismos principios aplican para el nuevo pacto y el odre nuevo, excepto que todas sus características son espirituales y del corazón – no de cosas externas las cuales son sombras, sino de cosas internas las cuales son reales.

Con el derramamiento del Espíritu Santo en el día de Pentecostés 'un pueblo' fue formado. Bajo el nuevo pacto, el pueblo de Dios no fue formado como una nación política, sino como un cuerpo espiritual con una poderosa vida común. Los seguidores de Cristo fueron ahora una nación espiritual de sacerdotes, ofreciendo sacrificios espirituales. Somos edificados dentro de esta comunidad, no por cosas externas, sino puramente por el trabajo de Dios en nuestros corazones. Una nueva ley ha sido dada – la Ley del amor. Como antes, la presencia de Dios viene y toma como residencia el campo, excepto que en este tiempo, el campo está en los corazones de todos los creyentes, porque estamos acampados juntos como un pueblo por el Espíritu Santo. El Espíritu Santo mora dentro de cada persona, pero Él también vive en el Cuerpo entero junto. Una comunidad ha sido formada, pero es del espíritu, y es interna y espiritual.

¿Por qué es todo esto relevante a nuestro tema? Porque mientras bajo el viejo pacto el odre era institucional, bajo el nuevo pacto el odre es *relacional*. El viejo creó una comunidad para el pueblo de Dios, pero la comunidad era solo en forma externa. El odre constaba de formas externas y ceremonias en una nación física que mantuvo a la gente en un grupo, llamado a escuchar y a responder a la palabra de Dios, y mantenerse bajo Sus bendiciones.

Ahora en el odre nuevo, la gente es juntamente edificada también, pero no son cosas externas las que los mantienen juntos. Es la gracia de Dios en el corazón. Por esta razón la iglesia nunca es una institución, y una institución nunca será la iglesia. Hay muchas organizaciones en el mundo que pueden llamarse a sí mismas iglesias, pero no necesariamente tienen la vida compartida que han unido genuinamente los corazones de los creyentes. Hay mucha gente que asiste a las iglesias los domingos en las mañanas, y están así unidos a alguna organización, pero cuyos corazones no necesariamente están unidos unos a otros. Ellos dicen que creen la palabra de Dios, pero viven en un espíritu de independencia. Cuando esto ocurre, no es esta la forma de cristianismo que fue dada en Pentecostés.

En resumen, el odre nuevo es el edificar juntos al pueblo de Dios por medio de relaciones de tal manera que ellos sean una verdadera comunidad, y Dios pueda habitar en medio de ellos por Su Espíritu. Esto no es lo mismo que cada miembro individual esté lleno del Espíritu Santo.

Cada uno de nosotros individualmente es un templo del Espíritu Santo, y cada uno debe ser lleno del Espíritu y tener un conocimiento de Dios. Pero hay una experiencia corporal de cristianismo que es aún más grande que esto. Individuos llenos del Espíritu Santo no son por ellos mismos un odre, aunque hayan recibido bendiciones y por supuesto contengan nuevo vino – el Espíritu Santo, la Palabra de Dios, el poder del evangelio, y los dones del Espíritu. En concreto, la vida de Dios está en nosotros. Pero el propósito de un odre es así edificar a todo el pueblo de Dios juntos en una sola entidad, para que Dios pueda venir y vivir por Su Espíritu entre nosotros corporativamente. Un odre es formado cuando el Espíritu Santo puede afianzar un pueblo corporativamente y así edificar sus vidas juntas como uno solo tal que ellos vengan a ser un pueblo de un solo corazón y una mente, y Dios viva entre ellos por Su Espíritu. Esto es lo que pasó en Pentecostés y esto es a lo que Hechos 4:32 y Efesios 2:22 se refieren.

Bajo el antiguo pacto, Israel fue esa entidad a través de la cual Dios vino y vivió en el campo. Pero Israel en ese sentido fue solamente una nación física, y la presencia de Dios fue solamente una presencia física en el medio del campo.

Bajo el nuevo pacto, los creyentes corporativamente son una nación o reino de sacerdotes ofreciendo sacrificios espirituales, y Dios está buscando tiempos y lugares cuando Su presencia pueda residir entre su pueblo – no solo en la base de que cada uno de nosotros individualmente ha tenido una experiencia del Cristo morando en nosotros, sino en un sentido corporal. Para tener una experiencia de la presencia de Dios viviendo entre su pueblo corporativamente, tiene que haber una unidad de creyentes cuyas vidas tienen que ser edificadas juntas en comunidad. Que tengan amor unos por otros, y caminen juntos.

> "Es el edificar juntos las vidas en unidad espiritual, con genuina intimidad de relacionamientos,
>
> lo que forma el odre nuevo".

Es el edificar juntos las vidas en unidad espiritual, con genuina intimidad de relacionamientos, lo que forma el odre nuevo. Entonces Dios puede establecer su residencia en el campo, y podremos ver una manifestación corporal de la vida, el poder, y la presencia de Dios entre nosotros. Efesios 2:22 nos da la promesa de esto, como lo hace 2 Corintios 6:16. Dios ha querido vivir siempre entre su pueblo.

Por definición entonces, un odre es una estructura especialmente diseñada para recibir, contener y poner a nuestra disposición la vida, el poder, la gracia, y el Espíritu de Dios en una más grande forma corporal. Un odre es siempre un medio dado por Dios a través del cual Él edifica a Su pueblo junto para formar una entidad única. En cuanto al odre nuevo, este es una entidad espiritual que requiere unicidad a través del amor, aceptación, unidad de corazón, y honra, comprometidos en significantes relaciones.

Ahora que nosotros tenemos un entendimiento de lo que es el odre, y entendemos la naturaleza específicamente relacional del odre nuevo, podemos hacer una clara aplicación. Dado que es solamente cuando nuestras vidas están unidas y somos realmente de corazón un pueblo que tenemos un "odre" que Dios puede llenarlo por Su Espíritu en una manera corporal, entonces es cierto decir que las relaciones padre-hijo en el ministerio son el odre nuevo en la iglesia, viendo que esa relación es el firme patrón bíblico para las relaciones de la iglesia.

No estoy diciendo que la relación padre-hijo ha venido a ser un odre nuevo justo en este momento, o en este mover del Espíritu Santo. No, la relación padre-hijo y las semejantes siempre han sido el odre nuevo de la iglesia, aun desde el día que Jesús dijo que Dios estaba edificando un odre nuevo en el cual El derramaría Su Espíritu en la era del evangelio.

Y cuando vemos las relaciones padre-hijo como el odre nuevo, esto es todo lo que hemos dicho que la iglesia debe ser. Eso llena nuestras necesidades, y provee todo lo siguiente:

- Nos da cristianismo relacional en vez de institucional.
- Permite un genuino liderazgo espiritual de apóstoles, profetas, y otros como padres en la fe, más que un gobierno jerárquico.
- Permite la restauración de los ministerios apostólicos proféticos como fundacionales para la edificación de la iglesia correctamente.
- Facilita la remoción de los espíritus de competencia de nuestros corazones, lo cual es muy dañino en las iglesias con una vida institucional, pero es removida por los verdaderos valores de relaciones apostólicas.
- Muestra la naturaleza de Dios padre-hijo en la vida de la iglesia y del ministerio.
- Restaura el muy personal y cordial amor que debería ser evidente entre el liderazgo de la iglesia, como lo fue en el Nuevo Testamento.

\- Y muchos otros beneficios demasiado numerosos de enlistar. Esto es de lo que todo este libro habla. Y esencialmente, es el cumplimiento de la Escritura: *"Ustedes que antes no eran pueblo, pero ahora sois pueblo de Dios"* (1 Pe. 2:10).

Enderezando la Senda para el Señor.

Después de 400 años de silencio entre el último de los profetas del Antiguo Testamento y la venida de Juan el Bautista, con el testigo de Malaquías 4:4-6 aun sonando como un faro de esperanza, ¿qué conseguimos? La voz de uno clamando en el desierto: *"Preparad el camino del Señor, enderezad la senda para Él."* (Marcos 1:3). ¿Cómo hacemos una senda recta para el Señor? ¡Volviendo los corazones de los padres hacia los hijos, como el Ángel del Señor dijo! Hablando a Zacarías de su hijo, Juan, quien nacería pronto, él advirtió, *"...él irá delante del Señor, en el espíritu y poder de Elías, para volver el corazón de los padres hacia los hijos y los desobedientes a la sabiduría de los rectos... para levantar un pueblo preparado para el Señor"* (Lucas 1:17) Debe haber siempre , en el ministerio de Cristo, el corazón de los padres para los hijos , y de los hijos para los padres, si un pueblo ha de estar listo para el Señor.

Este es un factor crítico a medida que nos aproximamos al fin de la era. En preparación para el retorno de Cristo, la novia (los santos, apóstoles, y profetas de quien se habla en Apocalipsis 18:20) debe venir a la madurez. Esta es una madurez en amor y en relaciones; es una iglesia apostólica restaurada con una boda apostólica resucitada, por la cual apóstoles y profetas están ahora siendo levantados para proveer el liderazgo requerido, y para revivir las unciones y los ejemplos de vida necesarios. Su tarea, su gran tarea, es volver los corazones de los padres a los hijos y de los hijos a los padres. Este será el cumplimiento de la promesa y de la profecía, de Malaquías 4:4-6 – una Escritura que se refiere a nuestros días y no a los de Juan el Bautista.

Desde el tiempo de Juan, el verdadero ministerio de gracia ha sido siempre un ministerio que requiere los corazones de los padres para sus hijos, y de los hijos para sus padres, y esto vemos con Jesús y sus 12. En el día de Juan el Bautista y Jesús, el movimiento de Dios no estaba en el servicio institucional del templo en Jerusalén, sino en las relaciones formadas fuera del campo. Eso fue en el "desierto" donde ellos hicieron sus sendas rectas para el Señor. Y siempre desde entonces, es en las relaciones que nosotros formamos en Cristo – donde el amor y el honor de unos por otros no es solo un medio para un fin, o un requerimiento 'cristiano', sino una forma de vida – que nosotros abrimos el verdadero camino del Señor, y hacemos una senda recta para Él tratando con los corazones de hombres y mujeres. Como Pablo dijo, *"ustedes son el huerto de Dios"* (1 Corintios 3:9).

La religión del 'templo' ahora, o sea la institución, es una farsa. Hay demasiado show exterior, y no mucha substancia. Pero eso es, por supuesto, lo que tú consigues si, después de haber conocido la realidad, vuelves atrás a las sombras; y éstas fueron siempre sombras. Ahora tenemos al Cristo, y el camino de amor; somos llamados a caminar con Cristo y encontrar más de Cristo amando a otros. Cuando puedes tener a Cristo, la luz de vida, la gloria del Padre – ¿quién con una mente correcta puede querer sólo las sombras?

Shirley Fisher

Miembro de la Comunidad Apostólica 'Paz'

Testimonio

Yo llegué a éste ministerio en 1993. Había estado la mayor parte de mi vida en la iglesia, pero buscando siempre algo que me faltaba. Yo pensaba que entendía el amor de Jesús y quién era Él, pero no tenía una relación personal con Él, y ningún entendimiento del amor de un Padre Celestial.

Mi relación con mi propio padre no fue lo que debía de haber sido. Mi padre fue amable y buen hombre pero producto de su crianza – su padre murió cuando aún era muy joven y su madre no le mostró amor. Consecuentemente él nunca supo cómo dar o recibir amor. Yo crecí sin estar segura de su amor, y sin ser nunca afirmada o bendecida por un padre.

Un día le pedí a John que orara por mí por alguna cosa, y mencioné cómo me sentía. Él oró por mí, me afirmó y me dio una bendición de padre. Esto quebró algo de mi vida y me sentí más confiada y libre que nunca antes. Me di cuenta entonces qué era lo que faltaba en mi vida. Ahora mi vida tenía una identidad.

John es lo que yo creo que debería ser un padre – amoroso, amable, y gentil, pero al mismo tiempo firme y fuerte, y sin miedo a disciplinar a los que ama. Lo he visto corrigiendo en un par de ocasiones y lo ha hecho con tal amor y amabilidad.

Soy muy bendecida de tener ese amor de padre en casa. Esto me da un sentimiento de seguridad: El saber que somos amados por alguien que vive una vida ejemplar de cómo nosotros debemos vivir y amarnos unos a otros. Mucha gente que viene a visitarnos comenta del amor que ellos sienten entre nosotros.

Yo siento un gran privilegio de amar y servir a John así como muchos otros lo hacen. Para mí eso es lo que significa ser un verdadero hijo.

Shirley Fisher.

CAPÍTULO OCHO

BENDICIONES

GENERACIONALES

*"Que el Dios Todopoderoso te bendiga, te haga fecundo y
te multiplique hasta que llegues a ser multitud de pueblos.
Que él te de la bendición de Abraham, lo mismo que a tu descendencia,
para que poseas la tierra en que habitas,
donde ahora tú habitas como extranjero..."*

(Gén. 28:3-4)

Toda nuestra vida hemos oído la palabra "bendición". El tema de bendición es mencionado en la Biblia cerca de 600 veces, y su opuesto, maldición, cerca de 200 veces. Esto le hace un tema mayor en las Escrituras.

Una vez escuché a alguien decir que la iglesia en este tiempo, ha aprendido mucho sobre maldiciones – ejemplo, qué hacen las maldiciones, cómo cortarlas, cómo contrarrestar las maldiciones, etc. – pero no hemos enseñado a la iglesia lo suficiente acerca de cómo bendecir. Tomamos las bendiciones como concedidas. Yo decidí buscar al Señor para entender mejor las bendiciones, y dentro de pocos días recibí éste profundo mensaje.

Nos hemos topado con el concepto de bendiciones desde el primer capítulo de la Biblia. En el quinto día de la Creación Dios hizo los peces del mar y las aves del cielo, y les bendijo y les dijo: *"Fructificaos y crezcan en número y llenen las aguas de los mares, y sean multiplicadas las aves sobre la tierra."* (Génesis 1:22) Pregúntese ahora usted mismo: Ya que Dios había hecho estas criaturas completas y perfectas, en un perfecto medio ambiente, y dio el mandato por el cual ellas vivieron, ¿por qué entonces Él necesitaba también bendecirlas?

Notamos inmediatamente que la bendición aquí tiene mucho que ver con ser fructíferas e incrementarse. Esto es la verdad de lo que una bendición hace también en nuestras vidas.

En el sexto día de la creación Dios hizo al hombre, varón y hembra, a Su propia imagen. Entonces Dios les bendijo: *"Sean fructíferos e increméntense en número, llenen la tierra y subyúguenla. Gobiernen sobre peces del mar, aves del cielo y sobre toda creatura viviente que se mueva sobre la tierra."* (Génesis 1:28) Otra vez, ¿por qué se necesitaba la bendición? El hombre había sido hecho a la imagen de Dios, y Dios había soplado en él su propio aliento por el cual el hombre vino a ser un alma viviente. El hombre fue puesto en un perfecto ambiente, y todas sus necesidades fueron suplidas. Ellos eran saludables, el jardín era perfecto, y no había pecado, ni maldad ni enfermedad. Ellos eran de la manera que Dios los quería, y el Señor venía a caminar diariamente con Adán en la frescura de la tarde. En la luz de esta perfección y gracia estando presentes, ¿por qué el hombre necesitaría una bendición que viniera de su Creador?

Bueno, ¿qué es realmente una bendición? la respuesta la encontramos en la siguiente definición: **Una bendición es una pronunciación que imparte poder espiritual, abriendo el camino para nosotros en la vida, dándonos aprobación y confianza, y poder para que seamos exitosos; es una gracia que nos capacita para venir a ser lo que estamos llamados a ser, y para alcanzar lo que estamos llamados a alcanzar.**

Para ampliar esto, una bendición es una serie de palabras, específicamente un pronunciamiento, frecuentemente de alguien con autoridad, que te da permiso para tener éxito, y poder para avanzar personalmente en la vida y lograr el propósito que Dios tiene para ti. Es una aprobación que te ayudará a tener éxito. Sostendrá tu vida. Te capacitará para vencer los obstáculos, te levantará para alcanzar lo que has sido llamado a ser y para hacer bien lo que has sido llamado a hacer.

¿No crees que tú puedes necesitar una bendición? Y el hombre, habiendo sido hecho a la imagen de Dios, también tiene el poder de bendecir y maldecir. Jesús dijo que debíamos de bendecir aún a nuestros enemigos (Lucas 6:28). Pablo dijo que debemos bendecir y no maldecir (Romanos 12:14). El poder de bendecir debe de ser expresado por cada uno de nosotros en el servicio del Señor Jesucristo. Cada familia, cada hogar, cada negocio, cada iglesia, cada pastor, cada líder – cada uno de nosotros – necesita una bendición y puede darla.

¿Qué es entonces bendición *generacional*? Es un término que define un cierto tipo de bendiciones – las cuales fluyen de una generación a otra. Una bendición generacional es la que pasa del padre al hijo, una bendición la cual, cuando es llevada en una generación, puede y debe ser pasada a la próxima. Muy seguido, si tú no recibes esa bendición por impartición, se pierde.

> **"Muy frecuentemente, cada generación ha sido limitada tanto en poder como en revelación de sí mismos porque cada quien busca lo suyo".**

Esto ha sido un frecuente problema con la iglesia. Hemos perdido el arte de bendecir, porque hemos olvidado su más específica forma en impartición generacional, por ejemplo, la bendición de los padres. Muy frecuentemente, cada generación ha sido limitada tanto en poder como en revelación de sí mismos en su batalla por el evangelio, porque ha habido una actitud de "cada quien lo suyo", por así decirlo. Por lo tanto, cada generación sucesiva no alcanzó tanto como debía de haber logrado si tan solo la iglesia hubiera entendido cómo caminar juntos como padre e hijo.

He escuchado a alguien decir que el lugar más ungido en cualquier ciudad o pueblo es el cementerio porque muchos cristianos como Eliseo, se habían llevado sus unciones a la tumba – porque no supieron cómo pasarla a sus hijos espirituales, o nunca supieron que ellos podían hacerlo.

Entienda entonces, que entre las más importantes bendiciones que usted puede recibir está la bendición del padre. Y por extensión, los líderes que Cristo establece como los pastores del rebaño, especialmente cuando maduran, tienen un importante rol qué jugar como padres en la fe.

La bendición de Sue.

Yo era el orador invitado para una conferencia en una gran ciudad en una provincia de Australia, cuando al término de una de las reuniones una joven mujer de cerca de 35 años de edad se me aproximó.

Dijo que se llamaba Sue, y que mientras ella estaba sentada ahí, el Señor le había dicho que yo tenía algo que, si ella me lo pedía, yo se lo daría. Pero ella dijo: "yo no sé qué es". Yo dije: "Bueno, ya somos dos; yo tampoco sé qué es. Sin embargo, déjame orar por un momento".

Tan pronto como comencé a orar, me di cuenta qué era eso, aunque eso era un nuevo pensamiento para mí en ese momento. Sue nunca había tenido la bendición de su padre, y el Señor quería que yo pusiera manos sobre ella en oración, y me pusiera en el lugar de su papá, y le diera a ella la bendición que nunca había recibido como hija. Le dije a Sue lo que pensaba, y de inmediato ella supo que eso era. Ella sabía lo que había perdido en su vida.

Así comencé a orar por ella, y derramé mi corazón como si ella fuera mi hija. Si ella fuera mi pequeña hija, ¿qué podría querer yo para ella en su vida? Yo oré cada buena bendición que pudiera pensar para ella; buena salud, larga vida, amistades saludables, relaciones confiables, prosperidad financiera y protección, y sobre todo, que fuera fructífera en el servicio de Jesucristo. Sobre su vida yo declaré mi aprobación, que ella sería una maravillosa hija. Yo declaré sobre su vida bendiciones en el nombre de Jesús, y le di mis bendiciones como un padre también.

Sue había estado distanciada de su padre natural; él no le había hablado a ella, y nunca había recibido su bendición. Pero dentro de las dos próximas semanas que oré por ella, su padre se reconcilió con ella, y entonces la bendijo también. Poco después, Sue, que había sido soltera, se casó con un pastor. Continué recibiendo noticias regulares de ella, y oí de su gozo y de su vida fructífera en el Señor.

Hay muchas personas como Sue, a quienes les falta algo, aun cuando frecuentemente no lo saben. Y también como sus padres naturales, ustedes habrán tenido padres espirituales sobre los años también. Tú necesitas, y deberías ser enérgicamente deseoso de obtener, la bendición de tus padres – porque la bendición de un padre da vida.

> **"Entre las bendiciones más importantes que puedes recibir está la bendición de un padre".**

Todos nosotros necesitamos aprender cómo recibir bendiciones, pero también cómo generar bendiciones. Esto es, nosotros debemos recibirlas, y debemos pasarlas. Cada uno de nosotros es capaz, no solo de recibir bendiciones de nuestros padres, sino de impartir bendiciones a nuestros hijos, tanto naturales como espirituales, y a cada uno alrededor de nosotros. Usted es una fuente de bendición. Mucha gente está destinada a ser bendecida a través de sus palabras, y por su aprobación.

Qué le Da un Padre a sus Hijos.

Hay muchas cosas que nosotros recibimos de nuestros padres. Ahora estoy hablando específicamente de lo que Dios ha diseñado y que viene de nuestros padres naturales, pero estas verdades son paralelas para que ese mismo diseño santo y divino sea también en las familias espirituales del Cuerpo de Cristo.

Cada hijo e hija necesita escuchar la voz de un padre, porque la voz de un padre transmite amor, afirmación, afecto, aprobación, motivación, corrección, éxito, permiso para triunfar, bendición, identidad, ánimo, y seguridad. Consideremos brevemente algunas de ellas.

Un hijo o una hija obtiene su sentido de identidad en la mayor parte, de su padre. La pregunta de "¿Quién soy yo?" es contestada en el corazón de un niño por su interacción con su padre. Se dice que un 85% de lo que la persona piensa de sí mismo viene de su padre.

Un padre suple la motivación que un niño necesita, y da la

disciplina por la cual un niño supera la falta de motivación.

Es el padre quien da a su hijo o a su hija 'permiso para triunfar'. Este 'permiso' está escrito subconscientemente en el corazón de un niño por lo que el padre dice, y por la actitud que él toma hacia ellos. Algunos enfrentan la vida con confianza, y alguna lucha. Es el padre quien tiene el poder para hablar y soltar en un niño este sentido interior subconsciente de aprobación que les dice a ellos que tienen el permiso para triunfar en la vida.

El amor y la motivación son de suprema importancia en las vidas de los niños. Del padre viene ese sentido de aprobación tan crucial para la felicidad, paz, bienestar, fortaleza y propósito. El amor y la motivación que afirman y aprueban hablan a cada área de la vida de los hijos. Así que la identidad de un niño, motivación y permiso para triunfar, tan bien como un sentido de seguridad, todo es reforzado por aprobación. Aun en la iglesia, 80% del cuidado pastoral es motivacional.

No hay nada tan completo como un buen sentido de seguridad. El amor del padre, la protección y la disciplina son lo que establece un efectivo sentido de seguridad en sus hijos. Esto ayuda a apartarlos de la necesidad de 'aparentar' para agradar a otros, una debilidad que puede ser espiritualmente debilitante y produce buenas obras religiosas más que fe, la cual también les estorba para encontrar confianza e intimidad en las relaciones.

En suma a todo esto, del padre viene la herencia y las bendiciones generacionales. Aparte de una herencia natural, la cual variará de familia a familia, un padre cristiano de gran fe y obediencia a Cristo puede dejar un poderoso legado espiritual para sus hijos, lo cual es de gran dignidad y efecto.

Es de lo más importante que un padre hable a los corazones de sus hijos pequeños y pequeñas, rodeándolos con aceptación y aprobación. De esto viene la seguridad, la identidad, y la motivación, y así los corazones de los hijos son bendecidos, ensanchados, levantados y dirigidos hacia un futuro próspero por un padre que ama y lo expresa.

¡Qué Produce en un Hijo el Tener Padre!

Mientras que yo estaba viajando en un auto un día con algunos pastores jóvenes, ellos comenzaron a discutir el valor de tener un padre en el ministerio, y comparándolo con tener un buen padre.

Ellos llegaron al punto que bajo el ministerio de un padre, tu valor parece aumentarse o revalorizarse (esto es un término financiero lo opuesto a depreciarse). Ellos dijeron que cuando un padre está al lado, un niño pequeño se convierte en un hombre grande. Tener a un padre realmente libera el hijo, porque un padre energiza. Caminando con tu padre se edifica la confianza. Tú puedes afrontar cualquier cosa cuando sabes que tu padre está detrás de ti. Es maravilloso cuando sabes que tu padre cree en ti. Esto es lo que los padres espirituales hacen por los hombres y mujeres en el servicio de nuestro Señor Jesucristo. No estamos diseñados para caminar solos.

Dios Es un Buen Padre.

Cuando Jesús llegó a los 30 años de edad, había llegado el tiempo para comenzar Su ministerio público. Vino al Jordán para ser bautizado por Juan. Ya discutimos en un capítulo anterior el propósito de su sumisión a Juan. Después de que fue bautizado y salió del agua, no sólo los cielos se abrieron y el Espíritu Santo en forma de paloma corporalmente vino sobre él, sino algo más ocurrió también. Dios habló audiblemente.

No es frecuente que Dios hable audiblemente desde el cielo. Uno podría pensar que si esto ocurrió, como para ser escrito en el registro público de las Escrituras, Dios debió haber dicho algo de suprema importancia. En efecto, el padre dijo después la misma cosa en el Monte de la Transfiguración, lo cual significa que él lo declaró dos veces. El contenido de este mensaje es registrado en el Nuevo Testamento siete veces- lo cual muestra que es materia de máxima importancia. ¿Qué dijo? *"Este es mi hijo, a quien yo amo, con quien yo estoy complacido."* (Mat.3:17)

¿Por qué Dios Padre habló así? Porque Él sabía la importancia de esa voz para un hijo. Jesús estaba por comenzar su ministerio. Él estaba cerca de afrontar el desierto y el ataque violento de las tentaciones de Satanás. Mire las palabras que el Padre habló: *"Este es mi hijo"* – ¡que es una afirmación de identidad! *"a quien yo amo"* – ¡esto es afecto! *"con quien estoy bien complacido"* – ¡esto es aprobación!

¿Qué estaba haciendo Dios? ¡Estaba siendo un buen Padre! aún el hijo de Dios, nuestro Salvador, necesitaba escuchar la voz de su Padre.

"Aún el Hijo de Dios necesitaba escuchar la voz de Su Padre".

Todos nosotros necesitamos oír la voz de un padre, pero naturalmente hay algunos que no han conocido tal voz. Hay muchos que solo han conocido maldiciones o desafecto, o desaprobación y que han sido heridos. Hay en el corazón de muchos de estos algo que frecuentemente es llamado espíritu de huérfano, o corazón huérfano.

Con éste término no me estoy refiriendo a un espíritu maligno. Este término ha sido usado por otros, notablemente Jack Frost, quien después redondeó la terminología de "corazón huérfano". Un término como este es necesario para referirse la condición del corazón que encontramos en mucha gente quienes, a través de la confianza perdida, o traición, o falta de cuidado paterno y afecto, u otras experiencias similares (pero frecuentemente a través de sus propias percepciones, más que de los hechos mismos), luchan con emociones tales como temor, inseguridad, y baja auto estima – y quienes cargan actitudes de desconfianza en relación a las figura de autoridad entre otras, y algunas veces encuentran dificultad de mantener relaciones especialmente cuando la intimidad o la transparencia es requerida.

Las personas que batallan con esto frecuentemente tienen percepciones de la vida que pueden semejarse a la de huérfanos – un sentimiento de no tener lugar, no ser amados, no aprobados, inseguros, desconfiados de figuras paternas, o quizá no sabiendo cómo relacionarse a una figura paterna, etc. Estas cosas no están usualmente en la superficie, sino escondidas en los pensamientos y los sentimientos del corazón. Afectan la conducta y las actitudes y deforman los valores de las personas con quienes viven. Frecuentemente la gente no sabe por qué ellos actúan o sienten como lo hacen. Muy frecuentemente la gente como esta no permanece en la iglesia cuando se levantan asuntos confrontacionales, especialmente si ellos son retados personalmente de alguna manera. En lugar de mantener las relaciones, afrontando los asuntos dentro de sus propios corazones, y volviéndose maduros, ellos se ofenden y se van y se unen a otra iglesia. Y tarde que temprano, el ciclo comienza de nuevo.

Este tipo de heridas se encuentra en cualquier parte. Sin duda, la falta de padre es una maldición.

Una bendición paterna ayuda a establecer un sistema de fe en el corazón, pero aparte de aportar aprobación, seguridad, identidad, y el resto que viene con el amor del padre, el poder espiritual también fluye con la bendición. Cuando un padre declara bendición y aprobación, pone sobre ti una bendición de Dios tanto como la suya propia, y un poder espiritual fluye.

> "Cuando un padre declara aprobación y bendición, fluye poder espiritual".

Esto no es solo algo relevante a los antiguos, ni es algo para ser obtenido para ti solamente. Usted debe desarrollar una fe que diga "yo puedo ser una bendición." Imagine qué rica será la casa de Dios cuando cada creyente entienda su propósito en la vida para ser una fuente de bendición para otros. Esto es el por qué debemos aceptarnos unos a otros como Cristo nos aceptó, y por qué debemos honrarnos unos a otros. Hay dentro de nosotros alguna medida en la cual la voz de Dios el Padre habla cuando nosotros decidimos bendecir.

Nosotros por lo tanto, debemos poner sobre otros creyentes nuestro amor, afecto, y aprobación, eligiendo honrarles, y dándoles la sincera y correcta aceptación de nuestros corazones. Entonces será el cuerpo entero más sano, feliz y con gente más santa.

La Bendición de Abraham.

Dije anteriormente que virtualmente todas las bendiciones son generacionales por naturaleza. Aún la bendición de Salvación por fe en Cristo nuestro Salvador tiene un fuerte aspecto generacional en ella. Usted recuerda que la Biblia pone una gran importancia sobre la bendición de Abraham siendo pasada a Isaac, luego a Jacob, luego a sus doce hijos – y luego proclama que la bendición de Abraham viene a cada creyente en Cristo. ¿Qué es exactamente la bendición de Abraham?

Cuando Dios llamó a Abraham, esa llamada establecería a Abraham como una fuente de bendición para el mundo entero. El Señor le dijo a Abraham, "*Yo te haré una gran nación y te bendeciré; haré grande tu nombre, y serás bendito. Bendeciré a los que te bendigan, y a los que te maldicen maldeciré; y todas los pueblos de la tierra serán benditos a través de ti*" (Génesis 12:2-3).

Note qué tan frecuente el concepto de recibir y dar bendiciones ocurre en este llamado. Todas las cosas alrededor del propósito de Abraham tenían qué ver con bendiciones, no solo para él, y no solo para sus propios hijos y sus próximas generaciones naturales, sino definitivamente para cada nación y familia en el mundo. Pero la bendición de Abraham es generacional en naturaleza, así que para ser recibida, debe ser recibida por aquellos que son hijos de Abraham. Si no es recibida generacionalmente, no puede ser recibida de ninguna otra manera en lo absoluto.

Es fácil ver que, históricamente los descendientes físicos de Abraham fueron capaces de obtener esta bendición, porque ellos habían nacido con ciertos derechos de herencia natural. Históricamente, cualquier judío podía mirar a los cielos, saber que él era un hijo de Abraham, creer y por lo tanto ser de la fe de Abraham, y por lo tanto reclamar la gracia de esta bendición en su vida y en su familia.

Pero el propósito completo de dejar a un lado el antiguo pacto y traer uno nuevo fue que las bendiciones de Abraham pudieran estar disponibles a todo mundo. Los gentiles podrían ser incluidos como hijos de Abraham. De hecho el evangelio lo deja bien claro que ninguno es considerado ser judío, ninguno considerado ser de Israel, solo porque son descendientes físicos de Abraham. *"Porque no todos los que son descendientes de Israel, son Israel. Ni porque ellos son sus descendientes son todos ellos hijos de Abraham. Sino al contrario, "Es a través de Isaac que tu descendencia será considerada." En otras palabras, no son los hijos naturales quienes son hijos de Dios, sino son los hijos de la promesa quienes son reconocidos como descendencia de Abraham"* (Romanos 9:6-8).

Dios considera descendientes de Abraham a aquellos que tienen la misma fe de Abraham, sean gentiles o judíos. Aunque Abraham es ciertamente una fuente de bendición, pero es para todos aquellos que creen y caminan con Cristo. Ahora el significado de Gálatas 3:14 es aún más claro: *"Él nos redimió a nosotros con el fin de que las bendiciones dadas a Abraham pudieran ser para los gentiles a través de Cristo Jesús, de tal manera que por fe pudiéramos recibir la promesa del Espíritu."*

Así a través de la cruz de Cristo, debido a que Jesús es hijo, tú fuiste adoptado a la familia. Ustedes han venido a ser hijos. A través de la cruz tú perteneces a la familia de Abraham; y por haber sido hecho simiente de Abraham, porque ahora estás en Cristo, las bendiciones de Abraham pueden fluir hacia ti.

Ahora tú entiendes por qué tenemos tal vital interés en la naturaleza de la bendición que fue dada a Abraham, y la cual entonces fluyó a Isaac, y luego a Jacob. Es porque, al establecer un nuevo pacto, Cristo ha pagado el precio por el cual tú recibes una muy particular bendición, tanto como todas las bendiciones que fueron dadas a Abraham.

> **"Dios dio a Abraham, como padre en la fe, una bendición única y verdaderamente significativa: Su fe fue contada como justicia".**

Como el padre de la fe, Dios le dio a Abraham una única y verdaderamente significativa bendición: ¡Su fe le fue contada por justicia! El verdadero significado de la salvación, la cual es llamada *justificación por fe* – es decir, que la salvación por gracia solamente, a través de la fe solamente, en Cristo solamente – fue primeramente establecida por Dios en la fe de Abraham, y es la bendición dada a Abraham. Por esta razón él es el padre de la fe, y nuestro padre a los ojos de Dios.

La Bendición de Isaac.

Ahora consideremos las consecuencias de la bendición en la vida de Isaac las cuales Abraham le pasó a él. No hay registro en la Escritura de cómo lo hizo Abraham, pero sabemos que lo hizo, porque Isaac, cuando después bendijo a su hijo Jacob, específicamente pasó "las bendiciones dadas a Abraham." (Génesis 28:4) Abraham debió haber puesto sus manos sobre su hijo, y declaró palabras de gracia y poder. Esas palabras acarrearon un poder tangible y divino. Con ellas, el favor de Dios, el poder de pacto, y el inmodificable propósito de Dios en la historia humana, fueron transferidos al hijo.

Consecuentemente, vemos resultados. El Señor apareció a Isaac-porque la bendición no es impersonal; es altamente relacional. Abraham fue el amigo de Dios. Por lo tanto si tú heredas las bendiciones de Abraham, tú también caminarás en amistad con Dios. El Señor confirmó a Isaac el juramento que hizo a Abraham, y otra vez enfatizó que sería para Isaac y sus descendientes. (Génesis 26:2-5) Después en el capítulo leemos: *"Isaac cultivó la tierra, y el mismo año cosechó centiplicado, porque el Señor le bendijo. El hombre se enriqueció, y su riqueza continuó creciendo hasta que se volvió mucho muy rico."* (Génesis 26:12-13) Esa es una bendición muy poderosa. El vino a ser rico por que el Señor le bendijo – y esa bendición vino con la bendición original dada a Abraham. Abraham había sido muy rico en la tierra, sus hijos y sus nietos vinieron a ser muy ricos en la tierra también.

De vital interés es para nosotros que en la mentalidad judía, o en el pensamiento judío, no hay una batalla interna espiritual entre la idea de alguien que siendo espiritual, tiene una bendición financiera grande, es decir, que tenga una gran riqueza y propiedades. Pero muchos cristianos batallan para reconciliar éstas ideas, como si no pudieras ser santo y tener dinero a la vez. Pero eso no lo obtenemos de las páginas de la Escritura. Yo no estoy sugiriendo que cada uno deba de ser auto indulgente con la riqueza, pero yo creo que estamos destinados a manejar riqueza para el establecimiento del Reino de Dios (vea 2 Corintios 9:8-11).

Estoy diciendo que en el corazón de usted no debe haber una batalla sobre cuánto le está permitido a Dios bendecir. El hecho determinante del texto de la Escritura bajo consideración aquí es que Isaac vino a ser muy rico *porque* el Señor le bendijo.

Una verdad debía quedar muy clara. Las bendiciones vienen de las bendiciones del Señor (Proverbios 10:22) y aún más, la capacidad para hacer riquezas se encuentra en las bendiciones de Abraham (Deuteronomio 8:18). El poder de prosperar y hacer bien también la deberíamos encontrar en las bendiciones de nuestros padres, si ellos pudieran entender cómo enviar las bendiciones para nosotros. Isaac se benefició de las bendiciones de Dios y de Abraham, Jacob pensó que él tenía que huir de su hermano Esaú para vivir con su tío Labán, y obviamente tenía muy poco en sus manos cuando llegó, pero como nunca antes, todo lo que él hizo prosperó, de tal manera que con los años él vino a ser muy rico en su propio derecho. Él había recibido las bendiciones de Isaac y éste le había pasado también las bendiciones que recibió de Abraham (Génesis 28:2-5), y tenía las bendiciones del Señor (Génesis 28:13-15).

Los Hijos de Isaac: Esaú y Jacob

Ahora la historia resulta realmente interesante cuando vemos a los hijos de Isaac. Isaac recibió bendiciones de su padre Abraham, así que ahora él está acarreando una unción que le protege, que le da éxito, que multiplica la riqueza, y la gracia de Dios está sobre su vida y sobre su casa. Esto no significa que Isaac y Rebeca no tuviesen pruebas. Ellos tuvieron lecciones qué aprender; hay asuntos que se levantan en la familia, y se tiene que lidiar con ellas, igual que usted y yo. A esta familia nacen unos gemelos, Esaú y Jacob.

Vemos ahora el tremendo significado de las bendiciones, desde la lucha jugada sobre las vidas de estos muchachos en la familia de Isaac.

Esaú era amado por su padre, pero Jacob por su madre. Esaú nació muy velludo y pelirrojo, y vino a ser un hombre de los campos y de los bosques – físicamente un hombre fuerte. A él le gustaba cazar en el campo, y a su padre comer de ello. Pero Jacob prefería cosas más delicadas. Era un hombre que conocía el camino alrededor de la cocina, y cocinaba finas comidas, al parecer. Así que tenemos dos muchachos que, cuando crecieron, no se parecían en nada.

Un día Esaú vino a casa cansado, debilitado y hambriento; Jacob sin embargo, había estado en la casa en la tienda, cocinando, Esaú vino y había un plato de lentejas cocinándose. Tenían un color rojo, y Esaú le dijo a Jacob, "*¡rápido, déjame probar de esas lentejas estofadas! estoy hambriento.*" Jacob replicó, "*Primero véndeme tu primogenitura.*"

Esaú replicó con fatídicas palabras: "*¿Qué de bueno hay en la primogenitura para mí?*" Así Esaú hizo un juramento, y vendió a Jacob su herencia, su derecho de nacimiento, por un plato de estofado. Por eso él fue llamado "Edom", que significa rojo, así como sus descendientes, que fueron los Edomitas (vea Génesis 25:29-34).

Esto había sido una gran prueba en la vida de Esaú, en la cual él falló. Había siempre algo equivocado en el espíritu de Esaú, por lo cual el Señor dijo, "*el mayor servirá al menor*" (Génesis 25:23).

Las acciones de Esaú fueron altamente desagradables al Señor. El Señor escuchó esas necias palabras, *"¿qué buena cosa es para mí la primogenitura?"*, y las Escrituras concluyen esto: *"así Esaú menospreció su primogenitura"* (Génesis 25:34). Así vino el juicio de Dios sobre Esaú – este hombre nunca podría haber recibido la bendición.

Horrible Advertencia.

Se nos ha dicho y advertido a cada creyente acerca de esto, de tal manera que no cometamos este tipo de pecado y perdamos la gracia de Dios. *"Vean que ninguno pierda la gracia de Dios... vean que ninguno... sea profano como Esaú, quien por un simple plato de comida vendió su derecho de herencia como hijo mayor. Aunque después como ustedes saben, cuando él quiso heredar su bendición, fue rechazado. Él no pudo cambiar de pensamiento, aunque él buscó la bendición con lágrimas"* (Hebreos 12:15-17).

¿Por qué el Nuevo Testamento describe a Esaú como profano – y usa a Esaú como el ejemplo clásico de un tipo de gente sin Dios que nosotros debemos evitar, y advierte a toda la gente evitar? Esaú es considerado un hombre profano por despreciar su herencia. Y encontramos que es eso mismo lo que muchos cristianos han hecho también.

Donde quiera que los creyentes han rechazado a sus líderes espirituales establecidos por Dios, donde quiera que ellos no han honrado a sus padres espirituales, y donde quiera que ellos piensen de la visión como pequeña, o de las oraciones, o del llanto del corazón de los pastores por la santidad del pueblo de Dios, esos creyentes han despreciado su herencia.

¿Cuántos creyentes usted conoce que pertenecen a alguna iglesia en algún lugar, pero no tienen un gran respeto por sus pastores ni sus líderes? Ellos asisten los domingos, y se sientan, y casualmente participan; ellos escuchan, pero solo ligeramente, o cínicamente, o con orgullo, quizá pensando que ellos tienen mayor conocimiento, mayor habilidad, o espiritualidad más astuta. Ellos están despreciando su herencia, y no se dan cuenta cuan pobres son ellos.

No todos los predicadores en el mundo son gente de reunir grandes multitudes. Muchos de nosotros predicamos lo mejor que podemos para traer a la gente dentro de la gracia de Dios. Pero en muchas iglesias hay muchos "creyentes" que no les importa el ministerio, o piensan muy poco del predicador. Muchas veces el pastor es apreciado como una persona, pero el mensaje que él predica no es altamente estimado.

Entonces piense en aquellos que van a la casa criticando lo que se dijo. Ellos se ofenden, y no piensan altamente de aquél que vela sobre sus almas. O ellos dicen a sus amigos, *"Bueno, tiene una buena carrera pastoral, pero no mucho de predicador".* Comentarios casuales como estos son bastante comunes, pero ¿qué significan? No hay respeto, ni honra para su padre, y han despreciado su herencia, su derecho de nacimiento.

Las bendiciones fluyen de la boca de un padre, pero estos son pecadores, como Esaú que despreció la fuente de la bendición. Por lo tanto no hubo bendición. ¿Te sientes culpable por esto? Entonces has estado despreciando la fuente de tu herencia, y has estado vendiendo tu herencia por un plato de lentejas.

¿Puedes ver ahora cómo hemos vivido? Hemos vivido inapropiadamente, hemos tenido actitudes equivocadas. No hemos apreciado a nuestros líderes. No los hemos respetado, ni honrado. No los hemos levantado, ni apoyado- y no nos hemos dado cuenta que mientras esto ha estado ocurriendo, nos hemos empobrecido a nosotros mismos – así como Esaú, quien despreció su herencia. La Biblia le llamó a eso *impío*.

Piense sobre esto. Hay un sentido en el cual Esaú es el anti-tipo de Cristo. ¿Por qué es así? Porque Cristo es el hijo amado del Padre, quien hereda todas las cosas que el Padre tiene. El amor del Padre es depositado sobre él. El Padre le dice a Jesús, *"Pídeme y te daré por herencia las naciones, y los confines de la tierra por tu posesión."* Cristo amó su herencia, y recibió todo lo que el Padre determinó para Él. Nosotros somos designados para emular las actitudes de Cristo hacia nuestra herencia. Pero de Esaú Dios dijo, *"A Esaú aborrecí".*

En una cara vemos a Jesús, el hijo del amor de Dios. En la otra vemos a Esaú como el anti-tipo de Cristo – el único hombre en la Biblia de quien Dios dice que aborreció – aun y cuando él fue el hijo de Isaac, y el nieto de Abraham. Dios no aborreció a David por intrigante, adúltero, y asesino. Él no dijo que aborreció a Saúl, aun cuando él arrancó el reino de sus manos y se lo dio a un hombre mejor, quitó su Espíritu de él, y lo rechazó.

No, pero hubo un hombre de quien esto se dijo. Y se necesita demasiado para que Dios diga que aborrece a alguien. ¿Qué fue eso de Esaú que fue tan molesto al Dios de la Salvación? ¡El desprecio de su herencia!

Cuando tú desprecias tu herencia, tú desprecias la casa de tu padre. Desprecias lo que tu padre tiene, desprecias a tu padre, y desprecias todas las cosas por las que tu padre se levanta. ¿Puedes ver en qué lugar tan peligroso estás cuando te pones en la mentalidad, en la forma de pensar, y en los patrones del corazón de despreciar tu herencia? ¡Esto es verdaderamente impío!

Cuando naciste de nuevo, naciste en la Casa de Dios. Tienes alrededor de ti una familia, y Dios siempre establece líderes. Habrá siempre alguien que acarree la gracia de paternidad. Habrá para cada creyente un derecho de nacimiento aquí, una herencia entre este pueblo. Nosotros no crecemos para despreciar lo que otra gente que está sobre nosotros en el Señor, tiene que ofrecer. Es impío pensar que nuestra herencia no vale la pena. Es impío "venderla" por algo sin valor en nuestro pensamiento. Y muchos entre nosotros han hecho este tipo de cosas por las actitudes tomadas al humillar pastores y otros padres en la fe.

Aun miramos con cuánto amor honramos y reverenciamos a los padres de otras generaciones. Grandemente honramos a los Luteros, los Wesley, los Zinzendorfs, y los Livingstones de la historia de la iglesia, y grandes hombres y mujeres del pasado, pero no tenemos tal gran honor y respeto por aquellos que están entre nosotros, que tienen la responsabilidad de levantarnos como hijos e hijas en la fe, y dando liderazgo en la iglesia ahora. Pensamos de ellos como muy pequeños. Pero ellos son los que necesitan de nuestro amor, respeto, honor, apoyo y acuerdo, aún más que aquellos que fueron antes. Ellos necesitan el amor y el apoyo de hijos y colaboradores ahora.

Sé que habrá muchas excepciones. Estoy solamente hablando en principio acerca de qué tan seguido ocurre en las formas institucionalizadas del cristianismo donde la organización es lo más importante, pero el pastor promedio no es mucho delante de los ojos del pueblo.

Una fuente de bendición.

Ha habido demasiado de éste tipo de cosas, y la gente no ha entendido una importante clave para su bendición. La boca de aquel piadoso hombre o mujer, el pastor, el líder del ministerio, el apóstol o el profeta, está establecida por Dios para ser una fuente de vida para ti. El principio escritural, *"honra a tu padre y a tu madre, para que te vaya bien"* permanentemente se levanta, y está restablecido por el apóstol Pablo en Efesios 6.

> **"La boca de ese piadoso hombre o mujer está establecida por Dios para ser una fuente de vida para ti".**

Tú necesitas saber cómo honrar la boca de Dios. Tu iglesia puede ser pequeña, y tú puedes pensar que tienes un pastor muy ordinario. O quizá tú pienses que nada nuevo se te puede enseñar, y no has estado aprendiendo mucho. Te diré qué debe suceder. Tú debes dar honra. Cuando tú reconoces quién es tu padre, cuando tú le honras y le amas, cuando le bendices y respetas y estás dispuesto a servirle, tú recibirás. Cuando tú estas dispuesto a ser un hijo en la casa, dispuesto a amar, servir y honrar a tu padre, Dios abre las fuentes de bendiciones.

Vendrá un día cuando Dios abrirá la boca de tu pastor o de tu padre espiritual porque te has posicionado a ti mismo dándole honra. Desde el mismo pastor que podría parecer no haber dicho nada nuevo en un año, pero que estaba haciendo lo mejor semana tras semana enseñando la Palabra de Dios – de repente una frase podría venir de él, y el poder caerá sobre ti. Y aún si tú no lo notas en ese momento, una gracia como nunca antes vendrá sobre ti. ¡Tú habrás recibido herencia! La bendición ha sido soltada sobre ti.

La Naturaleza y el Valor de la Bendición.

No seáis profanos como Esaú. Sus acciones trajeron consigo fatídicos eventos, como un sismo y un cambio tomó lugar en la familia.

Como Isaac se hizo más viejo, frágil y ciego. Sus días siguieron pasando y él sabía que había algo qué hacer antes de morir. Él debía pasar la bendición generacional que había recibido de Abraham, su padre. Antes de que fuera demasiado tarde, él debía de impartir la bendición a su hijo, y entregar la misma bendición de él también. Y el hijo amado de Isaac, al que intentaba bendecir, era Esaú.

Isaac llamó a Esaú un día y dijo, *"hijo mío... ve afuera... a cazar algo para mí. Prepárame el tipo de sabrosa comida que me gusta y tráemela para comer, para que así yo pueda bendecirte antes de morir"* (Génesis 27:1-4). Pero Rebeca, quien amaba a Jacob y sabía la palabra de Dios con respecto a él, escuchó a través de la pared de la tienda. Ella quizá había estado esperando este momento durante mucho tiempo.

Mientras Esaú fue a cazar, la madre de Jacob rápidamente cocinó la comida de la manera que ella sabía que su esposo estaba esperando, y vistió a su hijo de la manera como si fuera su otro hijo. Una piel de carnero cubrió sus brazos y cuello, porque Esaú era demasiado velludo. Esaú también tenía su propio distintivo olor de cuerpo, así que Rebeca vistió a Jacob en las ropas de Esaú para que el olor de Esaú estuviera con él. Entonces envió a Jacob a Isaac, llevándole la comida. Y Jacob dijo, *"Mi padre"*.

El hombre querido, viejo y ciego, escuchó a Jacob y preguntó, *"Sí, mi hijo, ¿Quién eres?"* Jacob contestó, *"Yo soy Esaú tu primogénito."*

Después de algunos intercambios, su padre le dijo, *"Ven aquí mi hijo, y bésame."* Luego leemos en el texto de Génesis 27, *'Cuando Isaac percibió el olor de sus ropas, le bendijo y dijo, "Ah! el olor de mi hijo es como el olor de un campo que el Señor ha bendecido. Que el Señor te dé del rocío del cielo y de las riquezas de la tierra – abundancia de grano y nuevo vino. Que las naciones te sirvan y los pueblos se inclinen delante de ti. Sé señor entre tus hermanos, y que los hijos de tu madre se inclinen ante ti. Que los que te maldicen sean malditos y los que te bendigan sean benditos'"* (Génesis 27:27-29).

Ahora escuche, ¡ésta bendición es poder! En ese momento poder fue transferido a Jacob, y no importó que Isaac pensara que era Esaú. Él puso sus manos sobre Esaú, y le bendijo. En ese punto gracia, privilegio, favor, y poder fueron transferidos sobre Jacob.

Inmediatamente después, Esaú vino con la presa que había cazado, preparó una comida y la trajo a su padre. Oh, súbitamente hubo gran tensión en el lugar. Su padre le preguntó, *"¿Quién eres tú?"* *"Yo soy tu hijo"* él contestó, *"Tu primogénito, Esaú."* En esto, Isaac se estremeció violentamente (Génesis 27:32).

Es difícil imaginar cómo ese viejo hombre se estremeció. Eso fue un terrible, turbador y profundo shock emocional. Un dolor desgarrador, tanto para Isaac como para Esaú. Temblando violentamente Isaac preguntó *"¿Quién era ese, entonces, que cazó una presa y lo trajo a mí? Yo comí antes de que tú vinieras y le bendije – y de cierto, él será bendito"* (Génesis 27:23).

Cuando Esaú oyó las palabras de su padre, se derrumbó con un grande y amargo llanto. Esta es una de las más emotivas historias de la Biblia. Lloró amargas lágrimas, y dijo a su padre, *"Bendíceme – a mí también padre". Pero Isaac dijo, "Tu hermano vino engañosamente y tomó tu bendición". Esaú dijo, "Él me ha engañado estas dos veces: él tomó mi primogenitura, y ahora ¡ha tomado mi bendición!"*

Entonces Esaú preguntó a su padre, *"¿No has reservado alguna bendición para mí?"* Pero Isaac contestó, *'"Le he hecho a él Señor sobre ti y he hecho a todos sus parientes sus siervos, y le he provisto a él con grano y nuevo vino. Así que, ¿qué puedo posiblemente hacer por ti, mi hijo?" Esaú dijo a su padre "¿Tienes aunque sea una sola bendición para mí, mi padre? ¡Bendíceme a mí, mi padre!" Entonces Esaú lloró a gran voz.'* (Génesis 27:37).

Las Escrituras nos dicen que debido a que éste hombre había despreciado su herencia, cuando él quiso la bendición no la pudo obtener, aunque la buscó con lágrimas (Hebreos 12:17). Esa información está escrita en el Nuevo Testamento por una razón, y una razón solamente – para advertirte que no desprecies tu herencia, y así falles de obtener tu bendición. Esto hace que sea un asunto muy serio.

Estos hijos sabían qué importante era conseguir la bendición del padre. En comparación, Esaú nunca pensó que estaba vendido algo que valía el beneficio financiero de miles de millones de dólares por un solo plato de lentejas estofadas – aunque él altamente valoró y anheló la bendición. Él había vivido para ese día en que pudiera conseguir esa bendición. No le pasó por la mente que en un momento se estaba deshaciendo de su herencia, fue muy despreciativo de su derecho de nacimiento, pero él nunca quiso perder su bendición – y fue un hombre en shock y desesperado tratando de obtener, al final, *alguna* bendición de su padre. ¿Por qué? ¿Cuál fue la diferencia?

La herencia eran riquezas y beneficios naturales; pero la bendición, era el favor y el poder del Altísimo. La bendición era gracia – era favor, éxito, protección, bienestar y bendición sobre su posteridad. Su futuro, y el futuro de sus hijos, y de los hijos de sus hijos, y los hijos de los hijos de sus hijos, fueron dependientes de esa bendición. Pero Dios no permitiría que la tuviera, porque él había despreciado su herencia. Este es el pecado de ser profano.

> **"Entienda qué poderosa, qué significativa, y qué crucial es la bendición de nuestros padres, y cuán importante es que la obtengamos".**

Quiero que entiendan la gravedad de este asunto. Quiero que entiendan qué poderosa, qué significativa, qué crucial es la bendición de nuestros padres, y qué importante es obtenerla.

Puede ser que usted nunca haya obtenido la bendición de su padre natural. Yo mismo nunca recibí formalmente la bendición de mi padre natural, y aunque yo conocía sus bendiciones. Mi padre no fue alguien que siempre orara conmigo, pero me amaba, y de alguna manera su amor vino sobre mí y me bendijo. Yo sé que usted puede obtener las bendiciones de su padre natural, al menos en algún grado, sin que necesariamente haya una impartición formal. Pero obviamente es por mucho más benéfico para las bendiciones ser puestas sobra los hijos, a propósito y consistentes con una oración del corazón y amor profundamente expresado.

Cómo Obtuve Yo la Bendición de un Padre.

Hace algunos años, poco después de haber descubierto éstas

verdades acerca de los padres espirituales y bendiciones generacionales, mi esposa y yo escuchamos algunas noticias. Un viejo amigo de nosotros tenía cáncer, y estaba muriendo. No lo habíamos visto durante mucho tiempo. Él era mucho más viejo que nosotros, y vivía en Canberra, una ciudad lejana de donde nosotros vivíamos.

Cuando yo era un adolescente, poco después de haberme convertido a Cristo, mi familia se mudó a Canberra y se unió a la iglesia donde él había sido miembro durante mucho tiempo. Un mes después, otra familia se mudó de otra ciudad, y se unió a la misma iglesia. La hija mayor de esa familia era Hazel, quien dentro de muy pocos años vendría a ser mi esposa. Teníamos 17 años en ese entonces. Esa fue la iglesia donde nos casamos, y de la que salimos para ir al Colegio Bíblico a entrenarnos para el ministerio.

En esa iglesia había un hombre a quien todos conocíamos como "Mac". En ese tiempo él estaba en los 40s, un hombre de gran corazón y lleno de buen humor. Él era el organista y líder de la banda en la iglesia, y un gran líder de los hombres. Él siempre tenía el más maravilloso de los testimonios, y estaba siempre hablando de Cristo, y las Escrituras, y las bendiciones de la amistad que él conocía con el Señor.

Todo mundo lo amaba. Él parecía estar siempre en el centro del afecto de todo mundo, y gran parte de la iglesia parecía gravitar alrededor de él en una forma u otra. Pero él no era el pastor. En esa denominación por aquellos días, los pastores, aunque los amaran, permanecían solo 1, 2 o 3 años, y entonces los movían. Pero este hombre y otros permanecían años tras años, y proveían gran estabilidad. Aún después que nos fuimos, si volvíamos a casa, siempre buscábamos a Mac, y nunca era lo mismo si él no estaba presente.

Este era el hombre que supimos que estaba enfermo y muriendo. Yo le dije a Hazel, "Estaremos volviendo de Adelaide en unos pocos meses. ¿Por qué no volvemos a casa a través de Canberra y los visitamos? No les hemos visto en muchísimo tiempo."

Esa noche en mi sueño, oí al Señor hablándome claramente. "Ese hombre", dijo, "fue tu padre". Me levanté con un sentido de asombro. Nunca me había dado cuenta; no habíamos sabido. En todos esos tempranos años, no teníamos el entendimiento – ni tampoco teníamos el uso de este vocabulario. Ahora ya entendía. En esos años, mientras un pastor tras otro venían y se iban, el Señor vio que alguien en esa familia espiritual tenía la unción y la gracia de disponer la bendición de un padre espiritual sobre Su pueblo.

Esto cambió todas las cosas, y escuché al Señor decir, "Cuando tú vayas a Canberra a visitarlo, *debes* pedir su bendición."

Dos meses después llegamos, e hice una cita para visitarle. Llevé un regalo conmigo, porque yo sabía que un regalo abre el camino para el dador. Mac amaba leer las Escrituras, así yo compré una traducción que yo sentía que aún no tenía. Yo escribí de mi apreciación personal por él en un angosto y largo espacio al frente de esa Biblia, e hice todo el esfuerzo para expresar mi honor hacia él.

Tocamos la puerta y fuimos invitados a pasar. Yo había medio esperado verlo enfermo y débil, pero ahí estaba él en sus vestidos pero radiante feliz, lleno de vida, justo como antes – y él inmediatamente expresó la gozosa fe de un hombre con un gran conocimiento de Jesús.

Le expliqué lo que yo quería. Él había aprendido de paternidad, y de bendiciones generacionales, y había venido a entender eso claramente, que él había sido nuestro padre espiritual. ¿Nos bendeciría? ¿Pondría manos sobre mí y me bendeciría para el trabajo del ministerio al cual yo había sido llamado, y bendeciría nuestras propias vidas también? Yo me estaba preguntando si él podría entender, siendo de una generación más vieja; pero sí, él entendía completamente. Así que nos arrodillamos, Hazel y yo, y su esposa se arrodilló con nosotros, mientras Mac derramó su corazón en oración, y poniendo sus manos sobre nosotros, nos bendijo.

No mucho tiempo después, Mac fue a casa para estar con Jesús.

Para mí, yo sabía que tenía un llamado para predicar éste mensaje apostólico de paternidad a lo largo y ancho de Australia, tanto como a todas las naciones. Yo sabía que debería hacer este trabajo del ministerio si yo tenía la bendición de este hombre o no. Pero también sabía que si obtenía su bendición, eso sería mucho más fácil. Y al menos algo de la gracia en la cual ahora yo camino es el resultado del hecho que yo he escuchado a Dios, honrado a mis padres, y recibido su bendición.

La Bendición de Jacob – ¿Qué Consiguió Él?

Ahora debemos considerar brevemente la fraseología de la bendición declarada sobre Jacob por Isaac. El contenido de estas palabras es importante para usted, porque éstas son sus bendiciones también. Esta es la bendición que vino de Abraham, quien fue bendecido para ser una bendición para usted. Abraham bendijo a Isaac, Isaac bendijo a Jacob, y Jacob bendijo a sus hijos. Esta es la bendición generacional, pero no solo una bendición generacional. Esta es la bendición generacional que viene desde Abraham, quien es tu padre a los ojos de Dios. Por lo tanto, estas son tus bendiciones.

¿Cómo puedes obtener la totalidad de estas bendiciones? Yo sugiero que tú pidas a tus padres, tanto naturales como espirituales, que ponga manos sobre ti y declaren que estas son tus bendiciones.

Estas bendiciones junto con cada bendición, son traídas a ti a través del evangelio de Cristo. Las ordenanzas que estaban contra ti, y que evitaban que tú obtuvieras estas bendiciones, fueron clavadas en la cruz, y en Cristo tú eres traído a la llenura de las bendiciones de Abraham (Gálatas 3:6-9, 13-14, Efesios 2:13-19, Colosenses 2:13-14).

Por lo tanto, nosotros debemos estar atentos acerca de las palabras que habló Isaac sobre Jacob, y creer en su cumplimiento en nosotros. Fue de estas palabras habladas que una poderosa, conventual, y eterna bendición pasó y reposó sobre Jacob, para nunca ser removida. Aquí están las palabras otra vez que Isaac dijo, *"Ah el olor de mi hijo es como el olor de un campo que el Señor ha bendecido. Que el Señor te dé de los cielos rocío y de la tierra riquezas - una abundancia de grano y de vino nuevo. Que las naciones te sirvan y pueblos se inclinen a ti. Sé señor sobre tus hermanos, y que los hijos de tu madre se inclinen delante de ti. Que aquellos que te maldigan sean malditos y aquellos que te bendigan sean benditos"* (Génesis 27:27-29).

Esto no suena como un montón de palabras, o ¿sí? Pero concerniente a estas palabras y a Jacob, cuando Isaac respondió a Esaú él virtualmente dijo, "Yo he dado a él todas las cosas, ¿qué podría yo darte?"

En ésta proclamación entonces, está percibida cada bendición, fuerza, y favor de Dios que hay. Estas palabras son cargadas con propósito, y si tú sigues estos términos a través de las Escrituras, palabras como "oler", "campo"," grano", y "nuevo vino" todas son pesadas con significado, y abiertas a las promesas de las Escrituras, por ejemplo:

> *"Ah, el olor de mi hijo"* - Nosotros somos el aroma de Cristo para Dios. El ama el olor de su hijo, y no podemos venir a su presencia sin el olor de Cristo sobre nosotros. Pero porque lo

hacemos, tenemos su favor y tenemos acceso a Su presencia, y él prodiga sobre nosotros cada bendición espiritual en los cielos.

"Un campo que el Señor ha bendecido" - el apóstol Pablo dijo, *"vosotros sois huerto de Dios"* (1 Corintios 3:9).

"Que el Señor te dé de los cielos rocío" - Rocío es un símbolo del Espíritu Santo. Esto es un derramamiento de gracia, de salvación, de intimidad, y de poder. Esto es salvación. Rocío del cielo es el darte la vida de Dios a ti, con cada multitud de bendición sobre lo que tú haces.

"Y de la tierra riquezas" - prosperidad, buena salud, larga vida, gozo, etc. estas son las riquezas de las bendiciones de paz, es decir, de *shalom*.

"Una abundancia de grano y nuevo vino" - esto es cosecha, esto es el fruto de nuestra labor, y en el Cuerpo de Cristo esta es la cosecha de almas. Los campos trillados serán llenados con granos (Joel 2:19,24), nuestro gozo es sin límites (Salmos 4:7), el nuevo vino de la vida de Dios es para llenar nuestros días, nuestros hogares, y nuestras iglesias (Prov.3:10, Oseas 2:20-23).

Y por si eso no fuera suficiente, Isaac llamó de nuevo a Jacob una segunda vez, y le bendijo de nuevo. Él dijo, *"Que el poderoso Señor te bendiga y te haga fructífero e incremente tus números hasta que vengas a ser una comunidad de pueblos. Que él te dé a ti y a tus descendientes las bendiciones dadas a Abraham, de tal manera que puedas tomar posesión de la tierra donde tú vives ahora como extranjero, la tierra que Dios dio a Abraham"* (Génesis 28:3-4).

No hay límites al poder y la riqueza de estas bendiciones, y por fe podemos hacerlas nuestras.

Y cada uno de nosotros tenemos la capacidad de declarar bendiciones a otros.

Paz para mis Hijos.

Cada noche que estoy en casa, yo voy con cada uno de mis hijos más pequeños, pongo mis manos sobre cada uno de ellos, y declaro bendiciones sobre ellos. Yo declaro el nombre del Señor, pido a Dios por Su favor, y por gracia. Declaro sabiduría y éxito sobre ellos. Esto me toma algunos pocos minutos con cada uno de ellos, pero lo busco tanto como sea posible para bendecirles, bendecirles y bendecirles de nuevo.

Tengo promesas del Señor. Una es, *"todos tus hijos serán enseñados por el Señor, y grande será la paz de tus hijos"* (Isaías 54:13). Otra es Salmos 112:2, *"Sus hijos serán poderosos en la tierra; la generación de los justos será bendita".* Yo no estoy dejando el cumplimiento de estas promesas a la casualidad. Las promesas son cumplidas de acuerdo a la fe. Se me han hecho promesas de bendiciones, y por lo tanto yo declaro esas promesas sobre mis hijos.

Al mismo tiempo, mis hijos no crecerán con duda de que su padre les ama, les llena de dones, y les aprueba. Y también ellos crecen con un ejemplo delante de ellos – ellos tienen la bendición de tener un padre de oración.

Las Bendiciones Deben Ser *Decretadas*.

Debe dejarse en claro que una bendición no es una oración, y no es una profecía. Una bendición es una *pronunciación* – eso es, nosotros damos bendiciones, soltamos bendiciones, otorgamos bendiciones por decreto.

Ciertamente, cuando estamos cerca del negocio de bendecir a otros, oramos, y también profetizamos sobre ellos. Yo derramo mi corazón henchido en oración por la gente, y todo a partir de ahí serán pensamientos, palabras e impulsos, todos los cuales son proféticos, y los cuales yo proclamaré, pero al final, una bendición es un decreto. Yo debo decretar bendiciones sobre aquellos a los que yo ministro, como Dios lo hace, y como los apóstoles lo hicieron.

El Salmo 133 nos da un claro testimonio aquí, *"porque ahí el Señor envía bendición"* (Salmo133:3 NASB). Si pensamos otra vez acerca de la proclamación apostólica de gracia y paz a las iglesias, estas fueron enviadas. Los apóstoles no estaban deseando buenos pensamientos sobre ellos; estos no fueron solo pensamientos. Ellos estaban declarando y liberando: lean sus palabras, tales como, "Gracia y paz para ustedes de Dios nuestro Padre" como fuertes decretos.

Por lo tanto, ore fervientemente por sus hijos, profetice sobre ellos por todos los medios, pero no deje de decretar las bendiciones sobre ellos que usted tiene la gracia y la fe para liberarlas.

Finalmente, recuerde también soltar las bendiciones. Esta es una pieza muy práctica de bendición, pero cuando usted imparte una bendición a alguien, debe haber ese momento de fe en su corazón que la suelte. Debe haber ese sentimiento interior en nuestros corazones en el cual la damos. Tú quieres que la otra persona tenga lo que tú tienes, y en tu corazón tú estas dispuesto a soltarla sobre ellos, como tú crees.

David Alley, Pastor

Centro la Montaña Cristiana

Testimonio

Yo creo que tengo una verdadera bendición, porque mi padre espiritual en el ministerio y mi papá natural son uno y la misma persona. Yo acostumbraba meditar acerca de cuan grandioso podría haber sido pasar 3 años con Jesús como sus discípulos lo hicieron, y haberle servido a él como 'un hijo'. Otra gran bendición podría haber sido pasar con tu padre espiritual toda tu vida. Sin embargo esto no es posible usualmente. Sin embargo en mi caso, crecer en la casa de mi padre espiritual ha sido una 'última' bendición, por el amor y la sabiduría que ha sido impartida sobre mí, y la forma tan natural que esto ha ocurrido, el dar mi vida y el recibir amor en el ministerio.

A medida que mi padre caminó a través de retos, y creció en estatura, yo he estado dispuesto a compartir en estas cosas también. He estado dispuesto a pararme con él, contribuir a sus esfuerzos, y de creer con él a través de las pruebas. Esto no ha sido para su beneficio solamente, porque la gracia siempre me ha sido devuelta. Como un hijo madurando en el ministerio, mi corazón está en ver a mi padre triunfar en todo lo que tiene que hacer.

Pensando en la paternidad espiritual, yo creo que las más grandes bendiciones que Cristo da, no vienen con buscar lo que podemos recibir de nuestro padre espiritual, sino de ponernos nosotros mismos a su servicio. Las palabras de Jesús vienen a la memoria, cuando él dijo: "Aquel que quiera ser grande en el Reino de los cielos debe ser el sirviente de todos". Obviamente, esto es mejor comprendido dentro del concepto de relaciones, especialmente las relaciones de hijo. Y me doy cuenta que entre más esté dispuesto a amar, servir y honrar a mi padre espiritual, más bendecido soy como resultado.

He venido a darme cuenta que cada buena cosa que tengo, o cada cualidad que poseo, ha venido debido a la gracia de Dios y a las relaciones que tengo. Yo no tengo nada en la vida o ninguna cualidad la cual pueda asegurar que es mía solamente. Para mí tiene mucho sentido que amando, honrando, y siendo el mejor hijo que yo puedo ser, estoy construyendo una herencia para mí mismo y para mis hijos e hijas también.

Cuando lo examinamos apropiadamente, esta fue la manera como Jesús vivió su vida también. Jesús fue un hijo perfecto para un Padre perfecto. Todas las cosas buenas que existen han venido de las relaciones.

David Alley.

CAPÍTULO NUEVE

LA BENDICIÓN

APOSTÓLICA

"Judas, siervo de Jesucristo y hermano de Santiago,
a los que han sido llamados,
que son amados por Dios el Padre y guardados por Jesucristo:
misericordia, paz y amor sea para ustedes en abundancia."

(Judas 1:2)

El Mandato de Bendecir.

En la conclusión del capítulo pasado, dije que una bendición no es realmente una oración o una profecía, sino una *pronunciación*, en la que bendiciones son conferidas, son liberadas.

Yo he aprendido que el Señor me ordena conferir bendiciones sobre aquellos que yo ministro, así como todos los apóstoles lo hicieron. La autoridad apostólica es dada para este propósito, tanto como para otros. Encuentro que es mi deber bendecir, y estar cerca del negocio de ayudar a enriquecer, fortalecer, y proteger la vida de otros.

La Bendición Sacerdotal del Antiguo Testamento.

El Señor ordenó a Moisés dar una cierta forma de palabras a Aarón el sumo sacerdote y a sus hijos, las cuales ellos debían transferir sobre Israel diariamente. Estas palabras son bien conocidas, y frecuentemente usadas como bendición en los servicios de la iglesia en todo el mundo.

'El Señor le dijo a Moisés, "Dile a Aarón y a sus hijos, 'así

es como ustedes han de bendecir a los Israelitas. Digan a ellos:
      "El Señor te bendiga y te guarde; el Señor haga resplandecer Su rostro sobre ti y te de gracia, el Señor vuelva Su rostro sobre ti y te de paz."'" Así ellos pondrán mi nombre sobre los Israelitas y les bendeciré' (Números 6:22-27).

Otra vez usted se preguntará por qué era necesaria esta bendición. Israel en el desierto tenía los pactos, las promesas, el sacerdocio, el tabernáculo, las ofrendas y los sacrificios, el arca del pacto, y la nube de gloria. La presencia de Dios estaba en el campo también. Aún aquí Dios ordenó que aquellos que le representaban a él ante Su pueblo, aquellos que tenían autoridad para dirigir y servir al pueblo, fueran a extender sus bendiciones sobre ellos. Y ellos debían de hacerlo cada día.

El Señor dijo que esto era poner Su nombre sobre su pueblo, y como resultado, Él bendeciría a Su pueblo. Es muy claro. Dios da responsabilidad y poder a líderes ungidos para imponer sus bendiciones al pueblo de Dios.

> **"Dios da la responsabilidad a líderes ungidos de imponer la bendición de Dios sobre el pueblo de Dios".**

¿Usted cree que nosotros tenemos menos poder y menos gracia bajo el nuevo pacto que el que ellos tuvieron bajo el antiguo? Como usted sabe, en el evangelio, en el Cuerpo de Cristo, nosotros tenemos más poder y mayor gracia – y todas las cosas que eran de algún beneficio a Israel bajo el antiguo pacto están incluidas en el nuevo, así como mejores y más preciosas promesas (Hebreos 8:6).

La Bendición Apostólica del Nuevo Testamento.

Viendo que bajo el antiguo pacto se dieron palabras específicas, las cuales cuando eran declaradas por los sacerdotes sobre el pueblo de Dios, eran una fuente de vida y poder y bendición, entonces podemos preguntarnos: ¿hay alguna forma de bendición bajo el nuevo pacto? ¿Habrá algunas palabras que se hayan dado a los apóstoles, o usadas por los apóstoles, para soltar bendiciones sobre la Casa de Dios?

Por supuesto que hubo, y no se sorprenderá cuando le diga cuáles son. Las encontramos registradas en epístola tras epístola. Las encontramos al principio y al final de las epístolas.

¡Estas palabras son *Gracia* y *Paz*! Hay una variedad de formas en las cuales los apóstoles las expresaban. No fue una fórmula establecida, porque los apóstoles tenían la autoridad para soltar estas bendiciones, y libertad de expresión para hacerlo. Ellos sin embargo las establecieron como mandatos apostólicos primarios sobre la vida de las iglesias y los creyentes. He aquí unos pocos ejemplos:

"A todos aquellos quienes son amados por Dios y llamados a ser santos; gracia y paz a vosotros de Dios nuestro Padre y del Señor Jesucristo" (Romanos 1:7, vea también 1 Corintios 1:2-3, 2 Corintios 1:1-2, Gálatas 1:1-2, Efesios 1:1-2, Filipenses 1:1-2, 2 Tesalonicenses 1:1-2, y otras).

"A los santos y fieles hermanos en Cristo de Colosas: Gracia y paz a ustedes de Dios nuestro Padre" (Colosenses 1:2).

"A la iglesia de los Tesalonicenses...: gracia y paz a vosotros" (1 Tesalonicenses 1:1).
Pablo termina la carta a los Efesios con, *"paz a los hermanos, y amor con fe de Dios el Padre y del Señor Jesucristo. Gracia a todos los que aman a nuestro Señor Jesucristo con un eterno amor"* (Efesios 6:23-24). Otros escritores también hicieron estas proclamaciones, incluyendo a Pedro, Juan, Judas, y el escritor a los Hebreos. Y los apóstoles estaban siempre diciendo, "gracia a ustedes y paz de Dios nuestro Padre."

No hay probablemente palabras más poderosas en toda la fe de Jesucristo que éstas dos, excepto Su nombre. Estas palabras representan las unciones primarias de Dios sobre su pueblo – por protección, por fortalecimiento, por paz y bienestar, y para ser mantenidos y ayudados en la fe. Nosotros frecuentemente hablamos acerca del poder de Dios no solo para salvar, sino para guardar. Estas bendiciones son expresiones primarias de su poder para preservarnos.

Y cuando miramos más de cerca la bendición sacerdotal en Números 6:24-26, encontramos que la gracia y la paz son los componentes primarios de las bendiciones del antiguo testamento también.

La Impartición de Paz.

Años antes, cuando la gente acostumbraba llamar para oración y consejería personal, yo desarrollé la costumbre de terminar cada oración con una petición específica al Señor. Yo terminaba cada oración pidiéndole al Señor por Su paz, y la ponía sobre sus mentes y corazones, y la soltaba sobre ellos. Después que hice esto durante muchos años, descubrimos que se había establecido una gracia, y cada vez que yo oraba de esa manera, la tangible presencia de Dios venía sobre ellos, y gran paz fluía a sus corazones y mentes. Un hermano fue liberado de espíritus malignos y bautizado en el Espíritu Santo cuando yo simplemente liberé paz sobre él. Otros fueron sanados de gran ansiedad.

La gente comenzó a comentar que la paz les había tocado poderosamente. Yo encontré que eso era totalmente fidedigno, en el sentido de que esa onda de paz venía consistentemente cuando yo oraba y la soltaba. Parecía que me había sido dada la autoridad de impartir Su bendición de paz, y eso no era solamente una forma de palabras; de hecho era poder.

Lo que yo descubrí, sin buscarlo, fue la poderosa bendición de "paz" (o "Shalom") – y eso era tangible. ¿Qué significa "tangible"? Significa que es evidente a nuestros sentidos, y hace una inmediata y práctica diferencia en las vidas de la gente y en todo tipo de circunstancias.

Jesús dijo a sus apóstoles, *"Cuando entren a una casa, primero digan, 'paz a ésta casa.' Si un hombre de paz está ahí, su paz reposará en él, si no, retornará a ustedes"* (Lucas 10:5-6). Tú no puedes hablar así a menos que estés discutiendo algo tangible. Algunos podrán pensar que esto es solo una expresión de buena voluntad, pero ¡Jesús estaba en efecto refiriéndose al uso de una gracia y poder que hemos estado impartiendo para el propósito del ministerio!

La Unción de Gracia.

Similarmente, cuando venimos al uso apostólico de la palabra 'gracia', encontramos la misma poderosa y efectiva liberación de unciones, bendiciones, y favor de Dios. Por esto los apóstoles estaban siempre diciendo, "gracia para ustedes."

He descubierto que frecuentemente la más poderosa oración que yo puedo orar es "Señor, dame gracia." Cuando debo tratar asuntos pastorales, por ejemplo, cuando hay un problema en una familia, yo hago una oración simple. "Señor, te pido gracia para esta familia." O supongamos que debo tratar algún asunto disciplinario, o tengo algún problema que resolver, yo diré, "Señor, dame gracia para resolver este problema." Y es asombrosa la diferencia que hace el orar de esa manera. Gracia es una poderosa palabra que parece mover grandemente el corazón de Dios. Parece casi como si Él no pudiera resistir, como si Su corazón se enterneciera cuando escucha esa palabra. Él responde, contesta. Y así recibimos la ayuda de Dios.

La Cobertura Apostólica y las Bendiciones Apostólicas

Yo traté el asunto de la cobertura apostólica a lo largo de mi último libro, *"La Revelación Apostólica."* La cobertura apostólica es un tema ampliamente importante, una gracia vital en el Cuerpo de Cristo, y fue la tesis central de ese libro. Aquí, yo simplemente quiero decir que la cobertura apostólica es una forma de bendición generacional – la forma más importante de bendición generacional en la vida de las iglesias, en la vida de los cinco ministerios de Cristo, y para el Reino de Dios.

En particular yo quiero enumerar cuatro distintas bendiciones de cobertura las cuales se encuentran dentro del ministerio apostólico en su relación a pastores, iglesias y otros ministerios.

1. Una Bendición de Apóstol:

Cada ministro de los cinco ministerios, cada ministerio cristiano, y en particular cada iglesia o congregación, necesita la bendición de un apóstol. Cuando alguien está intentando hacer grandes cosas por Cristo, o edificar un ministerio aún en respuesta a un llamado específico de Dios, la ausencia de una bendición apostólica indicará que batallarás más; no florecerás tan rápido como debieras.

Por ejemplo, el evangelista Felipe podría parecer, a primera vista, haberse ido por sí mismo a Samaria donde tuvo fenomenales resultados (Hechos 8). Pero de hecho, estaba bajo el liderazgo de los apóstoles, obviamente conocía sus bendiciones, y cuando la obra brotó tan fructíferamente, esos apóstoles fueron traídos para imponer manos sobre la gente y bendecir la obra. Como él, ninguno debía tratar de comenzar una obra para Cristo Jesús sin obtener la bendición específica de un apóstol.

> ## "Nadie debería edificar un ministerio para Cristo sin buscar la bendición apostólica".

En este tiempo, las iglesias en cualquier parte deberían estar recibiendo la visita de apóstoles. En este nivel inicial, cualquier apóstol puede ser usado por el Señor para dar una bendición apostólica. Por ejemplo, Pablo estaba planeando visitar Roma, una iglesia sobre la que él no tenía autoridad gubernamental, aun él escribió, *"Yo espero verles y poder impartir algún don espiritual, para fortalecerles"* (Romanos 1:11). Hay una bendición inicial que cada ministerio debe recibir para poner en su lugar la fortaleza, protección y otras provisiones de gracia que son necesarias, de tal manera que el trabajo pueda florecer.

Ha sido notorio en tiempos pasados, por ejemplo, que cuando las iglesias en casa comenzaron pero permanecieron independientes, aunque ellas parecían ir bien por un tiempo, frecuentemente se estancaron, algunas veces de mala manera. Pero donde un apóstol es recibido, y él declara que esa obra es la iglesia de Jesucristo el Señor, y él los recibe bajo Cristo, y les bendice, y en esta forma los liga a ellos con el resto del Cuerpo – esa iglesia en casa mantendrá una buena vida.

2. Cobertura apostólica:

Se establece la cobertura apostólica cuando un pastor, iglesia, u otras formas de ministerio permanecen en relación caminando con un apóstol específico, a quien se le da cuenta, permaneciendo bajo su liderazgo apostólico, apoyando el trabajo del apóstol, y recibiendo su consejo continuamente. Es una relación tangible, con mucha bendición, gozo y honor mutuo incluido. A través de las unciones de gracia recibidas del apóstol, él pone la cobertura de Cristo sobre ese ministerio. Esto hace una gran diferencia en la esfera del espíritu para ellos, y establece apropiadamente un nivel de protección y bendición. La cobertura apostólica ayuda a atraer buenas cosas, y mantener fuera cosas malas. Es decir, es una fuente de bendición y protección. Cada ministerio necesita cobertura apostólica, pero esto requiere que el líder y el ministerio establezcan una relación comprometida con un apóstol apropiado, por ejemplo, un apóstol que tiene la gracia para este trabajo particular.

3. Relación Padre-Hijo en el Ministerio:

Este es el tercer nivel de bendición apostólica, y va más allá, pero es una extensión, de la cobertura apostólica. En el primer nivel de bendición, solamente se pide una oración de impartición, y la bendición es soltada. En el segundo nivel, la cobertura apostólica se establece por medio de una oración, pero se mantiene mediante una relación de compromiso en la cual se rinden cuentas, y también mediante oración. Pero en el tercer nivel de bendición apostólica, las bendiciones vienen casi puramente como resultado de la profundidad en la relación.

En este nivel, el apóstol que ha provisto cobertura ha venido a ser grandemente amado, y él mismo ama. Ternura de corazón, intimidad de relaciones, y profundidad de confianza, han sido todas establecidas. Hay un sentido de dulce unidad, un profundo sentimiento de verdadera pertenencia: ellos han venido a ser familia. El pastor y el apóstol cuidan profundamente uno de otro. Ellos han venido a ser padre e hijo en el Señor. Cuando este punto pasa se suelta una gracia.

Caminar en tal relación de padre e hijo es en sí misma la clave para grandes bendiciones. Es como si la herencia fuera entregada, y los cielos abiertos. Parece que Dios se complace mucho en bendecir las relaciones del corazón porque cuando nos movemos de lo que era una muy buena asociación ministerial al nivel de cobertura apostólica, a la más íntima y personal conectividad de relación padre-hijo, se descubre otro nivel de profunda bendición.

4. Una Bendición de Padre:

En tal clase de relación padre-hijo, el apóstol está ahora en un significativo lugar de gracia desde la cual libera grandes bendiciones sobre sus hijos. Cuando un apóstol tiene verdaderos hijos, Dios dará a él gran gracia para ellos. Cuando el pastor, profeta, apóstol, evangelista, maestro o cualquier líder cristiano viene a ser un verdadero hijo de un apóstol-padre, ellos han encontrado gracia por la cual una gran bendición generacional puede ser de ellos.

La responsabilidad apostólica.

La bendición es un deber apostólico, y al apóstol se le ha dado una bendición específica para bendecir. Bendición apostólica y vida y poder – no hay nada como esto en la iglesia. Esta es la forma como Dios lo ha diseñado, y esta es la forma como Dios lo ha hecho desde el principio.

Aun Abraham, nuestro padre en la fe, requirió la bendición de Melquisedec antes de que muchas cosas hubiesen pasado en su vida de acuerdo con el llamado que se le había dado. Es por lo tanto una responsabilidad de los apóstoles bendecir. Los apóstoles necesitan entender su propósito en impartir bendiciones, y estar constantemente cerca de los negocios de bendecir la obra y al pueblo de Dios.

La autoridad apostólica es muy personal. No viene por logros institucionales, sino de Cristo. Por ejemplo, en Mateo 16:13-20, Jesús sostiene una discusión con los 12, pero en los versos 17-19, Jesús habla solamente a Pedro, y esto es personal para Pedro. Consecuentemente, la sombra de pedro solamente, entre todos los apóstoles, tuvo gran efecto (Hechos 5:15). Cada apóstol caminará en una autoridad que es personal y única.

En general yo debería decir otra vez, que cada forma de ministerio cristiano, incluyendo iglesias, escuelas, misiones, alcances, etc. y también cada uno de los cinco ministerios del Señor Jesús, incluyendo cada apóstol y profeta, necesita y debería recibir la bendición de los apóstoles de Cristo. Esto no solo libera sobre el pueblo de Dios individualmente y en la iglesia corporativamente, una especial provisión de protección y vitalidad espiritual, sino son también los medios primarios por los cuales, a través de las unciones de Cristo, el Cuerpo de Cristo es hecho verdaderamente uno, más que permanecer siendo una abigarrada colección de creyentes y ministerios disparatados.

> ## "Cada creyente debería buscar las bendiciones de sus padres, naturales y espirituales".

Cada creyente debería buscar las bendiciones de sus padres, naturales y espirituales. Si tú ya no tienes a tus padres naturales contigo, entonces pide a tu pastor o a tu apóstol que está en autoridad sobre ti en el Señor, que tome el lugar de tu padre, ponga manos sobre ti, y te de la bendición que nunca recibiste.

Cada ministerio debería buscar recibir el ministerio y la bendición de los apóstoles de Cristo. Jesús dijo a sus apóstoles, "aquél que recibe a vosotros, me recibe a mí" (Mateo 10:40).

¿Tienes una necesidad personal?

¿Estás tú en un lugar donde no tienes a quién volver en un momento de necesidad por una oración de protección y bendición? Yo puedo ofrecerte mi oración, aunque sea como una medida temporal hasta que tú puedas establecer apropiadas relaciones, o invertir tiempo con tus padres.

Yo pediré aquí que el Señor te dé el rocío del cielo y las riquezas de la tierra. Si tú deseas, cree conmigo al tiempo que haces esta oración, que el rocío de los cielos venga sobre tu alma. Yo he derramado mi corazón aquí en oración por ti. Te daré lo que yo tengo. Durante esta oración, cualquier cosa que me escuches nómbrala delante de Dios, cualquier cosa que me escuches órala y libérala, tú estás para creer en tu corazón que ha sido dada a ti.

UNA ORACIÓN

"Padre, nosotros aquietamos nuestros corazones delante del trono de gracia. Nos humillamos y reconocemos, Oh Dios, que ninguno de nosotros puede existir por nosotros mismos, sino que pertenecemos unos a otros y al Señor. Te doy gracias porque hay una fuente de bendición que ha sido abierta para nosotros. Tu corazón oh Dios, está inclinado hacia nosotros. El favor de Dios reposa sobre nosotros. Señor, te honramos.

"Yo te pido que tu bendición pueda descansar sobre éste mi hermano o hermana, te doy gracias por ellos. Te pido, Oh Dios, que tú les otorgues la gracia para tener éxito. Yo pido que el poder de Dios pueda ser multiplicado en ellos y en sus familias. Te pido que sus hijos puedan realmente vivir delante de ti. Yo pido que el divino favor pueda reposar sobre ellos, y que tú mires a ellos, y les protejas.

"Te pido Oh Dios, que des a mi hermano o hermana completo éxito. Oro que la mano de Dios esté ahora sobre ellos, sobre su matrimonio, sobre sus hijos, tu mano de bendición sobre su hogar, sobre su corazón, sobre sus finanzas, sobre su futuro, sobre sus días y sus noches. Señor, en todos los años por venir, protégelos en tu nombre, el nombre del Señor Jesucristo.

"En el nombre del Señor Jesús, yo corto toda acusación en contra de ellos. Corto todos los esquemas del maligno. En el santo nombre de Jesús tomo autoridad sobre el espíritu de muerte que ha sido asignado en contra de ellos, y contra la iglesia, y corto y cancelo la asignación. Espíritu de muerte, atrás, en el nombre de Jesús"

"Padre, declaro tu gracia sobre ellos, y declaro que tus brazos eternos están sobre ellos, porque con seguridad lo están. Te pido que los traigas cerca de tu corazón Padre. Yo oro Señor, que desde esta misma hora ellos conozcan tus bendiciones y tu paz y así es en el nombre de Jesús. Pongo tus bendiciones sobre ellos, y suelto gracia y paz sobre ellos.

"Mi hermano/hermana, yo suelto gracia sobre ti en el nombre

de Jesús. Suelto paz sobre ti en el nombre de Jesús. El Espíritu del Señor y de paz reposa sobre ti en poder ahora.

"¡La bondad de Dios está presente! Ahora Señor, te pido que el Espíritu de temor del Señor venga sobre su corazón, y que el Espíritu de entendimiento, y de conocimiento de los caminos de Dios, sean dados a ellos. Padre, yo clamo, y declaro sobre ellos las mismas palabras de la antigua bendición dada a los padres,"

"Que el Señor te dé el rocío del cielo y las riquezas de la tierra - ¡abundancia de grano y vino nuevo!"

"Señor, Yo declaro éxito sobre ellos, y que llevarán mucho fruto. Declaro ahora que la mano del Señor viene sobre ellos para protegerlos, guardarlos, sostenerlos cerca de tu corazón. Señor tú has dicho que guardarás al hombre de paz de tropezar. Yo oro sobre éste hermano que tú le guardarás, Oh Dios. Ellos no tropezarán sobre ninguna piedra de ofensa, o ninguna piedra de tropiezo, sino tú, Oh Dios, les guardarás.

"Padre, de acuerdo a tu santo mandamiento, yo extiendo tu protección sobre ellos en el nombre de Jesús, y digo que ¡son tuyos, Oh Dios!

"Yo establezco sobre ellos tu paz, ¡en el poderoso nombre de Jesús!"

"Mi hermano/hermana, te bendigo, y declaro vida en ti, en el maravilloso nombre de Jesús".

Ahora bebe en Su paz.

Por fe, recibe Su paz ahora mismo. Cree empaparte de ella ahora. La unción de paz fluye ahora en este momento. Di, " Señor, yo recibo tu paz".

Ahora, yo te comisiono.

"Tú ahora eres bendito del Señor y serás una bendición. Recibe la gracia del Señor Jesús. Te comisiono a ser una bendición donde quiera que vayas, una fuente de vida y gozo.

"Milagros y maravillas te seguirán, y que el Señor ponga autoridad sobre tus labios, y bendiciones en tus manos. ¡Que el favor de Dios te rodee todos los días de tu vida, y que el Señor te haga fructificar abundantemente en el avance del Reino de Cristo!"

Michael Appleton

Director Ejecutivo, Misiones Apostólicas 'Paz'
Director del Colegio Central Cristiano Queensland
Rockhampton, Queensland, Australia

Testimonio

Yo no puedo imaginar qué hubiese sido de mi vida sin la influencia de mi padre espiritual. Yo oigo a algunos hablar sobre sí mismos: los lugares en que han vivido, las muchas y diferentes iglesias a las que han asistido, y el beneficio que han obtenido de una amplia variedad de experiencias. Mi vida ha sido lo opuesto. Mi familia comenzó a asistir a este ministerio apostólico Paz, cuando yo tenía tres años de edad. He estado en esta iglesia todo este tiempo. Yo fui salvo aquí, bautizado aquí, casado aquí, nuestros ocho hijos fueron dedicados aquí y por lo que yo sé, moriré aquí. Me he encontrado aquí en el mismo lugar con un tremendo padre espiritual, y una familia espiritual que realmente me ama, central a mi experiencia en Cristo – y esto es el más grande instigador de mi crecimiento en Él. Mi vida en Cristo podría no haber sido la misma sin la gente que me rodea.

Debido a que he estado aquí por mucho tiempo, todo mundo me conoce – lo bueno y lo malo – pero ellos me aman de todas maneras. Hay una gran seguridad sabiendo que no tengo que luchar ni competir para ser reconocido o para que me den oportunidad de servir.

Conocí a John Alley cuando vino a ser nuestro pastor en 1988. A los 15 años de edad yo fui inmediatamente atraído por la pasión de John por un avivamiento. Era muy emocionante ver al Espíritu Santo moviéndose en nuestra congregación, viendo gente venir a Cristo, ver sanidades y milagros – pero sabíamos que habría algo más. Toda nuestra congregación estaba junta en una misma tarea, y la única manera que conocíamos cómo caminar con Dios era orar. Con el ánimo de Debbie, (que después vino a ser mi esposa) comencé a asistir a las reuniones de oración en las mañanas temprano. Orar con John cada día en la mañana fue una poderosa influencia en mi vida.

Los mensajes de John cada domingo eran como carne en un platillo. Él nos decía que eso era leche, y que nosotros debíamos de conseguir la carne a través de la Palabra durante la semana, pero era una enseñanza como no la habíamos recibido nunca antes. La enseñanza nos ayudó a todos nosotros bastante, pero John no era alguien que solamente lo predicaba sino lo vivía.

Tal vez la cosa más poderosa de todo fue el ejemplo de John. Yo recuerdo antes de que Debbie y yo nos casáramos cuando visitamos a John y Hazel, pudimos ver cómo ellos vivían, cómo ellos criaban a sus hijos, y cómo ellos oraban en sus casas. Sabíamos la dirección hacia la cual ir cuando nos casáramos, y cuando tuviéramos hijos.

Otra influencia remarcable ha sido la amorosa corrección de John. Ha habido una multitud de veces cuando John me ha llamado a un lado para "un pequeño diálogo". La disciplina nunca es placentera al momento, pero la aprecio mucho. Los errores que yo estaba haciendo, las trampas del enemigo que yo no veía, las direcciones equivocadas que yo estaba tomando a veces, podían haber traído un desastre a mi vida. Si no hubiese sido por el discernimiento en oración de John y la valentía en confrontar los asuntos, odio pensar en lo que hubiera sido ahora. La cosa que yo siempre aprecié de la corrección de John fue su manera. Yo siempre sabía que él tenía su mejor interés en su corazón. Y él estaba siempre dispuesto a pedir disculpas si consideraba que había sido demasiado rudo (y recuerdo que alguna vez lo fue). Su corazón amoroso por Debbie y por mí siempre brilló.

A través de la jornada de venir a ser un hijo espiritual, he aprendido mucho del amor de Dios. He aprendido cómo dar mi corazón. El fluir de estos descubrimientos en mi matrimonio y en mi relación con mis hijos se ha ido transformando. No puedo enfatizar suficiente cuán importantes estos principios son, y qué maravilloso es caminar con un padre espiritual.

En esta jornada de hijo espiritual en el ministerio, he aprendido numerosas lecciones, y aún hay mucho que aprender. Pero ha habido algunos obstáculos que tuve qué vencer.

Primero hubo el obstáculo de falsas expectativas. Yo pensaba que teniendo un padre espiritual, se me había de dar cierta cantidad de su tiempo y atención para el propósito de discipulado personal. Pero tuve que aprender que todo era relacional, no un programa. Tener un padre espiritual no significa tener una hora semanal de instrucción personal, sino el vivir nuestras vidas juntos persiguiendo alcanzar los propósitos de Dios.

También hubo el obstáculo de un corazón cerrado. Aunque yo tenía un buen padre espiritual y él cuidaba de mí, hubo algunas veces que yo no caminaba en el beneficio de ese amor por que mi corazón estaba cerrado a ello. A veces, no me daba cuenta de la manera que mi corazón estaba – solo lo vine a ver después. Posteriormente yo pensé que cada uno de los demás era el problema. Comencé a ser susceptible a mentiras y a creer que realmente John no cuidaba de mí. Comencé a interpretar todas las cosas a través de ésta preconcepción. Encima de esto, yo había recibido muchas profecías acerca del llamado que Dios me había hecho. Yo quería ser obediente y cumplir el llamado que el Señor me hacía. Pero tratando de alcanzar eso, yo vine a enfocarme en "mi" ministerio. Y cuando yo vi a John que no me daba la oportunidad para predicar o ministrar, comencé a pensar que la única manera de cumplir con "mi" llamado era irme a cualquier otra parte.

Por supuesto, John no podía promover a alguien en el ministerio que no le había dado su corazón. Pero yo no me daba cuenta entonces. Estaba bajo engaño. Eventualmente Debbie me ayudó a ver las mentiras bajo las que yo estaba creyendo. El diablo había ido demasiado lejos, él dijo una mentira demasiadas veces, y las cosas no estaban encajando. Cuando yo volví a mis sentidos, decidí que persistir enfocándome en "mi" ministerio no era lo más importante en este momento. No entendía por qué Dios me había dado esas profecías, pero yo sabía que el ministerio al cual John había sido llamado era muy importante y que necesitaba ayuda. Yo decidí que no importaba qué tuviera qué hacer – limpiar, administrar, lo que fuera – yo haría lo que fuera necesario hacer para que John cumpliese el ministerio y la visión que Dios le había llamado a hacer a él. Yo morí a "mi" ministerio, y me dediqué a servir en el ministerio de mi padre espiritual. Yo entregué mi corazón y confié en él. Cuando yo volví mi corazón hacia él, descubrí que su corazón realmente estaba vuelto hacia mí.

Entonces una cosa chistosa ocurrió – John comenzó a enviarme con equipos a predicar y ministrar. Cuando yo di mi corazón para ministrar en su ministerio, el Señor, finalmente comenzó a cumplir cosas concernientes a las profecías. Cuando dejé de enfocarme en "mi" ministerio, Él estuvo dispuesto a usarme. Ahora yo soy privilegiado de viajar por todo el mundo, llevando el mensaje que el Señor Jesús le ha dado a John.

Así usted puede empezar a ver la herencia que yo estoy recibiendo. Cuando yo viajo, no estoy ministrando en "mi" unción – no hay poder en ello, John ha orado e impartido la gracia y la unción que el Señor le ha dado a él para que yo ministre. Ha habido ahora un número de veces que yo he ministrado donde John ha ministrado anteriormente, y la gente ha dicho que ha visto visiones donde John les está predicando a ellos. Otros han dicho que han oído la voz de John predicando cuando ellos cierran sus ojos mientras me oían a mí. Estas son señales de que yo estoy fluyendo en la unción de mi padre espiritual. Qué maravillosa gracia – estoy muy feliz – hay mucho del poder del Señor Jesús en eso. Las vidas de la gente están cambiando – iglesias han vuelto de nuevo, y ciudades están siendo tocadas por el poder de Dios.

Qué privilegio tenemos en estos días de ver el principio de Elías/Eliseo trabajando entre nosotros de nuevo. Justo como Dios lo dijo en Malaquías, Él está enviando el espíritu de Elías que haga volver el corazón de los padres hacia los hijos y de sus hijos hacia sus padres.

Michael Appleton.

CAPÍTULO DIEZ

SIGUIENDO A UN PADRE ESPIRITUAL

"Pero Eliseo dijo, 'Vive Jehová y vive tu alma que no te dejaré.'
Así que los dos siguieron caminando."

*(*2 Reyes 2:2,6*)*

Muchos han orado con un deseo de recibir lo que Eliseo recibió – una doble porción del Espíritu. Les mostraré lo que el Señor me mostró, lo cual es, ¡cómo obtenerlo! En los propósitos de Dios hay una manera disponible, comprobada y bíblica para que todos nosotros podamos obtener tal gracia.

¿Qué significa seguir a un padre espiritual?

Para mí mismo, he resumido la respuesta a esta pregunta con tres puntos muy importantes. Un hijo imita, un hijo da honor, y un hijo sigue a un padre. Cada una de estas palabras es un término especial que representan conceptos bíblicos, dentro del llamado a amar y servir a los padres espirituales.

> **"Un hijo *imita*, un hijo *da honor* y un hijo *sigue* a un padre".**

¡Un hijo sigue! ¿Por qué un hijo sigue a un padre espiritual? El corazón del hijo, y los resultados de su persecución, se ilustran de manera única en la historia de Eliseo.

Consideren la historia de Eliseo.

La gente tiende a pensar que Eliseo siguió y sirvió a Elías con el fin de recibir el manto del profeta; es decir, para obtener la posición que ocupaba el profeta. Pero 2 Reyes 19:16, 19-21 nos dice que cuando Dios le habló a Elías en la montaña, Le dijo, *"unge a Eliseo... para que te suceda como profeta."* De manera que cuando Elías encontró a Eliseo arando, y arrojó su manto sobre él, el propósito de Dios estaba totalmente puesto sobre Eliseo. Él había sido escogido. Eliseo sería el próximo profeta principal para Israel. Él había recibido el llamado, y tanto el ministerio como la gracia estaban disponibles para que él caminara en ellos. Él ya tenía la palabra del Señor para ir a proclamarla.

Pero algo en el corazón de Eliseo sabía que debía seguir al hombre mayor. Siguió a Eliseo y se convirtió en su sirviente. Desde ese momento él cocinaba su comida, le llevaba su agua, y lavaba sus manos. Él estaba atento a sus necesidades y le servía. Y las Escrituras no nos dicen más acerca de esta historia compartida, hasta el día en que Elías fue tomado de este mundo.

Es extraño que ese día Elías parecía que intentaba dejar atrás a Eliseo, como si tratara de disuadirlo de acompañarlo, dándole instrucciones de tomar el día libre y descansar. Le dijo a Eliseo, *"quédate aquí, el Señor me ha enviado a Bet-el"* (2 Reyes 2:2). Pero Eliseo respondió, *"Tan cierto como que vive el Señor y que tú vives, no te dejaré"*. Así que los dos siguieron caminando.

Tres veces Elías trató de dejarlo atrás. *"Quédate aquí, Eliseo, el Señor me ha enviado a Jericó"*. Y luego, *"quédate aquí, Eliseo, el Señor me ha enviado al Jordán"*. Para lo cual, en cada ocasión, Eliseo volvía a responder, *"Tan cierto como que vive el Señor y que tú vives, no te dejaré"*.

Pruebas del corazón.

¡Esta era una prueba para el corazón de Eliseo! Y que quede muy claro el hecho de que siempre vienen varios tipos de pruebas a todos nosotros. Las pruebas usualmente parecen inocuas, tal como ésta. Y así tienen que ser, para ser verdaderas pruebas del corazón. Éstas muestran realmente dónde está el corazón. Es esencial pasarlas si queremos calificar para recibir mayor autoridad y para el avance del propósito de Dios en nosotros. Reflexione cuidadosamente en estas cosas, ya que aquí hay un misterio divino. ¡Y tenga cuidado también! Cada uno de nosotros debe estar envuelto en el negocio de seguir, de buscar la mayor gracia de Dios.

Durante un largo periodo de 40 años o más, he escuchado a mucha gente orar por aquello que ellos pensaban que Eliseo pidió: "Padre Celestial, concédeme una doble porción de tu Espíritu" ha sido su apasionada y franca súplica. Y aun así, nunca en mi vida he escuchado que alguien luego testifique, "Alabado sea Dios, he recibido la doble porción que había estado pidiendo." ¿Por qué?

La Gracia mayor disponible.

A cada uno de nosotros que seguimos a Cristo se le ha dado una porción santa de su Espíritu. Yo tengo gracia de Dios, y usted también. Pero no hay uno solo de nosotros que no quiera, y que realmente no necesite *más*. Y en las Escrituras se nos ofrece y está disponible una gracia mayor (considere por ejemplo 2 Corintios 9:8). ¿Pero cómo obtenemos esta gracia mayor, y cómo obtenemos mayor favor? ¿Cómo caminamos en mayor entendimiento, mayor sabiduría, mayor conocimiento y mayor poder? ¿Cómo llegaremos al lugar donde tenemos más para ofrecer a los demás?

Lo que estoy a punto de decir es una poderosa llave para esta gracia mayor – quizá la llave principal. Por lo que a mí respecta esta, es la llave principal. Si aprendiéramos a caminar en relaciones de corazón con otra gente, y especialmente con los que tienen gracia, como Eliseo hizo con Elías, entonces tendríamos la oportunidad de recibir la gracia que ellos tienen, y agregarla a la gracia que nosotros tenemos. ¡Esta es la doble porción!

Este legado de la doble porción sucede en un contexto peculiar. Me refiero al contexto de la relación padre-hijo, en Cristo, en el ministerio. Elías fue un padre para Eliseo, y Eliseo un hijo para Elías, públicamente en el ministerio. Caminaron juntos. Y cuando Eliseo finalmente encontró la oportunidad de requerir la herencia de la doble porción, su petición no fue una oración al Padre celestial, como lo he visto en muchas reuniones de oración, sino que fue una petición personal dirigida a un padre espiritual con el cual había caminado en una relación donde rendía cuentas y a la cual estaba sometido.

Si te encuentras buscando esa herencia mayor, esta relación también debe ser el contexto de tu propia vida al servicio de Cristo. Entonces, no solo podrás disfrutar de la gracia que Dios te dio inicialmente, sino también de la oportunidad de caminar en la gracia que otros han recibido, y que puede llegar a ser tuya a través de la herencia y de impartición divina.

Cada uno de nosotros es libre de buscar al Señor de manera personal para desarrollar virtudes espirituales. A través de la obediencia y la oración podemos y en verdad crecemos en gracia y en fe. Sin embargo, caminando con otra gente, es decir, con padres espirituales, podemos multiplicar efectivamente lo que tenemos.

> "Caminando con padres espirituales podemos multiplicar efectivamente lo que tenemos".

Esta es una lección importante. Una grande gracia está disponible; Dios quiere que caminemos en ella, pero únicamente cuando escojamos caminar juntos.

El Señor quiere que nos sumemos uno a otro – que nos enriquezcamos unos a otros. Pero mientras sigamos siendo independientes, y que cada hombre sea para sí mismo – mientras las iglesias y los creyentes sigan teniendo un espíritu competitivo, en vez de un espíritu de cooperación o de comunidad – nunca encontraremos esa porción mayor de gracia y del Espíritu Santo. Solamente sobre aquellos hermanos que habitan juntos y en armonía Dios concede esa bendición (Salmo 133).

Si nos aferramos a estas maneras viejas e institucionales de hacer las cosas, en vez de las maneras personales y relacionales de Dios en Cristo, nunca podremos encontrar esta multiplicación de la gracia. Aun así, sigue estando disponible, si aprendemos a caminar en relación con otras personas – a amarlos, a confiar en ellos, a servirles y honrarles. Y esta lección nos quedará claramente revelada en la historia de Eliseo.

Elías no había hecho ninguna oferta de avance a Eliseo. Solo hasta que llegaron al extremo final de la jornada, y únicamente a este hijo, el hijo que había dicho, *"No te dejaré,"* Elías ofreció finalmente, *"Dime, ¿qué puedo hacer por ti antes que te sea quitado?"* (2 Reyes 2:9). Eliseo por fin es capaz de expresar el deseo de su corazón con esta petición, *"Déjame heredar una doble porción de tu espíritu,"* pero para lo cual recibe una respuesta muy inusual, *"'Cosa difícil has pedido,' dijo Elías, 'pero si me ves cuando te sea quitado, será para ti; si no, no'"* (2 Reyes 2:9-10).

"Pide"

Hay algunas ideas importantes escondidas en estas palabras. Primeramente, Elías le dice, *"Pide".* Debe haber comunicación clara entre el padre y el hijo. Un hijo debe hacer peticiones específicas a su padre espiritual, como para indicar que él quiere la bendición de su padre, y que quiere heredar su gracia. Esto de alguna manera abre el camino para que los dones sean dados, tanto en el corazón de los individuos como en el corazón de Dios.

Entonces, yo debo pedir específicamente el legado de la unción de mi padre espiritual, de manera que mediante el poder de sus oraciones él pueda obtener favor para mí, y que mediante su autoridad espiritual pueda impartir gracia sobre mí.

Sin embargo, esto no debe ser de una manera demandante ni negativa. No debe ser para él una carga; pero aun así existe la necesidad de hacerle saber ese profundo deseo del corazón. Yo debo lograr que él comprenda mi hambre de esa gracia, y mi necesidad de su ayuda. Un hijo necesita la ayuda del padre. La aprobación del padre es una llave para alcanzar una gracia mayor. Así que debemos presentar nuestras peticiones: "Ore por mí, suelte sobre mí la gracia que usted tiene para mí." Cuando Elías dijo, *"Dime, ¿qué puedo hacer por ti?"* sabes que Elías quería dar – él deseaba ser de bendición. Un padre siempre quiere dar lo mejor a su hijo.

"Déjame"

Cuando Eliseo declaró su petición dijo, *"Déjame heredar..."* (2 Reyes 2:9) Al usar la palabra 'déjame', Eliseo estaba pidiéndole a Elías su consentimiento. Un componente esencial para que se llevara a cabo el legado era el permiso de Elías. La posición de Eliseo era *"Permíteme recibir una doble porción de tu espíritu".* De esto podemos ver que para que usted o yo podamos recibir este tipo de herencia – el legado de una doble porción del Espíritu – se requiere del consentimiento, la aprobación y la voluntad del padre espiritual.

> **"Para que tú recibas este tipo de herencia, se requiere el consentimiento, la aprobación, y la disposición de un padre espiritual".**

Obviamente Dios mismo es el dador, como lo veremos. Pero Eliseo hizo su petición al hombre que estaba sobre él en el Señor. Esto nos da a entender que para recibir exitosamente una impartición del Espíritu en doble porción, necesitaremos el acuerdo de *dos* padres – el que está en el Cielo, y el que ha caminado con nosotros en la tierra. Y esto es, por cierto, una expresión de la *autoridad apostólica*, la cual es ordenada por el Señor, que parece ser requerida en la tierra.

"Cosa difícil"

Aunque Eliseo dirigió su petición a Elías, el hombre en realidad no tiene la potestad para dar esa gracia. Recuerde que aunque Elías invitó a Eliseo a hacer su petición, cuando Eliseo expresó su deseo Elías le respondió diciendo, *"Cosa difícil has pedido."*

Y realmente es difícil, muy difícil, que cualquiera de nosotros le pasemos la plenitud de nuestra unción a otro. Yo he visto esto: Que aunque un padre espiritual pueda tener una gran medida de gracia, aunque tenga el favor de Dios sobre él, aunque sea portador de unas unciones poderosas junto con su llamado, y aunque tenga la gracia disponible para ti – a pesar de todo eso, ¡él no puede dártelo todo así de fácil!

Está disponible, pero no se da así de fácil. Así que, aunque se requiere el consentimiento y el acuerdo de un padre espiritual para que esta gracia pueda ser soltada, aunque el padre lo desee, no la puede dar así de fácil a su hijo.

Esto es porque existe un requerimiento que el hijo debe cumplir. Aquí está la clave para entender de qué se trata esto: *"Elías dijo, 'pero si me ves cuando te sea quitado, será para ti; si no, no'"* (2 Reyes 2:9-10).

"Si me ves"

La mayoría de nosotros hemos interpretado el significado de estas palabras como que si Eliseo hubiese podido ver a Elías en el momento en que era tomado, esto habría sido la señal de que Dios le había concedido su petición, y por lo tanto él podría creer. Déjeme decirle, no fue solo una señal.

Al inicio de 2006, yo había estado pidiendo al Señor que me diera entendimiento de lo que significa seguir a un padre espiritual. Una noche poco después, como a las 2:00a.m., el Señor me despertó y me habló claramente, diciéndome muchas cosas acerca de esto. Mientras escuchaba más y más pensé "Nunca me voy acordar de todo esto, tengo que levantarme y escribirlo." Para el momento en que llegué a mi escritorio parecía como si ya hubiese olvidado gran parte de lo que el Señor había dicho, y no podía acordarme muy bien. Pero de lo que recordaba comencé a escribir, y mientras lo hacía todo venía de nuevo.

Lo que el Señor dijo esa noche fue que si Eliseo iba a recibir la unción en porción doble, era totalmente esencial que él viera en verdad con sus propios ojos a Elías hasta el último momento, y aun cuando era tomado. En la historia, apenas le había dicho esto Elías a Eliseo cuando aparecieron el carro y los caballos, y los separó a los dos, y Elías fue llevado arriba en el torbellino.

En la crisis de ese momento, siendo Elías tomado tan de repente, Eliseo experimentó una avalancha de emociones – de afecto, de deseo, de anhelo, por su padre en la fe – tanto que él clamó, "*¡Padre mío! ¡Padre mío! ¡Carro de Israel y su gente de a caballo!*" El texto continúa, "*y Eliseo no lo volvió a ver; y tomando sus vestidos, los rompió en dos partes*" (2 Reyes 2:12).

Esta fue una experiencia profundamente emocional para Eliseo. Así como rasgó sus ropas, también su corazón estaba rasgado. Y por favor entienda, fue la intención de Dios que hubiera una experiencia donde las emociones fueran comprimidas – de amor y de anhelo – por un padre espiritual. El corazón del verdadero hijo tenía que ser grandemente ensanchado, estirado por las emociones, con un anhelo apasionado de amor genuino, si ese corazón iba a tener *la capacidad* de recibir la unción *en doble porción*.

> "El corazón de un verdadero hijo tiene que ser grandemente ensanchado, con amor genuino, si es que ese corazón será el que tenga la capacidad de recibir la unción *en doble porción*".

Esa noche escuché que el Señor me dijo que las emociones que experimentó Eliseo eran tan esenciales para que él pudiera recibir la unción, que sin esa capacidad mayor del corazón ensanchado a través del deseo, él no habría sido capaz de recibir la unción.

Anhelo.

Aquí la palabra clave es *anhelo*. El Señor me dijo que *debe* haber un anhelo de corazón. Este no es un anhelo por un don espiritual, más bien es el anhelo de un corazón de amor por el hermano con quien caminas – tu padre espiritual. ¡Este corazón le anhela a él! ¡Tu corazón sale hacia él! y este profundo afecto y franco deseo de amor, que se establece en el corazón de un hijo hacia un padre, significa que el corazón se está ensanchando, y se está creando un 'espacio', de manera que ahora puede recibir gracia. Volveremos a este punto en breve.

"Cuando sea tomado"

Nos podemos dar cuenta que Eliseo siguió a Elías desde el principio, pero la lección importante es que él continuó siguiéndole hasta el fin. Cuando el manto de Elías fue echado por primera vez sobre él, esto fue como el lanzamiento de una visión, como que se le estaba ofreciendo una oportunidad. Al final encontramos a Eliseo incesante en cuanto a devoción y a fidelidad.

Él no bajó la velocidad a lo largo del camino, como si pensara que ya había alcanzado la madurez necesaria como hombre de Dios. Y al final, se le entregó el manto que al principio se le había arrojado.

Pero muchos de nosotros pronto nos detenemos. En los años de 'en medio', viene un tiempo donde a muchos les parece como si hubieran avanzado tanto como la relación se los permite, y parece que ya no suceden cosas importantes. Les parece como si ya hubieran escuchado todo lo que su líder les podría decir, o como si ya hubieran recibido su bendición y piensan que ya tienen la gracia que les puede ofrecer. Empiezan a andar sin rumbo y a ver a su alrededor, o se interesan en alguien o en algo más. Así que dejan de seguir aquí y empiezan a seguir allá, por algún tiempo. Básicamente, se rinden a la mitad de los años. Ahora se enfocan en otras metas. Y esto es un error, una tragedia en el reino.

O tal vez, no pasan las pruebas; o si no, escogen una ruta egoísta; o aún una engañosa, tal como luego le sucedió a Giezi el siervo de Eliseo (2 Reyes 5:20-27). Es necesario que vengan sobre todos nosotros pruebas del corazón, aún en nuestros años de madurez. El apóstol Pablo habla abiertamente de ellos: *"sino que según fuimos aprobados por Dios para que se nos confiase el evangelio, así hablamos; no como para agradar a los hombres, sino a Dios, que prueba nuestros corazones"* (1 Tes. 2:4).

> "Hay pruebas del corazón que deben venir a todos nosotros, aún en nuestros años maduros".

Requisitos para una mayor impartición.

Yo creo que hay varios requisitos esenciales que usted y yo necesitamos cumplir para obtener una impartición mayor de gracia por medio de un padre espiritual. ¿Quieres recibir la unción de tu padre espiritual y caminar en el legado de la doble porción del espíritu? Aquí están los que yo creo que son los requisitos.

1. Determinación

Hay varias cosas que debe haber en el corazón de un hijo que quiere seguir a su padre espiritual. La primera de estas es *determinación*. Eliseo dijo, *"... tan cierto como que vives, no te dejaré"* (2 Reyes 2:2, 4, 6).

Ahora bien, una determinación no es un juramento. Cuando Eliseo dijo, *"No te dejaré"*, esta no era una promesa; no era un voto ni un pacto. Era simplemente la determinación de su corazón. Él había escogido lo que quería, y sabía lo que pretendía hacer. Estaba declarando su propósito.

Eso es lo que cada uno de nosotros debemos hacer. Debe haber una determinación en el corazón humano con respecto a nuestra elección de caminar con nuestros padres. Pero esto no debe ser una promesa o un juramento, pues hacerlo es peligroso y contradictorio a la enseñanza del Nuevo Testamento. Tome mi advertencia, y no haga votos o pactos. Simplemente haga una elección en su corazón que diga, "Voy a seguirle".

Hacer votos o juramentos era la manera en el antiguo pacto, pero no en el nuevo. Ya no debemos vivir por los votos que hacemos, sino por los mandamientos que Él nos ha dado. Cuando hacemos juramentos o pactos, estamos escogiendo vivir por nuestras propias palabras, como si las palabras de Dios no fueran suficientes para vivir.

Al decir esto no estoy tratando de negar el valor de establecer metas, clarificar la visión, y establecer prioridades, todos los cuales son muy importantes. Ni tampoco estoy en contra de las llamadas "promesas" en los programas que hacen las iglesias para dar, pues estos son solamente enunciados de intención, de hecho, son solo una manera de determinación. Pero cuando convertimos nuestras palabras en votos, juramentos, y promesas, las hemos vuelto una forma de ley por la cual debemos vivir, y esto siempre llega a ser destructivo. Esta es la 'letra' que siempre mata y nunca produce vida, aunque pueda parecer 'vida' con la cual empezar. Este es otro tema con el cual puedo tratar aquí, pero les recuerdo las palabras del Señor Jesús, que nos enseñó, *"Simplemente que tu 'Sí' sea 'Sí', y tu 'No', 'No'; todo lo que es más de esto procede del maligno"* (Mateo 5:37, y vea además Santiago 5:12).

Sin embargo, una fuerte determinación será una necesaria actitud del corazón, si como hijos queremos obtener el beneficio de seguir a nuestros padres espirituales.

2. Madurez de relación

Tener el correcto *tipo* de relación es un factor crítico si se va a efectuar la obtención de la mayor impartición de unciones.

Es fácil para muchos de nosotros obtener pequeñas cantidades de la bendición o de la unción de otras personas en el ministerio. Todos podemos agarrar algo. He ido a muchos lugares en el mundo, y he recibido oraciones de toda clase de buena gente; y de cada uno de ellos obtengo *algo* de valor.

Yo recuerdo haber pasado tiempo con un hermano muy apreciado, George Stormont. George era un anciano Inglés, quien se ha ido al cielo, y que fue amigo personal de Smith Wigglesworth. A menudo ellos ministraban en la iglesia del otro. George escribió y publicó un libro acerca de Wigglesworth, explorando el significado de su vida.[3] En sus últimos años, el hermano Stormont predicaba siempre y únicamente acerca de Cristo, y mientras lo hacía, era muy común que la gente llorara. Él me compartió una de sus sabidurías personales; todos los domingos por la mañana él leía Apocalipsis capítulo 1, y se sumergía en la visión de Juan acerca del Cristo.

Le pedí al hermano Stormont que orara por mí, y al hacerlo, por fe yo creí y recibí de él la unción que estaba sobre él. Yo tenía hambre de esa gracia. Como resultado, me llevé a casa esa dulce unción, y tengo la bendición que él me dio hasta este día. Pero solo tengo un poco, una cierta porción, de lo que aquel querido hermano tenía. Y he podido obtener un poquito de mucha gente. Cada pedacito es útil.

---

[3] *Wigglesworth, A Man Who Walked with God* (Wigglesworth, un hombre que caminó con Dios) publicado por Harrison House, 1989.

Pero por medio de una *madurez de relación* viene una mayor bendición y mayor favor; la profundidad de esa relación incrementa la efectividad del fluir de la unción. Si quieres el 'filón de oro', es decir, la impartición completa, una gran descarga de la gracia llevada por otro – si tú quieres experimentar una herencia como la de Eliseo, necesitarás madurez en tu relación con tu padre espiritual.

> **"Si quieres experimentar la herencia como Eliseo, necesitarás madurez de relación con un padre espiritual".**

Entonces, ¿qué es la madurez de relación? Esto significa que camines con ellos, y les sirvas. Llegarás a conocerles bien, pues estarás comprometido de corazón con ellos, y los cuidarás profundamente. Alcanzar 'madurez de relación' tomará tiempo, tanto en desarrollar como en mantener la relación. No es algo ligero, ni pasajero. Se trata de algo serio. No lo vas a lograr en cinco minutos. Caminarás con un padre, y con otras personas, por toda la vida.

Yo he caminado con otros en la iglesia en la *Comunidad Apostólica Paz* por años. Nosotros los líderes nos juntamos todos los martes por la tarde solo para platicar. Tomamos té y café, y solo platicamos. ¿Por qué? Porque estamos edificando juntos nuestras vidas. Después de muchos años hemos llegado al punto de confiarnos implícitamente, amarnos profundamente, cuidarnos mucho, y sentir que nos pertenecemos mutuamente de corazón.

¡Esto realmente tiene que ver con el corazón! No se trata nomás de tener un acercamiento intelectual al ministerio; también debe ser una experiencia emocional. ¿Por qué?, ¡por amor! Debemos realmente sentir algo los unos por los otros; debe haber pasión. Aquí no debe haber actitudes de segunda, no debe haber amor frío, ni formalismo sofocante – lo cual nos trae a un tercer requisito.

3. Profundo Sentimiento – Anhelo de Corazón por nuestros Padres

Es de suma importancia que en el corazón del hijo haya esto

llamado *anhelo*. Elías dijo, *"Si me ves,"* y aquí está esta conexión tan importante entre el hecho de que Eliseo haya visto irse a Elías, y que se haya soltado inmediatamente la unción sobre él. Esta separación disparó una gran emoción en Eliseo, y la expresión natural de este amor y este anhelo por Elías hicieron que él clamara, *"¡Padre mío, padre mío!"* Esto fue el clamor de un hijo saliendo de la emoción de su corazón.

Hay una razón por la cual son tan importantes las relaciones profundas y personales en el Cuerpo de Cristo. No solamente es como Dios lo hace, ya que Dios conduce así sus propias relaciones, sino que estas son el medio efectivo por el cual se alcanzan las mayores imparticiones de unción ministerial, y la sucesión de herencia de una generación espiritual a otra. Una madurez de relación, la cual nos trae a un mayor amor de uno a otro, incrementa en gran manera la efectividad del fluir de la unción y del poder de un padre hacia su hijo en el ministerio.

La idea del anhelo de corazón, en asociación con la madurez de relación en la cual debemos caminar, significa tener un *profundo sentimiento* importante hacia tu padre espiritual. No conseguirás triunfar a menos que tengas emociones santas. Tus emociones al servicio de Cristo son muy importantes. No dejes que te convenzan de que el Cristianismo es solo intelectual, es decir, que la fe solo se expresa por medio de lo que decimos que creemos. No, la pasión es crucial, y las actitudes de amor y de fe de nuestros corazones deben expresarse tanto en compartir emociones, como también en hechos. Debemos amar, debemos anhelar, debemos cuidar, debemos estar dispuestos a llorar con los que lloran, y regocijarnos con los que se regocijan.

> **"La pasión es crucial. Las actitudes de amor y de fe de nuestros corazones**
>
> **deben expresarse tanto en compartir emociones, como también en hechos".**

Debe haber un sentimiento profundo en nosotros por nuestros padres espirituales. Esa profundidad de sentimientos significa amarlos, anhelarlos, cuidarlos.

Hace algunos años envié varios equipos para visitar algunas naciones en África. El líder del primer equipo era Lloyd Gill, acompañado por Justin Morgan, para ser pioneros en crear relaciones y llevar el mensaje apostólico a lugares donde no se había llevado antes. Oramos en el aeropuerto y nos despedimos, y cuando desaparecieron por la entrada, yo me retiré y subí una colina cercana, solo para tomar un tiempo para orar por la ciudad. Pero mientras estaba allí, parado, orando, el avión despegó del Aeropuerto de la Ciudad de Rockhampton, y voló justo por encima de donde yo estaba. De repente sentí una emoción tan profunda, que empezaron a correr lágrimas por mis ojos, y un sentimiento profundo por el cuidado de estos hermanos llenó mi corazón, mientras veía que el avión se hacía más y más pequeño en el cielo distante, hasta que desapareció. De hecho, en este momento estoy llorando, tan solo de recordarlo. De verdad les digo que mi corazón se fue con ellos. Y todo el tiempo que ellos estuvieron en África, mi corazón estuvo con ellos. Había un anhelo por ellos; esto era amor. En mi caso, el amor de un padre por sus hijos, pero en cualquier caso, este era el tipo de amor que debemos aprender. Este es el tipo de cosas que deben suceder en el ministerio, de lo contrario, no es real.

Esto nos trae ahora al clímax del asunto. Además de *determinación*, *madurez de relación*, y un profundo sentimiento de *anhelo*, se necesita otra cosa. Tenemos que *'ver'*.

VIENDO a nuestros padres.

Recuerde que Elías dijo, *"Si me ves."* Acerca de esto también me habló el Señor a la mitad de aquella noche. Cada uno de nosotros debemos llegar al lugar donde *vemos* a nuestros padres, de lo contrario no podemos amarlos por lo que son. Tenemos que llegar al lugar donde podemos ver la gracia que está en ellos, de manera que podamos honrarlos de verdad, y apreciarlos. Mientras mejor y más claro veamos lo que está en nuestros padres, tendremos más esperanza de recibirlo. Por lo tanto, hay que tener ojos para ver, así como un corazón que anhele.

Esta es mi experiencia. Durante los primeros años de desarrollo de mi relación entre mi padre espiritual Chuck y yo, pasé tres diferentes etapas, de las cuales ya he hablado. Mirando hacia atrás, me doy cuenta de que estas eran etapas en las cuales mis ojos fueron abiertos progresivamente hacia lo que estaba en él.

Quienes lo conocen sabrán que tiene un gran corazón. Con una gran capacidad de amar, él tiene los afectos y sentimientos profundos de un hombre que camina con Dios. Pero esto yo no lo veía al principio. Fue durante los años en que me dediqué a conocerlo que vi, más y más, la gracia que tiene, y vi además la integridad e intensidad del amor de su corazón.

Pero lo interesante e importante de esto es: Mientras más cosas he visto en él, más profundamente lo he amado. Y lo grandioso es que mientras más lo amo, más puedo ver. Esto parece ser algo cíclico que incrementa su momentum después de cierto tiempo – siempre y cuando mantengamos puro nuestro corazón. De manera que este amor creciente que siento por Chuck me ha permitido ver aún más, y reconocer que hay todo un mundo de cosas en él que no había visto antes – cosas buenas que, en los primeros años, no podía entender o apreciar.

> ## "Mientras más he amado,
>
> ## Más he podido ver".

Por lo tanto, he llegado a ver más claramente a Chuck y la gracia de Dios que hay en él. Pero mis ojos fueron abiertos en una ocasión por una _emoción_ – por amor creciente y por deseo del corazón. O para ponerlo de otra manera, ¡El amor creciente me _permitió_ ver!

Tú también necesitas ver algo en tus padres; tienes que reconocer la gracia de Dios; tienes que ver el corazón que Dios les ha dado; tienes que verlos por sí mismos.

Y la maravillosa verdad es que lo que puedes _ver_, lo puedes _obtener_.

La GRACIA disponible.

Durante el curso de toda una vida de caminar con Dios, un padre ha desarrollado dones, y ha crecido en gracia. Por definición, ¡un padre tiene gracia con Dios! _"Os he escrito a vosotros, padres, porque conocéis al que es desde el principio"_ (1 Juan 2:13). Este es el status de Abraham, amigo de Dios.

Así que la gracia está disponible; está en tus padres, aunque quizás no la estás viendo. Quizás piensas que tu pastor es solo un hombre ordinario. Tal vez no predica tan bien, tiene una iglesia pequeña, y es pequeño ante tus ojos – pero te digo algo, allí hay gracia. Si tienes ojos para ver, un corazón que anhela y desarrollas profundidad en tu relación, te darás cuenta que Dios pone a tu disposición grande gracia a través de un padre.

> **"Si tienes ojos para ver, un corazón que anhela y desarrollas profundidad en tu relación, te darás"**

Mencioné anteriormente la historia de un joven pastor que decía a sus amigos, "Voy a conseguirme un padre famoso." Les diré qué me recuerda. Israel en el desierto ansiaba comer carne, y Dios les dio a comer carne pero envió esbeltez sobre sus almas (Salmo 106:15). Pablo nos dice que no nos enorgullezcamos de ningún hombre (1 Corintios 4:6). Estas relaciones de las cuales hablo no son carnales, sino que Dios nos dará alguien a quien amar y con quien caminar. Aun si al principio no ves mucho en esa persona, desarrolla esa profundidad de relación y un corazón de anhelo, y comenzarás a ver a Cristo en ellos. Dios es quien abrirá los cielos.

La gracia establecida en ese padre no la recibimos fácilmente. No nos 'subimos a bordo' en ella y la hacemos nuestra en cinco minutos. ¡Obtenerla no es un trabajo momentáneo, y no se nos da ni la recibimos por capricho o antojo!

Podemos haber conocido a un gran padre durante varios años, escuchado sus enseñanzas en muchas ocasiones, y recibido sus oraciones y bendiciones, y aun así no haber atrapado el poder de la gracia que se le ha dado.

Eliseo tuvo que seguir a Elías por muchos años antes de llegar al lugar donde la gracia le fue *totalmente* impartida, en una impartición final, poderosa y significativa. Y aun entonces, Eliseo tuvo que *pedirla*, y Elías tuvo que estar dispuesto a dársela – y aun así, Elías no estaba tan seguro de que Eliseo la recibiría. No obstante, estaba disponible una impartición poderosa y completa, y le fue dada a alguien que la buscó por todos los medios.

Esto me hace estar consciente del hecho de que hay muchas cosas en nuestros padres que podríamos obtener, pero que no las obtendremos, a menos que reconozcamos que tal gracia existe, y escojamos caminar verdaderamente con nuestros padres, buscando obtener esa gracia antes de que pasen de nosotros. El hecho de desear caminar con ellos, escoger seguirles, y buscar conocer su corazón, es también el honor que debemos dar a nuestros padres.

Reconociendo la Gracia de mi Padre

Al desarrollar una buena relación de padre/hijo con el apóstol Chuck Clayton los dos nos hemos hecho amigos. La bendición de esta relación ha probado ser de inmenso beneficio para mí y para nuestra gente.

Pero después de que el Señor me hablara acerca de Eliseo, y de los medios por los cuales podemos obtener la doble porción, yo comencé a darme cuenta de que si algo le sucediera a Chuck, yo tendría que comenzar a edificar una relación como tal desde el inicio. Y había tantas cosas en él que yo podía ver que aún no habíamos asido para la causa de Cristo.

Chuck tiene un gran corazón, un gran amor, y pasión. De hecho, es un hombre único; el Señor le dijo a Hazel un día que es "un Noé para esta generación". Yo comencé a ver que si él fuera tomado de nosotros para estar con el Señor, esa rica gracia que se le ha dado se iría con él. Pues ninguno de sus hijos ha tomado aún gran parte de la gracia que está en él.

Cuando Eliseo murió, lo que él tenía se fue a la tumba, aun cuando él mismo había recibido la unción de Elías. Y eso es lo que sucedería con la mayoría de nuestros padres ahora, si ellos fallecieran. La mayor parte de la unción que ellos tienen se iría con ellos, porque los hijos no han asido a sus padres.

Eso no debe ser así. Me he dado cuenta de que hay un gran depósito de la gracia de Dios en mi padre espiritual, la cual está disponible para mí como hijo. Yo siento que él tiene más gracia que la que cualquiera de nosotros sus hijos nos hemos dado cuenta o hemos tomado. Cuando el apóstol Chuck viene a nuestras conferencias nosotros apreciamos sus predicaciones, recibimos impartición, estamos mejor informados, vemos más claramente, somos levantados a otro nivel, y después de todo permanece una bendición duradera. Y todo esto es una gran bendición. Recibimos buenas cosas del Señor por medio de él, y se deposita gracia en nosotros.

Pero esto es solo una parte. En él hay aún una reserva de virtud y de gracia. Él tiene, de alguna manera, una actitud santa, un sistema de valor, una manera de ver las cosas y sentimiento de las cosas, una gran capacidad de amar y de fe. Si él se fuera para estar con el Señor, perderíamos este vasto recurso, a menos que lo aprehendamos primero. Ninguno de nosotros lo ha tomado; tan solo hemos recibido una parte. Así como también otros padres, no debemos permitir que se vaya de nosotros sin haber obtenido de él lo que él ha recibido.

¿Cómo puedo obtener de mi padre espiritual lo que tiene, pero que no puede dármelo así de fácil? Aun Elías dijo que era *"cosa difícil"*. La respuesta es, debo seguirlo. No puedo pensar que estas cosas se me van a conceder. No puedo asumir que esta gracia ya es mía, o que es fácil de alcanzar. Se debe orar al respecto; se debe buscar la gracia que viene de Dios. Y debo pedírsela a Chuck, y pasar tiempo caminando con él, amándolo, y sirviéndole.

Este seguimiento no es con el propósito de simplemente agarrar lo que tiene, sino de tratar de agarrarlo a *él*. Debo venir a percibir su amor, a conocer su corazón, y a compartir su pasión. Es al hombre lo que debo amar y aprehender, no tanto al don que está en él.

He dicho todo esto acerca de mí y de mi padre espiritual, no para darte una instrucción acerca de nosotros como tal, sino para demostrarte el principio. Estoy tratando de darte una imagen de cómo funciona esto, para poner delante de ti un modelo. Lo que he descrito concierne a cómo cada uno de nosotros debe buscar la gracia en lo que se refiere a nuestros propios padres espirituales.

Y tengo esto asegurado por el Espíritu de Dios. Lo que *ves*, lo puedes *obtener*. Si puedes ver gracia en un padre espiritual, está seguro, Dios ha abierto tus ojos para verlo, para que puedas buscar obtenerlo.

Acerca de mis Hijos

En el caso de los que son mis hijos espirituales, ellos necesitan caminar conmigo. Pero depende de ellos el querer hacerlo. Ellos pueden, si así desean, buscar crecer y obtener la gracia que yo he recibido, y buscar conocerme o aprehenderme, siguiéndome.

Al hacerlo, ellos podrían no solo obtener cualquier gracia que Dios me ha dado, sino también la gracia que yo pudiera llegar a tomar de mi padre espiritual. En otras palabras, mi fidelidad como hijo a otro hombre en el ministerio de Cristo serán los medios de ayudar al avance del Reino de Cristo en los hijos que caminen conmigo.

Pero nunca le pido a nadie que me siga. Crearé la oportunidad, como lo hizo Elías, pero doy libertad. Yo le digo a todos, si quieres ser un hijo *'light'* está bien. Si solo quieres amistad – un poco de amor, de apoyo, y de ánimo, dar cuentas (pero solo un poco), cuidado pastoral, cobertura apostólica y oraciones de bendición, ¡está bien! Pero Dios pondrá en el corazón de algunos la necesidad de esa gracia mayor, y de seguirme.

Un verdadero padre nos mantiene en libertad. Lo que estamos hablando no se trata de esclavitud. Es como Elías diciéndole a Eliseo, *"Quédate aquí, el Señor me ha enviado al Jordán"* (2 Reyes 2:6). A nadie se fuerza a seguir. Un padre no te obliga ni te ata a sí mismo.

Sin embargo, habrá hijos que me quieran 'aprehender', y como padre, yo debo estar dispuesto a permitirles que me sigan. Debo estar dispuesto a pasar tiempo con ellos. Debo ser como Elías que dijo, *"¿Qué quieres que haga por ti?"* Yo debo querer la bendición y el bien para ellos, y deseo de que ellos puedan encontrar lo que necesitan. Otros en el cuerpo de Cristo deben llegar a ser padres así, y los hijos deben seguirlos.

> **"Juntos, los padres y los hijos buscan aprehender a Cristo".**

Entonces, los padres y los hijos buscan aprehender a Cristo juntos. De eso se trata todo. Cristo ha ordenado esto como un medio de gracia. Hay maneras específicas para obtener gracia, y esta manera relacional es simplemente una maravillosa manera por la cual encontramos la verdadera gracia de Cristo Jesús. Pero tiene una media distintiva – es decir, una manera de medir si la relación es real, y por lo tanto efectiva. Y la medida, *"Como yo os he amado, así también debéis amaros los unos a los otros"* (Juan 13:34), ¡es la medida de Cristo! No es una medida pequeña.

No me digan que esto no requiere el corazón completo – el dar nuestros corazones unos a otros. Como dijo el apóstol Juan, *"Lo que hemos visto y oído, eso os anunciamos, para que vosotros también tengáis comunión con nosotros. Y nuestra comunión verdaderamente es con el Padre y con el Hijo, Jesucristo"* (1 Juan 1:3).

Por lo tanto debemos amar.

Es obvio que todo cristiano debe amar a los demás cristianos, ya que este es el mayor requisito de Cristo para nosotros, y prueba si somos obedientes a Él, que a su vez prueba que le amamos a Él. Sin duda alguna, tú estás rodeado de creyentes, y tendrás líderes con quienes relacionarte. A estos en particular es a quienes debes amar. Se te han dado para amarlos. Son *'tuyos'*, en el mismo sentido en que habla el evangelio acerca de Jesús cuando dijo, *"habiendo amado a los suyos... los amó hasta el fin"* (Juan 13:1).

Un padre espiritual, más que todo, es alguien que te ha sido dado para que ames. Piensa en cómo amaban a Pablo esos ancianos Efesios: *"Todos lloraban inconsolablemente mientras lo abrazaban y lo besaban"* (Hechos 20:37).

Y en caso de que yo sea falsamente acusado acerca de la intención de esta enseñanza, les insto a que lo vean desde el punto de vista bíblico, esto no es idolatría – ¡es amor! *No* estamos hablando de *adorar* a un padre espiritual, sino de *amar* y *servir* a nuestros líderes.

En esto estamos haciendo justo lo que se nos ha mandado hacer, y lo que Jesús mismo hizo durante su ministerio en la tierra, y que sigue haciendo. Es decir, Él amó a los suyos. Y a los que amó eran meramente hombres, tal como nosotros. ¡Si Jesús los ama, tú también debes amarlos!

Es más, Jesús vino a servirles, y hasta el punto de que tomó la toalla y lavó sus pies, acerca de lo cual Juan escribió, *"Habiendo amado a los suyos que estaban en el mundo, les mostró completamente la medida de su amor"* (Juan 13:1, también vv. 12-17). También dijo, *"No he venido para ser servido, sino para servir"* (Mateo 20:28). Si Jesús sirve a hombres, en este caso, a los que Él había elegido para ser apóstoles, ¡tú también debes servirlos!

Jesús hizo estas dos cosas en particular – nuestra necesidad de amar y nuestra necesidad de servir – el objeto de Sus especiales instrucciones. Su primera gran petición es, *"...que también os améis unos a otros. En esto conocerán todos que sois mis discípulos..."* (Juan 13:34-35), y Su otra gran directiva fue, *"...sino que el que quiera hacerse grande entre vosotros será vuestro servidor... como el Hijo del Hombre no vino para ser servido, sino para servir"* (Mateo 20:26-28).

Considera cuidadosamente: si Cristo, el hijo de Dios, no solo escoge amar y servir a hombres, sino que es justo hacerlo, ¿no crees que nosotros también debamos seguir un curso justo al hacer lo mismo? ¡Si es justo para Dios en Cristo que amemos y sirvamos a Sus apóstoles y a los líderes de la iglesia, entonces no puede ser idolatría para los hermanos y hermanas, tal como nosotros, en quienes Cristo vive, que amemos y sirvamos los mismos tipos de líderes que Cristo ha designado para la iglesia de hoy!

Ellos están sobre nosotros en el Señor. Hacemos más fácil sus vidas, y su trabajo un gozo, como debiéramos (Hebreos 13:16-17), y obtenemos gran ventaja para nosotros mismos en hacerlo, cuando les damos nuestros corazones al servicio de Cristo.

Pruebas del corazón en las relaciones.

Debo advertirte brevemente. En las relaciones, de vez en cuando, vendrán pruebas a tu corazón. Pero nunca sabrás de antemano que viene tal prueba.

Por favor entiende que cuando tú escoges caminar en una relación, cualquier cosa puede suceder, y algunas de estas probarán tu amor, tu fidelidad, tu confianza, tu honor, tu sumisión, etc. ¿Qué actitud tomarás hacia tus líderes cuando se presenten situaciones difíciles? ¿Cómo te sentirás cuando tu padre espiritual aparezca para pedirte algo irrazonable, o te ignore, o esté muy ocupado algún día? ¿Te ofenderás? De hecho, deberías seguir honrándoles, porque esto abre los cielos. En esto consiste ser hijo: una lealtad inalterable en el vínculo del amor.

> **"En esto consiste ser hijo: Una lealtad inalterable en el vínculo de amor".**

Si ocurre algo 'ofensivo' o una situación que represente una prueba grande, no necesariamente será una falta en tu padre espiritual o líder ministro – probablemente ellos no hayan tenido nada que ver, y no lo hayan visto venir. ¡Sé realista! Dios mismo arregla muchas de estas interacciones y experiencias, porque solo entonces aprendemos y crecemos. De hecho, si un hijo tiene una debilidad, el Señor buscará tarde o temprano exponer la carne, con el fin de liberar, sanar y madurar.

Este es el único camino hacia adelante – ¡madurez espiritual por medio de madurez relacional! Así es como crecemos, escogiendo no ofendernos, continuar caminando en humildad, aprendiendo sumisión por medio de las batallas, y nunca huyendo de la confrontación o el conflicto cuando se deben enfrentar y resolver los asuntos. Nos convertimos en hijos maduros, y nos convertimos en padres.

Hay algo acerca del *seguir*, acerca de la *lealtad*, acerca del *amor fiel*, que realmente abre los cielos.

Considera nuevamente el poder y el significado de las relaciones bíblicas. Qué tal Rut, quien le dijo a Noemí, *"No me ruegues que te deje, y me aparte de ti; porque a dondequiera que tú fueres, iré yo..."* (Rut 1:16,17) Piensa en qué manera le fueron abiertos los cielos, que trajo tan grande bendición, tan grande herencia, tan maravillosa posteridad, en la tierra y en la eternidad.

Pero hay muchos otros:

Eliseo dijo, *"No te dejaré"*.

Josué, noche y día, *"permanecía en el tabernáculo de reunión"*.

De Timoteo, Pablo dijo, *"a ningún otro tengo como él"*.

Sobre su Hijo, Dios dijo, *"estoy muy complacido con Él"*.

Recuerda, *¡un hijo sigue!* Si tú deseas entender tales relaciones, y escoger caminar en ellas, te encontrarás en verdad disfrutando de una maravillosa gracia.

Testimonio

El cristianismo auténtico está basado en el amor. Y para mí, someterse a un padre espiritual solo es por amor.

Alguien ha dicho que la sumisión es darse de corazón, y esto es lo que yo creo que es verdaderamente apostólico. Yo pasé muchos de mis años al principio sirviendo en un espíritu huérfano, sin entregar mi corazón como hijo a un padre. Sin amor en la sumisión, la cosa está basada en el temor – temor de qué es lo que sucederá si no te sometes.

Mi corazón estaba lleno de temor, hasta que recibí la revelación de dar mi corazón a mi padre espiritual. Cuando lo hice, se fue toda mi actitud de temor, y pude entrar a una grandiosa paz. John Alley, mi padre espiritual, me ha mostrado mucha paciencia y amor por mí para verme llegar hasta este punto. El verdadero amor debe manifestarse en el cristianismo apostólico auténtico – cuidar los unos de los otros, estar ahí los unos por los otros. Ahora yo tengo un amor por John, como él lo tiene por mí.

Este es el único tipo de relación en la iglesia en el cual podemos encontrar nuestro potencial completo. Si no fuera por mi identidad de hijo, yo nunca podría haber estado maduro en lo que Dios me ha llamado a ser. Sin humillarme a mí mismo en la identidad de hijo, nunca habría sido capaz de recibir la gracia que Dios me ha dado. Tampoco habría podido hallar la satisfacción de la profundidad de relación que ahora tengo con el apóstol John.

Tony Ponickie

CAPÍTULO ONCE

EL CORAZÓN

DE HUÉRFANO

"El hermano mayor se enojó, y no quería entrar.
Salió por tanto su padre, y le rogaba que entrase. Mas él,
respondiendo, dijo al padre: He aquí, tantos años te sirvo..."

(Lucas 15:28-29)

Tony Ponicke ha sido pastor como parte de mi grupo desde 1998, habiéndose unido a nuestra iglesia con su esposa Carolyn en 1991. Cuento la siguiente historia con su permiso.

En 1998, yo había estado buscando dirección del Señor para saber si debía asignar a Tony a una posición de tiempo completo como pastor en nuestro grupo. Él, junto con Carolyn, habían sido los líderes de jóvenes en la iglesia por algunos años, él parecía tener el llamado y el don; ciertamente tenía un corazón de cuidado pastoral, amor por la gente, y amor por el Señor. Mientras oraba, sabiendo que tendría que proponer a otros lo que yo pensaba para su consideración, escuché al Señor decir, "Nunca levantarás a un pastor mayor que Tony Ponicke". Ese enunciado me siguió causando impresión durante años, y fue mejor, por lo que necesitábamos caminar juntos.

Recuerdo que Tony me decía la primera semana de su empleo que él nunca sería capaz de recibir corrección de mí; él la podía recibir de otro, Como David, pero no de mí, porque le parecería muy demoledor. Yo no me daba cuenta lo que realmente significaba eso, pero siempre lo tuve presente. En ese tiempo, su cuñado, David Hood, ya estaba sirviendo como mi asociado superior en el liderazgo. El rol de David era tomar cualquier visión o propósito que yo tuviera en el interior, y ponerle liderazgo, y así, estar junto a mí en la edificación efectiva de todo el ministerio. Esto de todos modos quería decir que David era efectivamente el supervisor directo de Tony, y líder del cuidado pastoral de la iglesia. David sería el responsable de entrenar y/o corregir a Tony, al desarrollar sus responsabilidades, y cómo debía realizarlas. Yo necesitaría proveer el liderazgo general, el amor y el cuidado pastoral por todos. Lo que no sabíamos en aquel tiempo era que Tony tenía un problema, un gran corazón de huérfano, pero en aquel tiempo desconocíamos ese término; mucho menos entendíamos la condición. Estábamos a punto de empezar a cargar una batalla por varios años sin siquiera saber de qué se trataba este asunto.

Por fuera, Tony era una persona feliz, relajada, tranquila, cuidadosa, y muy casual. De hecho era tan casual, que podía volverte loco. Por mucho tiempo parecía que casualmente evadía cargar con cosas como el nivel de responsabilidad que debía tener, trataba todo de manera informal, y a menudo dejaba los cargos de la organización y liderazgo práctico a otros. Invariablemente llegaba tarde a las reuniones de oración, y algunas veces se iba temprano. A veces Tony se desaparecía y se iba a su casa. Conforme pasaban los años, parecía que había un resentimiento creciente en él.

Me di cuenta que Tony nunca sería quien viniera a saludarme; siempre era yo quien tenía que ir a él. Esto se hacía más obvio si yo salía del continente para ministrar, ya que cuando regresaba a casa y entraba el domingo en la mañana, otros inmediatamente volteaban y sonreían, me saludaban y me daban la bienvenida a casa, pero Tony siempre parecía estar viendo en otra dirección. Yo me acercaba a Él con un cálido saludo, y recibía una cálida respuesta, pero siempre era yo quien tenía que hacer el acercamiento.

También me di cuenta, que si discutíamos cualquier cosa en las reuniones de liderazgo, él muchas veces permanecía callado. Si tenía puntos de vista alternativos a los míos, o si no sentía lo mismo que el resto de nosotros, no lo podía discutir como nosotros usualmente lo hacíamos. En vez de eso, él llegaba al punto de sacar sus sentimientos de una manera inapropiada, a menudo escéptica, y también a menudo arruinaba la atmósfera de la reunión.

Obviamente algo estaba mal, pero ninguno de nosotros entendía realmente. Probablemente pensamos que era solo un problema de personalidad, ya que estas batallas relacionales y de personalidad siempre han sido comunes en la iglesia. Pero Tony parecía detenerse a sí mismo más y más lejos de mí, y parecía tener más resentimiento, especialmente en su quinto año de formar parte del staff.

Me preguntaba si Tony llegaría a ser la persona que estaba llamada a ser, y aun así el llamado de Dios permanecía sobre él. Se suponía que él iba a levantarse en liderazgo y responsabilidad.

Tony y yo solíamos discutir esto. Yo sentía que él tenía un gran llamado para estar conmigo espalda a espalda en el ministerio, y trabajar conmigo para ganar nuestra ciudad para Cristo. Yo tendría que viajar, pero él podría concentrarse en las cosas de casa. Él sentía el llamado y compartía esa visión también, pero él mismo se preguntaba si algún día iba a llegar a ser lo que tenía que ser. Él solía decir que no estaba seguro de que yo pudiera depender de él.

Al mismo tiempo, me apresuro a decir, que Tony tenía un gran amor por la gente, tenía en verdad un don para el cuidado pastoral, y era incansable en su disposición para hablar con la gente, pasar tiempo con ellos, y visitarles. Pero de alguna manera, él estaba batallando más y más con sus líderes, tanto David como yo.

Lo que nunca me di cuenta era que Tony estaba batallando con tan baja autoestima que se consideraba indigno e inútil. Tony se había criado en una granja, con unos buenos padres que lo amaban. Su familia era estable, era amado, lo cuidaban bien; pero había algo que se presentaba repetidamente en los labios de su padre, lo cual afectó profundamente a Tony de una forma determinante. Su padre siempre estaba diciendo, en una manera como bien intencionada, medio bromeando, "¡Eres un inútil!" Tony dice que seguramente escuchó esta frase cientos de veces, y hasta este día, aunque ha encontrado la sanidad, las palabras siguen resonando en sus oídos, "¡Eres un inútil!".

Tony creció creyendo que era indigno, inútil, sin valor, un fracaso, que no podía hacer ningún bien, y que no podía ser aceptado ni respetado por nadie. De una forma u otra, Tony terminó molido por creer una mentira, y por un padre que, sin darse cuenta, había reforzado esa mentira en su corazón continuamente. Y esto fue en un caso en el que

Tony amaba a su padre, y su padre lo amaba. Sin embargo, Tony se convirtió en un hombre que fácilmente se hería por lo que la gente decía.

Yo empezaba a sentir la carga por el resentimiento creciente y por el distanciamiento que Tony mantenía. Entonces un día, Tony vino a mí y me dijo, "John, tenemos que hablar". Yo sabía que esto significaba problemas.

En mi oficina, Tony levantó su queja. Yo era, en su mente, una persona demasiado fuerte, poco amable e hiriente. Tony habló de varias personas en la iglesia con quienes había tenido cuidado pastoral durante años, a quienes habíamos tenido que corregir y disciplinar. Su interpretación de estos eventos era que yo los había golpeado, por así decir. Le permití decirme lo que estaba sintiendo, y luego le respondí así:

"Tony, o tú estás correcto en tu opinión de todas estas cosas, o es tu manera de ver las cosas que está totalmente errónea. Quisiera llamar a David y Michael para que vengan, y escuchen todo lo que tienes que decir, y que ellos decidan qué está bien y qué está mal. Pero presiento que si hacemos eso, tú eres quien saldrá herido. Una alternativa", le dije, "para protegerte, es simplemente que tú y yo sigamos platicando".

Tony dijo, "Creo que usted tiene razón. Creo que es mejor que sigamos hablando, solo usted y yo".

Yo sabía que tenía que hacer que Tony viera los problemas que había en su corazón. Yo podía ver que Tony estaba malinterpretando las situaciones que envolvían cualquier ejercicio de autoridad. Esto es lo que le dije a Tony:

"Tony, tú tienes realmente un gran corazón, y tu corazón está lleno de cosas buenas. Amas a la gente, y amas al Señor. Pero hay una pieza de tu corazón, una pequeña astilla, en la cual no hay nada bueno. En esa astilla tienes cosas con las cuales debemos tratar". Le dije, "Allí, Tony, tienes orgullo, independencia y escepticismo. Además", le dije, "necesitas cambiar la forma en que me ves. Necesitas dejar de verme como el jefe, y empezar a verme como tu padre".

Por un momento Tony estuvo batallando con lo que le dije, pero luego respondió, "Usted tiene razón. Pero no sé qué hacer al respecto". Luego pidió que si podía tener tres días libres para buscar al Señor.

Tony tenía algunas ventajas maravillosas para una persona que necesitaba vencer a un espíritu de orfandad. Para empezar, era un hombre muy honesto, y estaba dispuesto a ser honesto con las cosas espirituales. Si miraba una falla en sí mismo, lo admitía. Segundo, Tony era un hombre de oración. Él no disfrutaba especialmente las reuniones de oración o la disciplina de la oración, pero él buscaba genuinamente al Señor, y a menudo tomaba periodos de oración y ayuno. Él era un buscador genuino del Señor y de la verdad.

Luego tenía una tercer gran ventaja en la vida, la cual muchos Cristianos con espíritu de huérfano no tienen. Él estaba en una situación en la que su falta, o su problema, estaba siendo expuesto de manera regular por el hecho de que pertenecía al equipo del ministerio pastoral y tenía que trabajar de manera cercana con otros líderes de la iglesia. Esta es una gran lupa. A diferencia del promedio de los miembros de una congregación, que pueden asistir al servicio, o tal vez a una reunión celular o una reunión de oración, y de lo contrario no quedan expuestos mucho en sus relaciones, Tony estaba expuesto a la presión de interacción personal y relacional al encargarse de asuntos espirituales todos los días.

Muchos cristianos pueden encubrir sus batallas, su incompetencia, su escasez, su auto-desprecio o baja autoestima, su resentimiento u orgullo o prejuicio, simplemente al no estar presentes, o yéndose y uniéndose a otra iglesia. Pero para tratar apropiadamente con un corazón de huérfano, uno tiene que permanecer en las relaciones y enfrentar los problemas.

> **"Para tratar apropiadamente con un corazón de huérfano, uno tiene que permanecer en las relaciones y enfrentar los problemas".**

Tony tomó esos días de oración, y llegó el siguiente fin de semana fresco y renovado. De hecho, ese fin de semana era el campamento familiar de la lluvia de otoño que habíamos mencionado anteriormente en este libro, el fin de semana en que el Señor hizo cosas asombrosas en medio de nosotros. Tony y su familia se sentaron justo a mi lado durante esas reuniones.

Pero antes de inaugurar el campamento, Tony me hizo saber lo que pasó. Durante sus tres días de oración, recibió una maravillosa revelación en una visión de parte del Señor. Lo que le fue revelado era la importancia del lugar y autoridad de los apóstoles en la iglesia – y que eran absolutamente necesarios para los propósitos de Cristo. Ahora Tony tenía convicciones muy claras y profundas – la autoridad apostólica personal es esencial para la obra de Dios.

Yo me preguntaba a la vez por qué el Señor le había dado ese tipo de revelación, cuando en realidad lo que yo creía que él necesitaba era una revelación de la condición de su corazón. Él necesitaba sanidad. Pero es obvio ahora. Las actitudes hacia la autoridad y las figuras de autoridad están entre los mayores problemas que tiene alguien con corazón de huérfano. El Señor estaba preparando el terreno para una sanidad, poniendo dirección al sistema de creencia de Tony. Antes de que Tony pudiera ser sanado de un corazón de huérfano, debía tener un corazón que aceptara el liderazgo con respeto. Tony continuó orando, y durante los siguientes meses continuó buscando al Señor y clamando por la condición de su propio corazón.

El Apóstol Chuck vino a enseñarnos su mensaje sobre la identidad de hijo en nuestra Cumbre en Junio de 2002. Chuck predicó durante siete sesiones, es decir, siete horas de enseñanza apasionada, sincera y bíblica. En la conferencia del sábado por la noche, él estaba predicando un mensaje sobre Elías y Eliseo, que él llama "¡Sigue!" En algún punto en medio del mensaje predicó algo así como:

"Los padres no siguen a los hijos, los hijos siguen a los padres. El hijo debe seguir al padre. No es asunto de los padres andar detrás de los hijos. Jesús no siguió a los 12. Pablo no siguió a Timoteo. Elías no siguió a Eliseo. Si tú quieres progresar, si quieres producir un rompimiento, debes seguir. Necesitas seguir a un padre".

Hablando de lo necesario que es que un hijo dé su corazón a un padre, contó esta historia. En sus primeros años, él tenía una gran iglesia en la cual tenía mucha gente fina, que haría cualquier cosa que él les pidiera. Estaban preparados para trabajar duro. Ellos podían limpiar el edificio y los patios. Ellos participarían en reuniones y realizarían la obra del ministerio. Pero Chuck no entendía por qué se sentía como si no pudiera confiar en ellos. Por años el porqué de esta situación le fue un acertijo, pero después vino a darse cuenta de la razón. ¡Ellos nunca le habían dado sus corazones!

Es verdad que si no entregamos nuestros corazones uno a otro, no se puede establecer una confianza, ni puede crecer la intimidad. Si no entregamos nuestro corazón, no tenemos identidad de hijos. Si no entregamos nuestro corazón, no hemos hecho a un lado nuestras agendas. Si no entregamos nuestro corazón siempre habrá lugar para que Absalón se levante, que engañe a la gente, o se robe el ministerio. No puedes edificar una obra para Dios, no puedes edificar comunidad, sin entregar el corazón uno a otro en amor, aceptación, y honor.

> **"Si no entregamos nuestros corazones uno a otro, no se puede establecer una confianza, ni puede crecer la intimidad".**

Tony estaba sentado escuchando esta predicación – "¡Un hijo sigue a un padre!" – "¡Un hijo entrega su corazón al padre!" Y mientras escuchaba, sentado en la presencia de Dios, el Espíritu Santo se movió sobre el corazón de Tony con poder – y Tony fue sanado, liberado, y cambiado radicalmente.

En el momento que terminó la reunión, Tony vino a buscarme. Estaba rebosante de alegría; yo nunca había visto a un hombre tan feliz. Me abrazó, creo que por primera vez – Tony me había entregado su corazón. Desde entonces él ha sido un hombre diferente, un hombre nuevo.

Tony había estado en nuestro staff por más de seis años hasta ese punto, y nadie en nuestra congregación había visto a Tony como padre espiritual. Pero en el momento que Tony se convirtió en hijo, también se convirtió en padre. Había una gracia nueva, una nueva unción sobre su vida. Dos semanas después, una pareja se acercó a Tony y le pidió que si podría ser su padre espiritual. El siguiente domingo yo estaba hablando a la iglesia antes de viajar fuera del continente, cuando vino el Espíritu Santo sobre la reunión, y me dijo que pusiera mis manos sobre Tony, y que le diera mi autoridad para bendecir a la gente. Entonces, durante mi ausencia, cualquiera podría ir a la oficina de Tony a recibir de él la misma bendición que recibirían de mí. Esta fue otra maravillosa indicación del cambio de la atmósfera espiritual sobre la vida de Tony. Se le estaba añadiendo autoridad.

Desde entonces Tony ha hecho un gran progreso. Se convirtió en un hombre que creció en su habilidad de aceptar y caminar en responsabilidad, y estos días porta una grande gracia y cumple un rol muy importante en nuestras vidas. El cambio ha sido permanente, pero Tony siempre fue muy humilde al respecto. A menudo él decía que la obra continuaba haciéndose en él, y que él seguía tratando con actitudes.

Un par de años después, Tony entró por la puerta trasera de la oficina, cuando acababa de regresar de sus vacaciones anuales. Yo no había visto a Tony en semanas, y yo estaba parado en el pasillo en el momento que entró. Lo saludé y le dije, "Tony, buenos días, gusto de verte, ¿Cómo estás?" Tony respondió, "Sigo estando enamorado". Por supuesto, él quería decir en comunión conmigo – ¡me había entregado su corazón, sin quitármelo! Habíamos caminado juntos, y él seguía disfrutando la gracia que había recibido.

Ahora hay otro capítulo en la historia de Tony. Envié a Tony a Pakistán con otro hermano de la iglesia hace dos años. Mientras estuvieran en Pakistán, Tony iba predicar acerca de la relación padre-hijo, y sobre la autoridad en el cuerpo de Cristo.

Cuando Tony llegó a casa de ese viaje, inmediatamente noté algo nuevo. El liderazgo de Tony para nuestros servicios dominicales parecía estar a un nuevo nivel. Había un mayor entendimiento, una gracia mayor. Particularmente, me di cuenta de que era evidente una nueva sabiduría en su discurso, la cual espontáneamente se expresaba en las reuniones. Algo estaba floreciendo en él, algo que no estaba allí. Me di cuenta por dos domingos, y luego el tercero, y Tony no decía nada de lo que le había sucedido. Al final, lo confronté abiertamente frente a otros. Le dije, "Tony, dime la verdad, ¿De dónde sacas toda esta sabiduría? ¿Qué te pasó?" Entonces Tony nos contó esta historia.

En Pakistán, mientras se preparaba para predicar, el Señor lo enganchó con la historia del Centurión que le había dicho a Jesús, *"tan solo di la palabra, pues yo mismo soy hombre bajo autoridad"*. Tony dijo que leyó una y otra vez esa escritura, porque lo había enganchado. Y justo allí tuvo otro importante rompimiento, tal como en aquella Cumbre de 2002. El Señor le abrió los ojos y vino a un lugar de descanso interior, y como tal, no tuvo que cargar con el temor de toda la responsabilidad. Podía confiar. En ese momento, Tony volvió a ser un hombre más libre aun. Todo el tiempo me había dicho que la obra en él no había sido terminada, que aún tenía luchas continuas, y tenía que seguir tratando con su corazón. Les puedo decir que la gracia que Dios le dio a Tony ha sido un don para todos nosotros.

Hay gente en todos lados que, como Tony, batallan con sus sentimientos pero no saben por qué. Gente suspicaz, escéptica, o resentida con los líderes y con la autoridad; y el problema es que muchos de ellos piensan que es normal, que así deben ser. Así que operan por resentimiento, o por heridas, u orgullo, o escepticismo, todos los días; y lo único que logran es dañar la obra de Dios, y mantenerse espiritualmente pobres. Hay muchos que viven en este tipo de pobreza, 'orfandad', y muchas veces sin darse cuenta de que se necesita una restauración de su corazón.

Pero la historia de Tony nos da a todos una gran esperanza.

Las heridas de un padre natural, o de cualquier relación que involucre confianza, pueden resultar en dificultad para acercarse a Dios o para recibir el amor de Dios. Por otro lado, tratar con heridas y con relaciones siempre abre una intimidad con Dios, y con Su pueblo. No porque Dios necesariamente se retenga de estas relaciones, sino porque la gente, aun creyentes que han nacido de nuevo, si están cargando con un corazón que no ha sido sanado, no confían totalmente en sus relaciones. Por lo tanto no ceden totalmente al Espíritu de Dios, o no se acercan realmente a Él – este es el tipo de creyente que batalla para hallar intimidad, aun con Dios.

> **"Tratar con heridas y con relaciones siempre abre una intimidad con Dios, y con Su pueblo."**

Escribí antes, en el Capítulo 8, que todos nosotros necesitamos la voz de un padre, pero hay muchos que solo han conocido maldición, desprecio, o desaprobación de parte de su padre, de tal manera que sus corazones han estado heridos. Por eso muchos batallan, y a menudo sin siquiera saberlo, con lo que estamos llamando espíritu de orfandad, o corazón de huérfano.

Repito lo que mencioné antes:

"Este término no se refiere a un espíritu maligno. Más

bien se usa para ayudarnos a describir y hablar de la condición del corazón que encontramos en mucha gente que, a través de confianzas rotas, o traición, o falta de cuidado y afecto paterno, u otras experiencias similares (pero que a menudo es por percepciones en vez de hechos reales), batallan con emociones tales como miedo, inseguridad, y baja autovaloración, llevan actitudes de desconfianza respecto a las figuras de autoridad y otros, y algunas veces se les hace difícil mantener relaciones especialmente donde se requiere intimidad o trasparencia.

"La gente que batalla así a menudo tiene percepciones de la vida que equiparamos con las de huérfanos – un sentido de no tener lugar, no ser amado, no ser aprobado, inseguridad, desconfianza, recelo hacia la figura paterna, etc. Estas cosas usualmente no están en la superficie, sino ocultas en los pensamientos y sentimientos del corazón. Afectan los comportamientos y actitudes, y tuercen los valores por los cuales vive la gente. A menudo la gente no sabe por qué actúan o se sienten de la manera que lo hacen. Es muy común que la gente así no permanezca en iglesias donde se presentan problemas de confrontación, especialmente si se les reta o si se les pone bajo presión respecto de sí mismos. En vez de mantener las relaciones, enfrentar sus problemas, y alcanzar la madurez, se ofenden, se van, y se unen a otra iglesia. Y el ciclo se volverá a repetir".

Una herida causada por un padre abusivo está entre las cosas que producen los efectos más profundos, duraderos, y a veces debilitantes en las vidas y emociones de la gente – y a veces para algunos son las más difíciles de sanar. No porque no esté disponible la sanidad de parte de Cristo en el evangelio, sino porque para obtener esta sanidad interior se requiere confianza, sumisión, y perdón, y esto es a menudo lo que a los creyentes con este tipo de problemas se les hace difícil hacer.

¿Por qué será así? Es porque un padre es la persona en quien deberíamos ser capaces de confiar más que cualquier otra. Él no solo tiene la posición de más poder de todos en la vida para influenciar a un niño, sino también tiene una autoridad dada por Dios para hacerlo. Hay inocencia en el corazón de un niño, y él o ella deben ser capaces de confiar implícitamente en un padre, y sentirse seguros bajo su cuidado – mantenidos, amados y protegidos. Un niño necesita este sentido de seguridad que viene de papá, y confiarán naturalmente en el amor del padre. Todos nos enriquecemos por medio de estas relaciones.

De manera que cuando un padre traiciona esta confianza, y sistemáticamente abusa de un niño, o desatiende o abandona a un niño al vacío y pérdida de la deserción, esto puede y en verdad causa la más profunda herida posible al corazón humano. Tal abuso, o descuido, o deserción, o traición, o fracaso, ha venido de la única figura más importante en la vida de un niño. Este padre habrá dejado impresiones profundas en el corazón del niño, que hacen difícil que ellos confíen en otros al relacionarse, y especialmente confiar en figuras de autoridad. Luego por eso batallan para confiar en pastores, o maestros, o la policía, o los líderes de la comunidad, o Dios.

Pero por favor recuerden, también hay otra causa. Con bastante frecuencia, cuando la gente se siente así, no es porque no hayan tenido buenos padres (o un buen pastor, o pertenecido a una buena iglesia), ¡sino porque estas heridas son percibidas! Satanás, o circunstancias, o sus propias inclinaciones, les mienten acerca de la vida, o de sus padres, y de la autoridad, y de la iglesia, etc. Muchos batallarán con grandes problemas de huérfano, aunque las circunstancias que los hayan podido causar sean pequeñas, y otra persona simplemente habría visto las circunstancias de una manera diferente, sin pensar más al respecto.

El corazón humano es engañoso, y la gente puede engañarse a sí misma muy fácilmente. Yo sé que muchos de los que se van de las iglesias, afirmando haber 'sido heridos', en realidad se han herido a sí mismos por lo que escogen creer. Orgullo, independencia, ineptitud para recibir enseñanza, tomar ofensas, todas estas cosas tienen un efecto negativo. En otras palabras, nuestro pecado y debilidad del corazón humano son los que más tienen que ver en nuestras supuestas heridas.

Y esto es tanto en niños como en adultos. ¿Quién sabe si, cuando un niño enfurruñado ha sido correctamente disciplinado, está criando en realidad resentimiento en su corazón? Se ha dicho que los poderes de las tinieblas activamente buscan sembrar un espíritu de rechazo en el corazón de cada niño o niña que están creciendo. Los padres deben orar por discernimiento, y permanecer muy activos en las vidas de sus hijos tanto con disciplina como con afecto.

> **"Los padres deben orar por discernimiento, y permanecer muy activos en las vidas de sus hijos tanto con disciplina como con afecto".**

Usualmente yo le digo a la personas que eligen tomar una ofensa, la mayoría de las veces, que ellos son los mayores pecadores, en vez de los que ellos dicen que causaron la ofensa. De cualquier modo, el que se ha ofendido es quien debe encargarse de tratar con su propio corazón. Ellos deben escoger el perdón, limpiar toda raíz de amargura, y abordar toda mentira que crean.

Hay veces cuando alguien nuevo llega a unirse a una iglesia, habiéndose movido de otro lugar. Ellos vendrán muy entusiastas acerca del programa, o del predicador, o con amor por evangelizar, o de alguna otra manera afirmando haber venido porque creen que sus 'necesidades' serán satisfechas en este nuevo lugar. Luego, uno o dos años después, se van, infelices, afirmando ahora que "no hay amor en este lugar". El problema no es que no haya habido amor allí – el problema era que esta persona no pudo recibir amor, no reconoce el amor, ni da amor. Este es el problema del corazón de huérfano.

Y muy seguido, una persona con un corazón de huérfano espera que sus líderes hagan todo por ellos, pero ellos no hacen nada por los líderes. Tony era así también. El esperaba que yo hiciera todo perfectamente, pero el hacía lo mínimo – hasta que fue libre de eso – y entonces su corazón funcionó diferente. Cuando una persona con ese tipo de corazón se va, culpan a los líderes, usualmente al líder superior, de todas las cosas. Tal como el día en que Tony me dijo, "John, tenemos que hablar".

Ahora Tony enseña muy bien sobre este tema, y tiene visión muy clara de estas batallas del corazón. Él dice:

"Estas son tres grandes mentiras, o creencias impías.

Uno, sentido de rechazo. No tengo lugar, no me aman, no me quieren ni me aceptan.

Dos, soy inútil, y por lo tanto indigno. No cuento para

nada, no tengo nada que ofrecer.

Tres, nunca llegaré a ser nada. No puedo salir adelante con la vida, no puedo hacer nada bien. Soy un incompetente. No puedo hacer esto. Lo he intentado, pero fracaso, mejor ya no volveré a fracasar.

Por otro lado, una autoimagen saludable incluirá un sentido de pertenencia y de ser amado, así como un sentido de valor y de dignidad, y un sentido de ser capaz de enfrentar bien la vida.

La gente a menudo me pregunta, "¿cómo puedo resolver mi problema de corazón de huérfano?" ¿Cómo puede alguien tratar con los problemas de orfandad? ¿Qué se debe hacer?

Tengo dos pequeños consejos que dar a la gente, sabiendo que ellos mismos tendrán que orar consistentemente y ver que estos problemas sean sanados.

1. Reconocer el problema es la mitad de la solución.

Si un creyente puede y está dispuesto a verse honestamente, reconocer su falta y su debilidad, llamándole como es, ser abierto al respecto, y hablar con honestidad con sus líderes – entonces yo creo que están a medio camino de resolver el problema. Reconocimiento, honestidad, estar preparados para enfrentar los problemas – estas son las cosas que son necesarias para que pueda iniciar la sanidad, de lo contrario no.

2. Persistencia en las relaciones.

No huyas de los problemas, ni permitas que ninguna ofensa te haga romper la relación con nadie. Aquellos que tienen un corazón de huérfano sentirán la batalla de las emociones, de ofensas, de inseguridad y de baja autoestima, de ira, de ser despreciados, etc. Hay muchas emociones, muchos sentimientos que una persona con un corazón de huérfano experimentará durante el curso de sus relaciones con sus pastores, pastores asistentes, líderes de jóvenes, líderes de adoración, o con cualquier hermano o hermana de la iglesia. Una persona puede sentirse despreciada, o ignorada, u ofendida, o vulnerable a ser expuesta, y esto pudiera pasar en una reunión de oración, en una reunión de líderes, o simplemente en el compañerismo después del servicio dominical. Una gran lección es entender la necesidad de no correr, y no esconderse. No nomás saques las estacas y te cambies de campamento. La sanidad solo viene cuando permanecemos en un lugar. A pesar de nuestros sentimientos, sigue enfrentando los problemas, y continúa edificando relaciones de confianza. La gente que aguanta es la que más probablemente coseche grandes recompensas.

En el contexto de este consejo, cualquiera que tiene batallas en su corazón debería no culpar a otra gente, sino continuar en oración buscando soluciones de parte de Dios, y creer y buscar la sanidad, crecimiento en gracia, progreso en la fe, y la belleza de la madurez, confiando en relaciones. La sanidad viene.

Justin Morgan

Miembro de Comunidad Apostólica 'Paz'

Testimonio

Llegar a tener la identidad de hijo implica algo muy personal, pero tiene muchos resultados en lo corporativo. Para mí, los primeros pasos a lo largo del camino a ser hijo fueron inicialmente muy difíciles. Lo más que yo podía ser era un observador reluctante a involucrarme. Mirando hacia atrás, ahora puedo ver cómo los muchos años de autosuficiencia e independencia con un aislamiento auto impuesto asociado de cualquier relación verdadera me causaron dificultad para entrar a la identidad de hijo. Yo estaba lo suficientemente cerca como para saber la teoría básica de ser hijo, y sabía que la teoría por sí sola no me haría un hijo. Tenía un anhelo por más de lo que ya tenía, pero sabía que requeriría entregar mi corazón, un estilo de vida totalmente nuevo.

Lo hice, por la gracia de Dios me convertí en un hijo, y en verdad esto involucró a entrega de mi corazón a un padre. He hallado un sentido de pertenencia que sale de la identidad en vez de simplemente lo que pueda hacer o lograr. Aun cuando tengo luchas y que quisiera estar solo, a causa del pecado y la vergüenza, sé que no estoy solo, pertenezco a un lugar donde puedo encontrar amor, aceptación y corrección. Yo tengo un padre. Además, me he dado cuenta que mientras más he entregado mi corazón a un padre espiritual, he sido más capaz de abrir mis corazón a mi Padre Celestial, y ser una bendición en vez de una carga para mi padre espiritual.

Ser hijo involucra muchas cosas, y aun así, es una cosa de la cual salen muchas otras. Lo que quiero decir es esto: Para caminar como hijo, me suelto, y sigo soltándome, de la forma en que me veo a mí mismo y a otros en la casa de Dios. Ahora ya no voy nomás a la misma iglesia como algunos, sino que tengo un afecto verdadero por ellos. Y el que dirige la iglesia o es simplemente otro pastor o predicador, es mi padre, de quien no tengo necesidad de esconderme. Mientras crezco en ser hijo, mis actitudes continúan cambiando, las actitudes de mi corazón. Entonces, la cosa principal es el corazón, y mientras crezco como hijo, de mi corazón sale una habilidad para obtener gracia para las relaciones, para vencer al pecado, para ser un buen esposo, para el liderazgo, para ser un buen padre, y la lista continúa. El espíritu de hijo me ha y me sigue salvando de mí mismo.

Justin Morgan.

CAPÍTULO DOCE

CONFIANDO EN LOS LÍDERES E IMITÁNDOLOS

"Así, pues, téngannos los hombres por servidores de Cristo, y administradores de los misterios de Dios."

(1 Corintios 4:1)

Confiando en Otros

Muchos de nosotros fuimos criados en iglesias y en denominaciones donde la cultura corporativa nos enseñó, o aun escuchamos a personas declarar abiertamente, como también yo lo hice, que no debíamos confiar en ningún hombre, sino solamente confiar en Cristo.

Tenemos que darnos cuenta de que mientras hay algo de verdad en esa forma de pensar – para nuestra salvación solo podemos confiar en Cristo y en Su obra terminada, por ejemplo – también es una falsa doctrina causante de muchos daños. Porque a menos que aprendamos a confiar unos a otros con el propósito de relacionarnos y de tener un liderazgo espiritual, no seremos capaces de edificar algo que valga la pena juntos. No puedes edificar iglesias, ni puedes edificar el Reino de

Dios, si no edificas relaciones de confianza. Tiene que haber confianza, y además de lo que dice la Biblia, *"El amor... siempre confía"* (1 Corintios 13:6-7, NIV), si no hay confianza de unos a otros en la iglesia, entonces no ha sucedido ningún desarrollo de relaciones verdaderas, y no habrá ningún amor maduro.

> **"Si no hay confianza de unos a otros en la iglesia, no habrá amor maduro".**

En 1 Corintios 4:1, Pablo escribe, *"Que todos nos consideren servidores de Cristo, encargados de [a quienes se ha confiado] administrar los misterios de Dios. NVI"*

¿Qué nos está diciendo esto? Pablo nos informa claramente que Dios escoge confiar en (algunos) hombres. Pongo algunos entre paréntesis porque, obviamente, no se puede confiar en todos. Pero Dios no tiene elección, pues Él mismo no se ha dado elección. Dios ha escogido trabajar de esta manera. Él siempre ha elegido seleccionar, humillar, moldear, equipar, asignar y confiar en individuos, hombres y mujeres, para representarle personalmente, y para llevar a cabo sus propósitos en la tierra.

El Señor moldea a Sus escogidos, corrigiéndoles y entrenándoles, y de alguna manera en el proceso rompe algo en ellos que necesita ser roto. Entonces, mientras ellos maduran progresivamente, Él les va confiando paso a paso y establece autoridad en ellos.

¿De qué otra manera se puede explicar al apóstol Pedro, al apóstol Juan o al apóstol Pablo? ¿De qué otra manera se puede explicar Abraham, Moisés o el Rey David? Dios toma a los que Él considera suyos, y escoge depositar su confianza en ellos. ¡Pablo dijo que a él se le había confiado el evangelio! Esto es una declaración muy grande (1 Corintios 9:17, 1 Tesalonicenses 2:4, vea también Tito 1:7). Más adelante él declaró que la administración de la gracia de Dios le había sido dada por nuestra causa, un misterio que se le dio a conocer por revelación, y dijo que el misterio de Cristo fue dado a conocer a otros santos apóstoles y profetas también (Efesios 3:25).

Se puede deducir que si Dios confía en algunos hombres, para asignarlos como líderes, o libertadores, o apóstoles, o profetas, para el cuerpo de Cristo, entonces también su pueblo debe confiar en ellos. Cuando Dios envió a Moisés a Egipto para liberar a Su pueblo en respuesta a sus oraciones, Moisés no solamente representó a Dios personalmente al hacerlo, sino que el Señor esperaba que Su pueblo también lo recibiera. Y la Escritura dice, *"...el pueblo temió a Jehová, y creyeron a Jehová y a Moisés su siervo"* (Éxodo 14:31). Esto era lo que debían de hacer pero cuando se rebelaron y se quejaron en el desierto, Dios se enojó con aquella generación.

Habrá líderes designados por Dios con quienes todos nosotros, incluyéndonos a ti y a mí, debamos relacionarnos. Debemos aprender a confiar. No estoy diciendo que todos son dignos de confianza – de hecho, se nos advierte que estemos alertas de falsos pastores, y que nos guardemos de los peligros de falsos hermanos. Algunos no son dignos de confianza, y no debemos confiar en ellos.

Pero esto no te excusa de desarrollar relaciones de confianza. Para hacer esto, deberías determinar con quién debes caminar, quién te ama, y quién ha sido designado para dirigirte. A éstos es a quienes debes confiar. Si alguien se comprueba indigno, es muy desafortunado, pero aun así solo podemos edificar nuestras vidas, nuestras familias, y una mayor obra para Cristo desarrollando relaciones con líderes en quienes podamos confiar.

Esto no significa que ellos vayan a ser perfectos a tus ojos. Pero si ellos aman, si son humildes, si su corazón es para Cristo y para ti, si Cristo les ha confiado esta administración, y ellos están abiertos y saben dar cuentas, tienes en ellos las cosas necesarias de alguien en quien puedes confiar.

Recuerda que tú tampoco eres perfecto, y que querrás que otros confíen en ti. Al desarrollar relaciones más íntimas de confianza, la gente en verdad crece. Pero las actitudes de juicio y de crítica destruyen y derriban a nuestros líderes.

> **"Conforme desarrollamos relaciones íntimas de confianza, las personas crecemos".**

Debemos estar siempre preparados para permitir que nuestros

líderes cometan errores honestos. Aprendemos de los errores, y todos los cometemos. Santiago dijo, *"Todos fallamos mucho"*, así que parece que nadie se puede escapar (Santiago 3:2, también Santiago 2:12,13). Debemos tener una actitud de apoyo y de comprensión hacia aquellos que nos dirigen, sin juicio y con misericordia, para que podamos caminar apropiadamente con ellos y ayudarles a alcanzar aquello a lo que han sido asignados. Solo los que perseveran, especialmente los que perseveran en las relaciones, tienen más posibilidades de alcanzar el cumplimiento de la visión que han recibido.

> **"Los que perseveran en las relaciones son los que más probablemente cumplan la visión que han recibido".**

Retirarse y cesar de caminar en una relación de confianza por el hecho de haber sido herido, o decepcionado, o desilusionado, es una derrota para ti. No puedes vivir una vida fructífera para el Señor Jesús desde una posición de escepticismo y desconfianza de otros a causa de heridas pasadas. Dios designa líderes en quienes Él está poniendo su confianza, y nosotros debemos confiar en ellos también. De lo contrario, nuestra creencia en la comunidad de los santos no tiene sentido.

Cualidades de la Paternidad Apostólica

Hay un cierto tipo de paternidad que se está requiriendo en la iglesia, y muy claramente descrito en la Escritura. Esta es una paternidad de tierno corazón, amable, y a la vez apasionada. Esta es una paternidad santa, que tiene integridad, y que está diseñada para bendecir. Esta es la que estamos llamados a seguir.

Se puede ver claramente en la primera carta de Pablo a los Tesalonicenses, donde de manera interesante Pablo primero se describe a sí mismo y a los que están con él, concretamente Silas y Timoteo, como una madre, y luego como un padre. *"Fuimos amables entre vosotros, como una madre cuidando a sus pequeños hijos"*, dijo.

Pablo escribió la siguiente declaración acerca de la pureza del verdadero líder apostólico:

"Porque nuestra exhortación no procedió de error ni de impureza, ni fue por engaño, sino que según fuimos aprobados por Dios para que se nos confiase el evangelio, así hablamos; no como para agradar a los hombres, sino a Dios, que prueba nuestros corazones. Porque nunca usamos de palabras lisonjeras, como sabéis, ni encubrimos avaricia; Dios es testigo; ni buscamos gloria de los hombres; ni de vosotros, ni de otros, aunque podíamos seros carga como apóstoles de Cristo.

Antes fuimos tiernos entre vosotros, como la nodriza que cuida con ternura a sus propios hijos. Tan grande es nuestro afecto por vosotros, que hubiéramos querido entregaros no sólo el evangelio de Dios, sino también nuestras propias vidas; porque habéis llegado a sernos muy queridos. Porque os acordáis, hermanos, de nuestro trabajo y fatiga; cómo trabajando de noche y de día, para no ser gravosos a ninguno de vosotros, os predicamos el evangelio de Dios.

Vosotros sois testigos, y Dios también, de cuán santa, justa e irreprensiblemente nos comportamos con vosotros los creyentes; así como también sabéis de qué modo, como el padre a sus hijos, exhortábamos y consolábamos a cada uno de vosotros, y os encargábamos que anduvieseis como es digno de Dios, que os llamó a su reino y gloria" (1 Tesalonicenses 2:3-12).

Este es el tipo de paternidad del que estoy hablando, y el tipo de líder espiritual provisto por verdaderos y santos apóstoles. Cuando tenemos líderes que aman así podemos tener la seguridad de confiar, y complacemos a Dios en hacerlo.

Pablo podía apelar la crónica de la vida que había vivido como prueba de la gracia apostólica que había recibido. "Vosotros sabéis cómo hemos vivido entre vosotros por amor de vosotros" escribió (1 Tesalonicenses 1:5). Ni la paternidad espiritual ni el verdadero liderazgo apostólico son un 'aventón gratuito' para los que quieren alcanzar liderazgo, o control, o para los que quieren ser los primeros. Jesús dijo que si alguno quiere ser el primero (lo cual es también una designación de la posición de apóstol, 1 Corintios 12:28) debe ser el siervo de todos (Marcos 9:35).

Además, veamos otra vez la descripción de Pablo de sus credenciales apostólicas: *"Fuimos tiernos entre vosotros... Porque os acordáis, hermanos, de nuestro trabajo y fatiga... Vosotros sois testigos, y Dios también, de cuán santa, justa e irreprensiblemente nos* comportamos con vosotros… así como también sabéis de qué modo, como el padre a sus hijos, exhortábamos y consolábamos a cada uno de vosotros, y os encargábamos que anduvieseis como es digno de Dios…" (1 Tesalonicenses 2:7, 9, 10, 11).

Con gran razón somos llamados a imitar a líderes como estos. Y después de que Pablo hizo el comentario citado arriba *("Vosotros sabéis cómo hemos vivido entre vosotros por amor de vosotros"),* él agregó esta observación, *"Vinisteis a ser imitadores nuestros y del Señor"* (1 Tesalonicenses 1:5,6).

Imitación

Sucede que el Nuevo Testamento tiene tanto que decir sobre la imitación. Nos dice que imitemos al Señor, pero también que imitemos a los apóstoles, que imitemos a los equipos apostólicos, que imitemos a las iglesias, que imitemos a aquellos que nos presiden en la fe, que imitemos a aquellos que por su perseverancia trascienden y tienen éxito. Y nos dice que imitemos a nuestros líderes. Es mucha imitación, ¿verdad? Aquí están los requerimientos de acuerdo a las Escrituras:

1. *"…pues en Cristo Jesús yo os engendré por medio del evangelio. Por tanto, os ruego que me imitéis"* (1 Corintios 4:15,16).

2. *"Sed imitadores de mí, así como yo de Cristo"* (1 Corintios 11:1).

3. *"Vinisteis a ser imitadores nuestros y del Señor"* (1 Tesalonicenses 1:6).

4. *"Porque vosotros, hermanos, vinisteis a ser imitadores de las iglesias de Dios en Cristo Jesús"* (1 Tesalonicenses 2:14).

5. *"…Deseamos que [seáis]… imitadores de aquellos que por la fe y la paciencia heredan las promesas"* (Hebreos 6:11, 12).

6. *"Acordaos de vuestros pastores, que os hablaron la palabra de Dios; considerad cuál haya sido el resultado de su conducta, e imitad su fe"* (Hebreos 13:7).

7. *"Hermanos, sed imitadores de mí, y mirad a los que así se conducen según el ejemplo que tenéis en nosotros"* (Filipenses 3:17).

8. *"Porque vosotros mismos sabéis de qué manera debéis imitarnos... [esto hicimos] por daros nosotros mismos un ejemplo para que nos imitaseis* (2 Tesalonicenses 3:7,9).

9. *"Mas algunos creyeron, juntándose con él [Pablo]"* (Hechos 17:34).

La palabra *imitación* y la palabra *seguir* se usan de manera alternativa, una en lugar de la otra, en varias traducciones del Nuevo Testamento. Se refiere al concepto de aprender de otro, de seguir a un líder, de caminar con un maestro – pero no solo de aprender datos o ideas, sino más bien aprender a ser como ellos. De esto se trata el discipulado.

Pero ahí sigue estando la pregunta sencilla: ¿Por qué toda esta imitación – de líderes, de iglesias, y de la fe – cuando Cristo es, después de todo, totalmente único, y Él es la única fuente de vida, perdón, salvación, autoridad, poder, y gloria, y Él es el Señor a quien adoramos? ¿Por qué decimos que tenemos que seguir a un líder espiritual? ¿Por qué decimos que debemos imitar a un líder espiritual?

Aquí está la razón. Dios entiende la importancia de poner buenos modelos en nuestras vidas. Siempre hay necesidad de buenos ejemplos, gente de la cual podemos aprender. Pero estos tienen que ser personas vivientes, no solamente héroes del pasado. Necesitamos a alguien que tenga 'puesta la piel'; alguien a quien podamos ver, hablar, escuchar y ver. Ellos han aprendido cosas, y nosotros debemos aprenderlas también. Ellos han cometido errores, nosotros no tenemos que cometer los mismos. Ellos han tenido logros, nosotros podemos caminar con ellos. Ellos han pasado la escuela de la experiencia y de los tiempos difíciles, pero nosotros podemos pasar por la escuela de su instrucción.

Y aún hay más. Ellos tienen actitudes y valores que han aprendido de Cristo. Hay algo en ellos – agallas, espíritu, perseverancia, fe, sabiduría, gracia – hay una astucia, una actitud que es santa. Esto no se puede enseñar con palabras, tiene que atraparse – como una infección santa – a través de estar con ellos, a través del tiempo, el contacto, la risa, la oración, las lágrimas, y la perseverancia, es decir, en compartir la vida y el amor.

La Biblia indica que hay dos maneras en que un hijo puede aprender. Un hijo sabio aprende escuchando la voz de su padre. Pero el hijo necio aprende con azotes en su espalda, o sea, con la vara de la corrección. ¿Qué prefieres ser – un hijo necio o sabio? Necesitarás escuchar la voz de un padre. Por esta razón en la iglesia debemos todos *imitar* de esta manera.

Un Hijo Imita a un Padre

El apóstol Pablo no dijo solamente *"imítenme a mí"* (o "síganme"). Más bien, cuando llamaba a la gente a verse a sí mismos como hijos de él como padre, su instrucción era, *"Sed imitadores de mí, así como yo de Cristo"*, o, *"Sigan mi ejemplo, así como yo sigo el ejemplo de Cristo"* (1 Corintios 11:1 NIV).

¡El propósito final de la imitación, o discipulado, es seguir a Cristo! ¡Y hacerlo cada vez de manera más efectiva! El apóstol, en su búsqueda de Dios Padre e Hijo, era muy maduro en Cristo y un gran modelo a seguir. Pablo no estaba guiando a los hombres a sí mismo, sino cumpliendo la tarea de su llamado en Cristo: Presentar a la iglesia como una novia pura para Él. Escribió, *"Porque os celo con celo de Dios; pues os he desposado con un solo esposo, para presentaros como una virgen pura a Cristo"* (2 Corintios 11:2).

> **"¡El propósito final de la imitación es seguir a Cristo! ¡Y hacerlo cada vez de manera más efectiva!".**

Un hijo que imita a un padre espiritual imita todo lo bueno que ve en él, con el fin de perfeccionar su propio caminar con Cristo. Pablo exhortó apasionadamente a los corintios, *"Porque aunque tengáis diez mil ayos en Cristo, no tendréis muchos padres; pues en Cristo Jesús yo os engendré por medio del evangelio. Por tanto, os ruego que me imitéis"* (1 Corintios 4:15,16). Esta era la mayor necesidad. Aunque tuvieran 10,000 maestros en Corinto, esto no lograría producir lo que produciría ser modelados de acuerdo a un padre espiritual maduro. Pablo les rogaba que siguieran el modelo de su propia vida, y por esa misma razón envió a Timoteo, cuyo propósito como hijo de un padre era recordarles el estilo de vida de Pablo en Cristo. Ellos podrían ver a Pablo en Timoteo. Esto es lo que logra un hijo en el ministerio.

Una de las razones de imitar a aquellos que van adelantados en la fe es que podamos estar más seguros de caminar en la verdad, y de perseverar hasta el final, de no tropezar, sino ser verdaderamente hallados en Cristo.

Un Error que Evadir

El propósito del apóstol, como debe ser el propósito de todo padre espiritual y de todo líder de la iglesia, nunca fue 'atraer' a la gente a sí mismo. El propósito apostólico de Pablo significaba mostrarles cómo seguir a Cristo – 'sigan mi patrón; yo soy un buen ejemplo, copien lo que les estoy mostrando' – esa era la postura de Pablo, y debe ser también la nuestra. Ese es el corazón de un verdadero líder, un verdadero padre, un verdadero apóstol, un verdadero profeta, un verdadero pastor.

La razón por la que los líderes cristianos 'puros' no atraen a la gente a sí mismos, como para suplir sus propias necesidades, es porque eso no está en sus espíritus. El verdadero ministro de Cristo no tiene ansias de que alguien le siga, ni está motivado por ambición de control o de influencia. Porque su corazón es todo para Cristo, y todo para el bien y la libertad de sus seguidores, hay una humildad, y un espíritu de servicio, que no solo da seguridad, sino salud y vida al seguirle.

Pero hay un fenómeno espiritual extraño que he visto a través de los años en algunas personas activas en el liderazgo de la iglesia. He visto pastores que han tenido algo sobre el espíritu de sus vidas a través del cual, en vez de edificar a toda la gente junta, para que caminen juntos, su espíritu más bien atrae a la gente a sí mismos. Me doy cuenta que ese tipo de comportamiento es muy perturbador. Nunca ayuda a la gente, y siempre deja problemas aún después de que esos defectuosos líderes se han ido.

No deberíamos tener nunca ese tipo de espíritu en nosotros. Todos nosotros deberíamos asegurarnos con oración de que nuestra motivación es pura, y no una mezcla. Tenemos que vaciarnos de nosotros mismos y humillarnos, para que podamos servir a Cristo. Y cuando lo hacemos, de repente encontramos que la comisión de Dios está sobre nosotros para dirigir a la gente hacia las gracias que hemos descubierto por causa de Cristo.

Fundamentos

La iglesia necesita buenos fundamentos, y la Biblia dice que al lado de Cristo las vidas de otras personas están sembradas en ese fundamento.

Pablo enseñó que la casa de Dios, la iglesia, está construida sobre el fundamento de los apóstoles y profetas. *"Así que ya no sois extranjeros ni advenedizos, sino miembros de la familia de Dios y conciudadanos de los santos, edificados sobre el fundamento de los apóstoles y profetas, siendo la principal piedra del ángulo Jesucristo mismo"* (Efesios 2:20).

El término *casa* significa familia. Somos miembros de una familia, y juntos pertenecemos a una sola casa. Entendido apropiadamente, el fundamento al que se refiere es un fundamento de *familia*, y estas frases, *"edificados sobre el fundamento de los apóstoles y profetas, siendo la principal piedra del ángulo Jesucristo mismo"*, se refiere a *individuos*, quienes ellos mismos son miembros de la familia, y que son parte fundamental para la familia. Debemos notar que son sus vidas y su amor, no solamente su posición, autoridad, y enseñanza, lo cual es importante.

La principal piedra del ángulo de este fundamento es Cristo. Nuevamente, es Su vida y Su amor lo que es esencial en este fundamento, no solo su enseñanza. Al mismo tiempo, no puedes sacar del texto de la Santa Escritura el hecho de que dice que los apóstoles y profetas son el fundamento sobre el cual se edifica la casa de Dios.

Pero, ¿qué significa? ¿Hay un conflicto aquí? Necesitamos entender los antiguos métodos de edificación a los que se refiere para poder captar el significado de esta imagen. Hoy en día, una piedra de fundamento no es más que una placa que cabe dentro de la pared frontal de un edificio. Pero en los días en que se escribió esta Escritura, los edificios se construían diferente.

El proyecto del edificio comenzaba con una principal piedra angular. Una piedra angular tenía que ser cuidadosamente seleccionada, luego cuidadosamente labrada o preparada para su propósito, y luego tenía que ser cuidadosamente posicionada. Aquí vemos tres etapas importantes. Para la casa eterna de Dios, se eligió la piedra correcta, luego se preparó, luego se posicionó – ésta era Cristo, la principal piedra angular.

Él fue, entre todos los hombres, el elegido. Luego, todas las circunstancias de su vida en la tierra fueron una preparación para Él. Luego fue colocado, por Su ministerio terrenal, y luego la cruz, la resurrección, Su ascensión a la diestra del Padre, y por habérsele dado toda autoridad, poder y gloria. Hoy, hay un hombre, el hombre Jesucristo, hijo de Dios, hijo de hombre, sentado en el trono de Su padre. ¡Alabado sea Dios! Él es el segundo Adán, y ha sido colocado apropiadamente como piedra angular de todas las obras de Dios.

En ese antiguo método de edificación, una vez que tenías la piedra correcta, tenía que ser posicionada cuidadosamente, porque los fundamentos del edificio tenían que estar alineados a esa piedra angular. De manera que su colocación era crítica para todo, porque una vez que estaba en posición, podías poner el resto de los fundamentos del edificio. Una vez que tenías todo el fundamento correcto, podías empezar a levantar el edificio.

Esta es una imagen de cómo se edifica la casa de Dios, usando a Cristo como la piedra angular, a los apóstoles y profetas como piedras fundamentales alineadas con Cristo. El propósito de los santos apóstoles y profetas en sumisión a Cristo es dar una alineación correcta a toda la casa de Dios.

> **"El propósito de los santos apóstoles y profetas en sumisión a Cristo es dar una alineación correcta a toda la casa de Dios".**

Para que los apóstoles y profetas sean parte fundamental de la casa de Dios, ¿Qué crees que deben hacer? ¿Llegar el domingo en la mañana para compartir unas palabras bonitas, dejar una bendición, e irse? ¡No! ¿Qué hizo Cristo para ser esa piedra angular colocada en el fundamento? La respuesta es, Él tuvo que sembrar Su vida entera en esta obra por el pueblo de Dios. Para él, esto significaba muerte, sacrificio, rendición de Su propia voluntad para llegar a ser un apóstol, y caminar con el Padre en sumisión como hijo.

De la misma manera, los tipos de apóstoles y profetas que en verdad llegan a ser parte del fundamento de la familia de Dios (no solo en el pasado, sino en el presente también) son aquellos que siembran sus vidas enteras en sacrificio para edificar la casa de Dios.

No se trata de los que están aquí por sí mismos, los que hablan por sí mismos y que representan sus propios intereses. Esos para nada son apóstoles y profetas. O si tenían el llamado para ser apóstoles y profetas, no se han convertido en los santos apóstoles y profetas que están llamados a ser. En este caso, ellos no son las piedras fundamentales de la casa.

Pero los que han cedido su vida a Cristo y que caminan con Dios como padres maduros en la fe, son modelo para todos los creyentes. A estos debemos apreciar, y a estos debemos seguir. Esta casa de Dios es una casa viviente intemporal. Él no preparó apóstoles y profetas solo en una generación como un fundamento único o estático – no, tiene que haber apóstoles y profetas en cada generación que sean fundamentales para la edificación de la casa eterna de Cristo. Y nuestros padres no son solo los de las generaciones pasadas, sino que nuevamente, tiene que haber padres en toda generación. Toda era de la iglesia debe tener padres en la fe, y debe tener apóstoles y profetas.

Circuncisión del Corazón

Pablo quería tomar a Timoteo consigo en el ministerio, así que (por razones culturales y razones sociales) le circuncidó (Hechos 16:3). Este no es el caso de un hijo escogiendo a un padre, sino de un padre apropiándose de un hijo.

Muchos de nosotros tenemos relaciones con alguien a quien consideramos nuestro padre espiritual. ¿Estamos dispuestos y preparados para permitir que un padre se apropie de nosotros? ¿Estamos dispuestos a que un padre nos agarre y circuncide nuestros corazones? No hay tal cosa como el amor del padre sin disciplina, y todos nosotros requeriremos disciplina.

Pablo circuncidó a Timoteo y después lo llevó en una jornada. Esto fue doloroso. Al inicio, la circuncisión no solo es dolorosa, sino que continúa siendo dolorosa por muchos días. Y el dolor no terminó inmediatamente con la circuncisión, porque gran parte de la jornada seguramente fue dolorosa. En todos los sufrimientos y pruebas de Pablo, Timoteo estuvo a su lado.

Timoteo estuvo también con él cuando Pablo estuvo enfermo. Pablo le comentó a una de las iglesias (Gálatas 4:13,14) que aunque su enfermedad pudo haber sido una prueba para ellos, no lo fue. Si la enfermedad de Pablo pudo haber sido una prueba para la iglesia en general, cuánto más lo sería para un hijo que estaba tratando de seguir a un padre. Podría haber parecido que el ministerio estaba siendo continuamente interrumpido. Metían a Pablo a la cárcel, o lo apedreaban y lo dejaban medio muerto. Estas constantes interrupciones, por no hablar de los naufragios y otras batallas, significaban que había veces que aunque Timoteo estaba con Pablo, seguramente no parecía que estuvieran ocupados realmente en efectuar la obra del ministerio.

Y aun así cada interludio e interrupción que enfrentamos pueden ser partes críticas de la formación del carácter espiritual. Y esto fue verdad tanto para Pablo como para Timoteo. Sin los sufrimientos y las pruebas, sin la oposición de los falsos apóstoles, y la infidelidad, a veces, de las iglesias y los creyentes, no tendríamos las Escrituras que ahora tenemos, ni habríamos visto la formación del gran corazón del apóstol Pablo.

Ni tampoco Timoteo habría sido el Timoteo que conocemos – el hijo fiel, el que estuvo al lado de Pablo a pesar de todo, y quien se convirtió en otro padre a las iglesias tanto antes como después de que Pablo les fuera quitado.

> **"Tenemos muchos que han crecido superficialmente, porque no han conocido la disciplina o circuncisión de un padre".**

Sin paternidad conforme a Dios, y sin la disciplina, la corrección, y el dolor que a veces debe venir a nosotros por medio de la sabiduría de un padre, y sin caminar con un padre a través de las cosas difíciles que experimentan los padres, tendríamos en nosotros algo menos que un Timoteo -- seríamos menos de lo que podríamos ser. Como vamos, tenemos muchos que crecen superficialmente, que les toma más tiempo madurar, y que han caminado en muy poco de lo que les daría la profundidad, la fuerza y la sabiduría para ser un valor supremo para la iglesia, porque no han conocido la disciplina o circuncisión de un padre.

"Por esto mismo os he enviado a Timoteo, que es mi hijo amado y fiel en el Señor..." (1 Corintios 4:17). *"Pues a ninguno tengo del mismo ánimo... Pero ya conocéis los méritos de él, que como hijo a padre ha servido conmigo en el evangelio"* (Filipenses 2:20, 22).

Testimonio

En mi caminar con el Señor ha habido un número de cosas que han hecho una diferencia crucial en mi crecimiento y la gracia que está sobre mi vida. De estas, el concepto de las relaciones padre-hijo ha sido posiblemente el factor más importante para traerme al lugar donde estoy ahora.

En mi adolescencia, el Señor me habló sobre encontrar un hombre y servir a su ministerio. Esto no era solamente servir hasta que llegara mi propio ministerio, o servirle para que él me promoviera. Más bien, se trataba de servir como si el ministerio de otra persona fuera mi ministerio, y como si yo no tuviera cosa mejor que hacer con el resto de mi vida que ayudar a otro a tener éxito en su llamado. Y mi papá siempre me ha enseñado a servir, y a hacerlo alegremente sin estar esperando recompensa o reconocimiento.

Yo no estaba al tanto de la existencia de los apóstoles modernos de hoy, yo no tenía concepto de principios de las relaciones padre-hijo. Lo único que yo sabía es que el Señor me dejó muy claro que no debía preocuparme por encontrar un buen colegio bíblico; en vez de eso, debía encontrar a un hombre que el Señor me mostraría, y que caminara con él, y que ése sería el entrenamiento que yo necesitaría.

Para mí, esta ha sido una gracia abundante, pues ahora me doy cuenta de que en mi vida había una cantidad significativa de orgullo y arrogancia, y si esta no hubiera sido una convicción profunda del Espíritu, pudiera haber habido tiempos en los cuales me habría salido del lugar donde Dios me puso.

Comencé a caminar en esta instrucción cuando en 1992 sentí que el Señor me dirigió a servir a John. Durante todos estos años y desde entonces he llegado a entender más sobre el concepto de ser hijo, y que a largo plazo lo que esto ofrece es mayor que otros caminos que parecen ser mejores. Hace ya varios años tuve un sueño que indicaba que habría caminos que parecerían atajos, pero que yo debería permanecer en el curso marcado, porque estos atajos son distracciones que costarán tiempo y energía.

La prueba de cuán efectivo es caminar como hijo, es que estoy escribiendo este testimonio desde África, a donde he viajado varias veces al año en representación de John, llevando el mensaje apostólico que él recibió para llevar a las naciones. Yo visito a muchas naciones y soy recibido con mucha gracia, porque soy portador de la unción y de la gracia de mi padre espiritual.

Si hubiera tomado esos otros caminos que parecían mejores, o si hubiera tomado un atajo, ciertamente no estaría en el lugar que ahora estoy. Por el contrario, hubiera pasado los años construyéndome una reputación y ganando aceptación. En vez de eso, he crecido como un hijo, y he encontrado una herencia.

He recibido una profunda sabiduría y entendimiento que han venido de la dirección y corrección que solamente un padre puede traer. Pensando en mis actitudes de hoy, y las maneras diferentes en que ahora me conduzco, estoy muy agradecido por el principio de paternidad que ha edificado tanto mi vida. Le doy gracias a Dios por el padre espiritual que Él puso en mi vida para ser una bendición para mí.

Hay aún otro beneficio que viene por caminar con un padre espiritual, y es la seguridad y la libertad experimentada. Tengo un profundo conocimiento de que, sin importar lo que haga, soy amado y bien aceptado. Con esto no quiero decir que no seré corregido o disciplinado, pero significa que seré amado y aceptado a lo largo del proceso. De hecho, la disciplina le agrega significativamente más seguridad a la que tengo.

Lloyd Gill.

El 16 de Abril de 2007, Lloyd escribió:

Hola John,

Lo aprecio a usted y a la gracia que está sobre su vida; me siento tan bendecido de que el Señor me haya traído a Rockhampton y a usted. Yo sé que aquí es el lugar donde el Señor nos tiene a Jenny y a mí, y que experimentamos mucha bendición por esto. Gracias por ser el hombre de Dios que es usted. Jenny y yo realmente los apreciamos, tanto a usted como a Hazel, y el amor y la amistad que hemos experimentado al estar en relación con ustedes. En verdad el Señor ha hecho una obra maravillosa en todos nuestros corazones, y al estar aquí sentado me pasa de verdad que no quiero regresar a la otra forma de iglesia – lo que tenemos ahora es increíblemente precioso, una perla de gran precio.

Suyo en Cristo,

Lloyd.

CAPÍTULO TRECE

HONRANDO A NUESTROS PADRES

"...reconozcáis a los que trabajan entre vosotros,
y os presiden en el Señor, y os amonestan;
y que los tengáis en mucha estima y amor por causa de su obra."

(1 Tesalonicenses 5:12-13)

"El hijo honra al padre..."

(Malaquías 1:6)

El honor es la vital sangre para tener comunión y relacionarse. Sin honra no hay 'dádiva' en las relaciones, y en vez de eso el lugar de la honra es llenado con el peso muerto de actitudes y opiniones alternativas que detienen y mantienen la vida común de la iglesia en un decaimiento de presunciones, orgullo, falsas alabanzas, escepticismo e independencia.

De esto fue lo que Pablo amonestó cuando dijo, *"Pero si os mordéis y os coméis unos a otros, mirad que también no os consumáis unos a otros"* (Gálatas 5:15). De la sabiduría de Salomón obtenemos esto: *"La mujer sabia construye su casa, mas la necia con sus manos la derriba"* (Proverbios 14:1). Las mujeres a quienes se hace referencia pueden ser tomadas como símbolos de iglesias en todo lugar. Con la dádiva de la honra es con lo que los creyentes de una iglesia pueden edificar su fraternidad o destruirla.

> ## "El honor es la vital sangre para tener comunión y relacionarse".

Las Escrituras son suficientemente claras: *"Amándoos unos a otros..."* (Romanos 12:10) y, *"Los ancianos quienes gobiernan bien, sean tenidos por dignos de doble honra; mayormente los que trabajan en predicar y enseñar"* (1Timoteo 5:17). Pero el concepto, creo, no es muy bien entendido, y las iglesias de todo el mundo tienden a actuar más por las normas y costumbres culturales de la sociedad en la cual han sido establecidas que por el entendimiento de la vida espiritual en el Cuerpo de Cristo.

Pero aquí estamos considerando la necesidad de honrar a los padres espirituales en particular.

Conózcanlos

Uno de los textos más poderosos que hablan del tema está impreso en el encabezado de este capítulo, y se muestra a continuación en otra versión:

> *"Y os rogamos, hermanos, que conozcáis a los que trabajan entre vosotros, y os presiden en el Señor, y os amonestan; Y que los tengáis en mucha estima por amor de su obra. Tened paz los unos con los otros."* (1 Tesalonicenses 5:12-13 traducido de la versión King James)

De un interés inmediato es la frase de la versión de King James "conózcanlos," la cual es común en gran número de traducciones, pero en otras es diversamente presentada como, "reconozcáis", "tengan respeto," "honrad," y otras similares. En el Griego del Nuevo Testamento usado por el apóstol Pablo, la palabra que él usó fue 'eido', la cual apropiadamente significa <u>ver</u> (ya sea literal o en forma figurada).

Como consecuencia, esto significa *conocer, tener consciencia, contemplar, considerar, tener conocimiento, observar, percibir, estar convencido* y *entender*.

Esto nos remonta a lo que dijimos anteriormente acerca de tratar de encontrar un padre espiritual. Uno de los requisitos para que nosotros entendamos la gracia que hay en un padre espiritual es que tengamos los ojos espirituales para ver, contemplar, percibir o entender la gracia que a él se le ha dado. Debemos de <u>ver</u> algo en nuestros padres.

Pablo, nos insta a 'conocer' a aquellos que están 'sobre' nosotros y nos 'amonestan', lo cual es una descripción perfecta de un padre espiritual, que tengamos consideración por ellos. Debemos estar totalmente envueltos en sus vidas. Debemos de entender su visión, sus intereses, su motivación, y los deseos de su corazón. Debemos de percibir su llamado. Pero aún debemos de ir más allá. Debemos de estar tan envueltos en su trabajo y su ministerio por Cristo que nosotros compartamos su pasión.

> "No podemos honrar a los líderes que están sobre nosotros si no los conocemos, si no los entendemos y no participamos voluntariamente en sus obras".

No podemos apreciar, respetar, ni honrar a los líderes sobre nosotros si no los conocemos por completo, entendemos, ni voluntariamente participamos en sus trabajos. El texto dice que nosotros, *"…les estimemos y tengamos en gran estima por amor de su obra."* El espíritu de Cristo demanda que Sus líderes escogidos sean amados, comprendidos, aceptados, ayudados, y por encima de todo que sean apreciados. Debe haber honra en la casa, y debe de ser ofrecida a nuestros líderes.

Honra no es realmente honra a menos que tenga una dimensión práctica. ¿Cuáles son sus necesidades? Debemos de ayudarles a suplirlas. ¿Cuáles son sus dificultades? Debemos sobrellevar la carga de oración por ellos. ¿Qué clases de cosas disfrutan? Podemos buscar ser una bendición para ellos. ¿Qué tipo de amistad y apoyo apreciarían?

Debemos de respaldarlos.

> **"Honra no es realmente honra a menos que tenga una dimensión práctica".**

Debemos de ser generosos con nuestros padres espirituales, ya que la generosidad es siempre, sin excepción, una expresión de honra. El significado literal del dar honra es añadir riqueza. El significado literal de la palabra Griega que Pablo usó para honra, cuando dijo que los ancianos que dirigían bien los asuntos de la iglesia eran *"dignos de doble honra,"* es *"diplous"*, la cual hace referencia al valor de dinero pagado, y por analogía, apreciar al más alto grado. No debemos de temer ser personalmente muy generosos en nuestros tratos con nuestros padres espirituales – y es a menudo la manera de abrir los cielos para nuestra propia ganancia financiera, según lo he descubierto.

Pero a la vez debemos de estar también conscientes que al honrar apropiadamente a aquellos quienes están sobre nosotros en nuestras acciones y en lo que hablamos, estamos añadiendo valor a ellos en otras formas. Si mantenemos su honra, ofreciendo elogio justo, ánimo y aprecio, esto los edifica espiritualmente para hacerlos aún más grandes. Es una vez más el concepto de bendición. Nuestras palabras y actitud pueden añadir valor a ellos, haciéndoles más ricos de lo que antes eran, y haciéndoles de más valor a la casa de Dios. Este es el concepto de honra.

> **"Nuestras palabras les agregan valor, haciéndoles más ricos, y haciéndoles de más valor a la casa de Dios".**

Por otra parte, cuando nos detenemos de hablar, o cuando nuestro discurso es únicamente lo que llamamos 'elogios falsos' (poco convincente o elogio débil), hacemos más daño que bien. Un elogio débil es cuando decimos algo 'agradable' acerca de alguien, pero subestimamos su valor. Esta es otra forma de difamación, pues el subestimar el valor o gracia de otro es denigrarlos. Este enfoque de resentimiento al elogio y aprecio es malo, venenoso y destructivo para el trabajo de Dios. Nunca va a la par con el Espíritu de Cristo, pues el no estar dispuesto a honrar a otro, o expresar aprecio u ofrecer la estima que es justa, es siempre una expresión de la carne humana. Ello demuestra un mal carácter, o quizá una herida sin sanar, o un corazón con desprecio, cínico e independiente. De cualquier manera, es un embellecimiento inaceptable. Como nos informa el viejo adagio, 'Elogio falso destruye'.

¡Un Hijo Honra!

De acuerdo al profeta Malaquías, él oyó al Señor decir, *"El hijo honra al padre…"* (Malaquías 1:6). Debemos de considerar la pregunta, ¿cómo honra el hijo al padre?

Considere la Vida de Jesús

Primeramente, consideremos la vida de Jesús como un modelo. Si usted y yo vamos a ser transformados a la imagen del hijo de Dios, la manera que Cristo honró a Su Padre será la forma en que usted y yo honraremos a Dios. Pero será también el modelo del cual nosotros aprendamos cómo honrar a nuestros padres en general.

Piense acerca de cómo Jesús vivió y trabajó en unidad con Su Padre. Como un sumario conciso, podemos decir que Él representó a Su Padre, habló en favor de Su Padre, repetidas veces pasó tiempo valioso con Su Padre, buscó una intimidad de relación con Su Padre, caminó en una relación de madurez con Su Padre, nunca estuvo apenado sino orgulloso de Su Padre, y permaneció educable en relación con Su Padre. Él veneró a Su Padre y mantuvo la honra de Su Padre.

El Tiempo que Él Pasó con Su Padre.

En referencia al tiempo que Jesús pasó con Su Padre, esto no fue ocasional, sino considerable. Él siempre buscó un lugar apacible donde Él pudiera estar solo con Su Padre. Él pasó mucho tiempo escuchando a Su Padre, adaptándose Él mismo a la voluntad de Su Padre, y aprendiendo los caminos de Su Padre. Tuvo que haber una intimidad entre Padre e Hijo que surgió del tiempo que pasaron juntos, para que la relación no únicamente fuera una relación de madurez, sino una relación verdadera entre padre-hijo.

La mayor parte de lo que acabo de describir, en su sentido absoluto, se aplica a nuestra comunión con el Señor Jesús. Eso es lo que usted debe hacer para caminar con Dios. Mas podemos y debemos suscitar lecciones de ello lo cual nos ayudará con respecto a cómo debemos caminar con nuestros líderes en la fe. Un hijo quien desea buscar e imitar a un padre pasará tiempo con un padre. El o ella desearán sentarse y escuchar, e intentará desarrollar una relación apropiada y responsable con su padre. Debe de haber intimidad de relación.

Simplemente tenemos que pasar tiempo con uno y otro, caminar con uno y otro, e inquietarse el uno por el otro, si deseamos obtener la gracia que mana de una relación de padre-hijo. Así que usted necesita encontrar a un padre espiritual. Todos nosotros necesitamos pasar tiempo, sentarnos y hablar, compartir con ellos los pensamientos y preocupaciones, conocer sus corazones, y aprender sus maneras de ser. Esta es la manera en la que usted imita, la forma en que usted honra, y el modo de buscar.

¿Cómo Honra un Hijo a su Padre Espiritual?

Hágase usted las siguientes preguntas:

¿Qué sentía Timoteo por Pablo, y cómo le sirvió? ¿Cómo 'veía' Timoteo a Pablo? ¿Cuáles eran las motivaciones e intereses de Timoteo en servirle? ¿Cómo hablaba de él a otros? ¿Cómo trataba Timoteo a Pablo? (2 Timoteo 1:4, Filipenses 2:20-22) Responda usted mismo a estas preguntas, y ahí está todo lo que usted necesitará aprender acerca de cómo debe caminar con un padre espiritual.

Ahora pregunte, ¿qué sentía *Eliseo* por *Elías*? En lo más profundo de su corazón, ¿cómo se sentía acerca de seguirle, buscarle, y servirle? (2 de Reyes 2:6,12).

Piense en Josué. ¿Cómo sirvió a Moisés? ¿Con qué *fidelidad*, qué *extravagancia*, qué *sumisión* y qué *entrega* – con qué *devoción* y *pasión tan profunda*? (Éxodo 24:13, 33:11, Números 11:28-29, 27:18) ¿Cree que usted estaría más pobre por tal devoción personal en el ministerio? Yo sé que he enriquecido al caminar con otro.

Finalmente, piense acerca de ¿cómo los *discípulos* seguían a *Jesús*? ¿Encontraríamos en ellos un poco menos de devoción que en Josué o Eliseo antes de ellos, o en Timoteo quien vino después? (Mateo 19:27) No, pues con excepción del hijo de perdición, todos ellos bebieron la copa del bautismo de Cristo (Marcos 10:38-39).

Pero el problema en el Cristianismo moderno, denominacional e institucionalizado es que la gente no ha visto la necesidad de ser exactamente devotos personalmente a su líderes hoy en día – sin embargo esto es lo que las Escrituras indican para definir la fe apostólica de la cruz de Jesús.

Un Hijo no se Avergüenza

Un hijo no se avergüenza de estar asociado con un padre, sino se siente bendecido por la relación, se siente orgulloso de la asociación, y complacido de hablar del nombre del padre. Él sabe lo bueno que hay en su padre, se alegra de representarlo, y se regocija cuando habla en honor de él. No me siento avergonzado de Chuck, sino orgulloso de la fe y la gracia en la cual está anclado. Pero pienso que en ocasiones hay gente que establece relaciones a cambio de lo que pueden sacar de ellas, por lo contrario están apenadas por ello. Hay un principio, sin embargo, que cosecharemos lo que sembramos. Si usted desea cosechar honra, ¡usted debe sembrar honra!

> **"Si deseas cosechar honra, debes sembrar honra".**

Hasta donde sabemos, los padres están orgullosos de sus hijos. Yo estoy orgulloso de los hijos que tengo. Les amo, me deleito en verles, ellos me hacen sentir satisfecho. Pero tanto como un padre está orgulloso de sus hijos, un hijo que honra estará aún más orgulloso de su padre, su padre espiritual. Un hijo que está avergonzado acerca de la relación no entiende lo que es ser hijo, y no es maduro espiritualmente.

Un Hijo Honra a su Padre al Ser Enseñable

Existen aquellos quienes hablan de ser hijos, pero no son enseñables. Ellos quieren lo que pueden obtener de la relación – la bendición del padre, o la atención de un apóstol – mas ellos no son realmente enseñables en espíritu; ellos simplemente toman lo que quieren.

Esto no es nada más que independencia, orgullo, e ignorancia espiritual. Tal persona es inmadura espiritualmente. La docilidad es una expresión de humildad, así como una actitud de sumisión.

Un Padre Ocupa un Lugar Único en el Corazón de un Hijo

La función de un padre es única, y el amor de un hijo por el padre es también único. Un hijo espiritual no identifica a nadie más como su padre espiritual simplemente para tratarlo como a cualquier otro hombre maduro en Cristo. Hay un lugar especial de honor por un padre en el afecto y sumisión de un hijo, pues un hijo ha dado su corazón a un padre.

Mientras tanto en general debemos todos honrar a los padres de la iglesia (1 Timoteo 5:17), y las Escrituras nos exhortan a respetar a todo anciano así como a un padre (1Timoteo 5:1); no obstante, hay un sentido especial de afecto y gran respeto hacia el que consideramos ser nuestra cobertura en Cristo. Y esta es la manera en que debe de ser.

Al decir esto, no quiero insinuar que no tengamos muchos padres, o que no haya otros grandes hombres y mujeres a los cuales debemos honrar. Pero no hay muchas otras gentes de las que podamos obtener sabiduría en forma continua, o que puedan estar tan dedicados a nosotros como nosotros a ellos. Cuando usted haya determinado que cierta persona es verdaderamente un padre para usted en el Señor, esa es a quien usted debe amar, servir y honrar realmente.

Una relación de padre-hijo no puede ser exactamente prescrita por texto. Usted no puede tomar un grupo de palabras y decir, "estos son los reglamentos." Hay algo que debe ser establecido por medio de *la gracia* de ser hijo, a través del corazón de alguien creciendo en madurez espiritual y sabiduría, para que así nuestro amor y fe lleguen a un lugar de madurez.

Es una vida para ser explorada, en vez de un simple juego ejecutado por reglamentos. Mas la sustancia de ello es, un hijo debe de tener un sentimiento profundo por su padre.

Un Hijo Honra el Pensamiento de su Padre

Lo que un padre piensa debe de ser importante para su hijo, y cuando un padre habla, un hijo en su corazón honrará lo que dice. Obviamente, un padre en la fe tiene mucha más sabiduría que ofrecer a sus hijos, y esta es la función primordial de los padres. El llamado para todos los líderes espirituales, especialmente el de los padres, es enseñar, animar, corregir, disciplinar, y reprender cuando sea necesario.

> ## "Cuando un padre habla, un hijo en su corazón honrará lo que dice".

No necesito decir mucho acerca de la naturaleza positiva de la sabiduría del padre y de la orientación para los hijos. Este es un beneficio fundamental para hijos. Pero quiero comentar sobre dificultades probables.

¿Y qué cuando un hijo no está de acuerdo con las opiniones de su padre espiritual? ¿Qué sucede cuando un hijo está convencido de un cierto curso de acción, pero el padre no está tan seguro? Y en ocasiones, lo que un padre dice puede parecer totalmente equivocado, o aún inapropiado para un hijo. Pero a menudo el hijo descubrirá un poco después, a veces mucho más tarde, que la opinión del padre era correcta desde un principio.

Recientemente esto me sucedió. Había algo de lo que yo estaba seguro de mí mismo, pero en lo cual Chuck había en otras ocasiones expresado un pensamiento diferente. Sin embargo asumí que él estaba compartiendo sentimientos fortuitos, sin saber realmente las circunstancias como yo las conocía. Al final resultó que él estaba en lo correcto y yo estaba equivocado, pero ahora yo he encarado el asunto.

Algunas veces un hijo piensa que su padre no está en un lugar para conocer y entender lo que él, el hijo, hace, pero aun así es sorprendente cómo en repetidas veces Dios habla a través de la voz del padre. Un padre no puede siempre estar en lo correcto, pues él no sabe todas las cosas, y puede y cometerá equivocaciones también, pero en más ocasiones la gracia está activa, y Dios usa las palabras de un padre para instruir a un hijo.

Aún sin estar completamente en lo correcto, seguido lo que un padre dice tiene en ello la semilla de verdad que el hijo necesitaba en ese momento – pero no lo honró suficientemente como para meditar ni reflexionar en ello. Eso es lo que quiero decir cuando digo que un hijo debe honrar el pensamiento de un padre.

Repito, tenga cuidado. No se precipite al juzgar cuando piense que un líder está equivocado, o un padre espiritual está en un error al aconsejar. La mayoría de las veces, existe la posibilidad de haber estado hablando la verdad por la gracia de Dios.

Por lo tanto los pensamientos y actitudes de un padre deben ser respetadas y tomadas en cuenta. Aún si el pensamiento expresado es simplemente un sentimiento personal, debiera ser considerado con respeto; y en dado caso, el amor y el corazón del padre deben de ser valorizados en sí.

Si las palabras del padre expresan el corazón de Dios hacia nosotros, seríamos insensatos e ingenuos para desechar la sabiduría que se nos ha dado. Así que sea considerado, sabio, cuidadoso, no sea apresurado al juzgar, tenga respeto, ponga atención, y honre el pensamiento del padre.

Honra en la Casa de Dios

Para concluir este capítulo necesitamos reflexionar sobre la Escritura más significativa y prominente de todas en referencia a la honra, que se encuentra en Deuteronomio 5:16, *"Honra a tu padre y a tu madre, como el Señor tu Dios te lo ha ordenado, para que disfrutes de una larga vida y te vaya bien en la tierra que te da el Señor tu Dios"*.

Este mandamiento es tan importante, y tiene tales principios permanentes y perdurables, que Pablo lo repitió en el Nuevo Testamento, y aludió específicamente a sus promesas, *"que te vaya bien y que disfrutes de larga vida en la tierra"* (Efesios 6:2-3). Esto significa que no era un simple mandamiento en la ley de Moisés, sino que ha sido actualizado y renovado como una promesa y principio de vida para el cuerpo de Cristo.

Esto personifica un principio apostólico dinámico que es muy poderoso. Por un lado, el fallar honrar a nuestros padres y madres, en lo natural y espiritual, es negar efectivamente nuestras bendiciones y separarnos de la fuente de nuestro suministro. Pero el consistentemente dar honra, primeramente a nuestros padres, pero también en la casa de Dios a nuestros padres espirituales, es activar el poder de Dios en nuestro favor.

> "El fallar honrar a nuestros padres y madres, en lo natural y espiritual, es negar efectivamente nuestras bendiciones y separarnos de la fuente de nuestro suministro".

A usted no solamente se le ha prometido la posibilidad de una vida más larga y presuntamente saludable, sino el *"que todo le vaya bien"*. Esto no es únicamente la apertura de la fuente de bendición generacional de la que hablamos anteriormente, sino que lo que se implica aquí es que la gran generosidad de Dios será extendida a usted con gracia y favor para hacerle verdaderamente fructífero en la tierra.

Debemos de aprender, entonces, a honrar a nuestros padres.

Meng Aun Hour, Pastor

Ministerio Seguidores de Jesús

Testimonio

Saludos desde Camboya.

Nací en la República Democrática de Camboya en 1968, y en el año 1989 me convertí al Cristianismo, y entre 1992-1995 asistí a una escuela Bíblica para un entrenamiento. Inicié una iglesia llamada Iglesia de los Seguidores de Jesús en Phnom Penh en 1996. Oramos al Señor para que nos mostrara cómo nosotros pudiéramos guiar Su iglesia en la forma en la que Él quisiera que nosotros fuéramos. Dios contestó nuestra oración mandándonos a John Alley y Michael Appleton a conocernos.

Esto es lo que aprendimos acerca de ser hijos. Sentí que la palabra hijo era la palabra correcta para usar y el significado apropiado para mí como camboyano, ¿Por qué? En Camboya si llamamos a alguien padre eso quiere decir que podemos sentir su atención, amor, protección, cobertura sobre nosotros. Pero si llamamos a alguien maestro eso significa que debemos mostrar respeto ante él al no mirarlo a la cara sino mirando a sus pies cuando lo encontramos o hablamos con él. Esa es la razón por la cual digo que paternidad es la palabra correcta con el significado apropiado para ser usado por la gente de Camboya. Esta es también la palabra que la Biblia usa. No encontré en ningún lugar en la Biblia que use la palabra mentor o tutoría.

Así vine a ser un hijo de John Alley. Me sentí cálido. Sentí protección y cobertura sobre mí en todo momento y me sentí amado y bendecido, usted puede notar la diferencia entre los que tienen padre y otros hijos que no tienen padre.

Y la relación es muy buena. Siento que John es realmente mi padre, ¿por qué? Porque siento que él verdaderamente me quiere, me cuida, me da consejos y ánimo todo el tiempo. Cuando tengo tiempos difíciles, sé con quién tengo que hablar.

En mi corazón de hijo de John Alley, siempre quiero honrarlo, amarlo, y protegerlo de las cosas que yo pueda y siempre quiere verlo ser bendecido por Dios y con éxito en todo tiempo. Estoy dispuesto a pagar cualquier precio para servirle.

Puedo decirles con todo mi corazón, que amo a John y quiero honrarlo, y siempre le deseo éxito en su vida, y creo un 100 por ciento que John Alley mi padre espiritual quiere verme crececiendo en amor en relación con Dios, creciendo en liderazgo y creo firmemente que él quiere que yo sea honrado y tenga éxito en nuestros ministerios así como en mi vida también.

Amamos mucho a John porque vemos el amor del Dios viviente en él.

Lo siento que mi inglés no sea suficientemente bueno como para decirles mucho. Pero si ustedes me permiten hablarles en camboyano, seguramente les podré decir mucho más.

En Cristo,

Meng Aun.

CAPÍTULO CATORCE

LOS LAZOS

EXPANSIVOS

DEL AMOR

"Pagad a todos lo que debéis:
al que tributo, tributo; al que impuesto, impuesto;
al que respeto, respeto; al que honra, honra.
No debáis a nadie nada, sino el amaros unos a otros;
porque el que ama al prójimo, ha cumplido la ley".

(Romanos 13:7-8)

Hace algunos años, David Hood me dijo un día, "John, creo que tú estás llamado a enseñarle los cinco ministerios cómo amarse el uno al otro". Nunca había pensado en la idea en esos términos, pero recibí la confirmación, y lo he aceptado como una palabra buena de parte del Señor.

Este es uno de los retos ante nosotros los cuales realmente valen la pena en el Cuerpo de Cristo – un reto central a todo lo que sabemos acerca del deseo de Cristo para la iglesia. Pero no es suficiente para los ministros de Cristo saber cómo amarse unos a los otros; nosotros debemos enseñar a toda la iglesia cómo amarse mutuamente. Tenemos que descender al asunto fundacional de relaciones. A lo que Cristo nos ha llamado es a relacionarnos.

Es Cristo quien posee nuestro corazón totalmente; Él es nuestra pasión. El 99 por ciento de nuestro día, ya no pensamos en nada más. Mas tenemos que hablar con Su gente, amarlos, estimarlos, honrarlos, y mantener el afecto hacia ellos. Así que cuando sea el momento de predicar un mensaje apostólico, pasaremos mucho tiempo hablando acerca de esto. ¿Por qué? Porque esto es lo que se debe aprender; esto es en lo que la iglesia entera debe caminar.

No debemos de estar avergonzados de hablar acerca de nuestro afecto por uno y otro. Hacemos esto en la presencia de Cristo, y en el contexto de seguir a Cristo. El amarnos el uno al otro, y el amar y honrar a nuestros líderes, es el camino de Cristo.

> "Amarnos unos a otros, y por lo tanto amar y honrar a nuestros líderes, es el camino de Cristo".

Usted ya sabe que el perdonar a otros cuando ellos le han hecho mal es el camino de Cristo. No tengo que convencer a nadie de eso. Bueno, si al edificar tu vida personal y al caminar con Jesús hay grandes cantidades de tiempo en las que debes prestar atención a personas que quizá hasta te odien, al punto de perdonarlos, amarlos, considerar sus necesidades, orar por ellos, y por qué no hasta cocinar un buen platillo y llevárselo a ellos, entonces una buna parte de tu vida en Cristo estarás pensando en otra gente. Ese es el camino de Cristo.

Así que sabemos que perdonar a otros es el camino de Cristo. Entonces, amar a nuestros hermanos y amar a nuestros líderes, para que de esa manera tengamos afecto por ellos, y estimarlos, es el camino de Cristo. Cuando caminamos en el sendero de Cristo, nuestras vidas y nuestros corazones van a estar llenos de muchas otras gentes.

"El Amor Debe Ser Sincero"

La traducción de la NVI de Romanos 12:9 dice, *"El amor debe ser sincero"*, pero la instrucción actual dada en el escrito original de Pablo nos decía como un factor cómo el amor *no* debe ser, en vez de lo que el amor es. Esto se refleja mejor en la versión Reina-Valera la cual es traducida como, *"El amor sea sin fingimiento"* [La traducción de la versión en inglés King James sería, *"El amor debe ser sin disimulación"*]. El apóstol escribió que el amor debe ser *sin* algo; y en lo más cerca que podemos llegar en el Inglés moderno, ya que *disimulación* es Inglés antiguo y no en uso común hoy día, es hipocresía, falsedad, o pretensión.

Por lo tanto, el amor debe ser 'sincero' en el sentido que no debe ser superficial. No puede ser una simple muestra externa, como por ejemplo, decir o pensar que usted tiene amor. Hay algo acerca del amor que debemos de tener uno por el otro, debe llegar a lo profundo del corazón. Si no es la plenitud del corazón, si no es la pasión de nuestras vidas, si no es la manera en que sentimos el uno por el otro, entonces es… ¡fingimiento! Esto es, no es la cosa real.

"Ámense los Unos a los Otros con Amor Fraternal"

El siguiente versículo, Romanos 12:10, continúa, *"Ámense los unos a los otros con amor fraternal."* Esto de, *"Ámense"* es una frase interesante, porque eso quiere decir que demos el corazón. Esto significa que hay entrega, gran anhelo, el servir a alguien. Hemos escogido caminar en cierta manera con otras gentes. Les amamos, les deseamos, y escogemos el tenerlos en nuestro afecto.

Esto no quiere decir que ellos se conviertan en el objeto de nuestra adoración. Eso es algo completamente diferente. Considere esto: Dios no adora al hombre, pero sí lo ama – es algo santo que debemos imitar. Él nos ordena amarnos unos a los otros; Él nos instruye amar a nuestro enemigo. Hay algo muy importante acerca del amor.

Dios no puede hacer nada contrario a esto; a Él le gusta amar, Él quiere amar, y Él escoge amar. Él creó al hombre a Su propia imagen. Pero desafortunadamente, usted nació conforme a la imagen de Adán. El pecado de Adán estaba en usted, y por la gracia hemos de nuevo aprendido a caminar en la imagen de Cristo, la cual debe ser reformada en nosotros. Lo que es tan crítico es esta decisión de amar.

En el texto el Espíritu Santo dice, *"Ámense los unos a los otros en amor fraternal"*. Si usted va a estar entregado a otros, significa que usted lo ha escogido en lo profundo del corazón. Esto afecta su tiempo, actitudes, sacrificio, y servicio, si usted va a estar entregado a ello.

> **"Si usted va a estar entregado a otros, significa que usted lo ha escogido en lo profundo del corazón. Esto afecta su tiempo, actitudes, sacrificio, y servicio".**

No tomemos un enfoque superficial. Ni debemos tratar por encima este tipo de verdad. Tenemos que encararla; si un mensaje apostólico a la iglesia es real, seguramente ella tomará en su corazón el mensaje más sencillo e importante en todo el Nuevo Testamento – la palabra del Señor Jesús cuando dijo, *"Un mandamiento nuevo os doy: Que os améis unos a otros; como yo os he amado, que también os améis unos a otros"* (Juan 13:34). Él nos ha dicho que la medida de nuestro amor debe ser – *"como yo os he amado"*. Jesús esperó completamente que nosotros aprendiéramos la pauta de Su amor, y voluntariamente escogió caminar en ella.

"Hónrense los Unos a los Otros por encima de Sí Mismos"

Esta instrucción apostólica de, *"Hónrense los unos a los otros por encima de sí mismos"* a la vez indica una manera superior de medir lo que vamos a hacer. Usted va a tener que tomar el tiempo, tendrá que ir cierta distancia, para cumplir este mandamiento – de otra manera usted no está haciendo lo que se le ha pedido hacer.

Usted tendrá que hacer el esfuerzo y escoger honrar, no solamente a Cristo, sino también a otros creyentes. ¿Puede usted ahora ver que este énfasis en las relaciones con otros es enteramente bíblica? Estamos ya en tierra buena. Esta es tierra segura. Esto es tierra del evangelio, y debemos ver esto claramente, como teniendo la libertad en nuestros propios corazones y mentes para proseguir y ver algunas otras cosas personales con referencia a nuestras relaciones con el uno y el otro.

"Pague a Cada Uno lo que le Corresponda"

"Paguen a cada uno lo que le corresponda: si deben impuestos, paguen los impuestos; al que deban respeto, muéstrenle respeto; al que deban honor, ríndale honor" (Romanos 13:7).

El mandamiento de Dios mencionado aquí es que debemos dar cosas específicas, incluyendo respeto y honra, a otra gente. Esto no es un mandamiento acerca de la forma en que debemos tratar a cada creyente, ya que esa orden fue dada en unos cuantos versículos anteriores. Mejor dicho, este mandamiento es acerca del respeto y honra que debemos de dar a los que están en autoridad.

La Escritura está, por supuesto, refiriéndose a autoridades gubernamentales, es decir, gobiernos nacionales, pero esta no es la única forma de gobierno a la que debemos asociarnos. Estas instrucciones se aplican en principio a todos aquellos con quienes debemos asociarnos o trabajar, incluyendo el liderazgo en la iglesia. Si usted debe respeto, dé respeto. Si honra, dé honra.

Yo hice la pregunta en una discusión entre mis hijos espirituales en nuestro retiro anual acerca del lugar de afecto público hacia los líderes y ministros de Cristo, porque habíamos celebrado algunas reuniones en las que algunas gentes habían dicho muchas cosas amables acerca de mí y me honraron en formas diferentes.

Necesito explicar el concepto. El trasfondo era que yo había ministrado mucho en Australia y en otras naciones, y había mostrado amor Cristiano a mucha gente. Yo he estado en los hogares de muchos que han estado en el ministerio, ayudando a resolver problemas para algunos y ayudando a otros a ver las cosas más claramente. He aceptado y amado a ministros de Cristo, algunos de los cuales se sentían solos y estaban buscando relación de padre, ayuda, y amistad. Consecuentemente hay muchos, que debido a que fueron amados, aceptados y servidos por mí, tienen a su vez un gran afecto por mí. Aquí hay mucho afecto. Así que cuando estamos juntos en reuniones, ellos hablan acerca de cuán amados se sienten, cuánto me aman, y qué tan agradecidos están con Dios. Este tipo de cosas se comparten de forma espontánea.

Si esto sucediera de 'uno-a-uno', como si yo estuviera visitando a una pareja en el ministerio en algún lugar, y ellos dijeran algo como, *"John, muchas gracias. Te apreciamos mucho. Gracias por ser un padre para nosotros. Nos has ayudado; somos bendecidos al haber encontrado significado en nuestras relaciones, etc."* – Pues, eso es algo natural, y nadie objetaría a esa expresión de afecto o aprecio. Pero si estuviéramos en una reunión, con gente compartiendo sus vidas y testimonios en un grupo grande en tamaño, y cuatro o cinco personas hablan de esta manera abiertamente, entonces comenzaría yo a sentirme muy incómodo. Yo experimenté esto dos años seguidos durante nuestro retiro.

Me encontré haciendo esta pregunta a mí mismo: "¿Por qué es que me siento tan incómodo, cuando ningún individuo ha dicho nada que sea incorrecto o inapropiado? No se había dicho nada que no me lo hubieran dicho a mí en persona, o a alguien más privadamente. Y si ellos dijeron esto en una conversación privada hubiera sido perfectamente correcto. No sólo eso, sino que no habían dicho nada en aprecio por mí, que yo no hubiera dicho al dar honra pública a la gente que yo mismo amo y aprecio. Así que ¿por qué me siento incómodo acerca de lo que pasa en una reunión de grupo entre gente que nos conocemos y nos amamos mutuamente?"

Cuando visito los Estados Unidos de Norte América y hablo en varias iglesias, la mayoría asociadas con el apóstol Chuck Clayton, hago algo personal en cada lugar al que voy, y en cada reunión, y es honrar a Chuck. Hablo de mi aprecio por él, la bendición que él ha sido en mi vida, y de la gracia que encuentro en él. Siempre encuentro el lugar para honrar a mi padre espiritual, a quien amo y respeto. Así que si eso es bueno y correcto, lo cual lo es, ¿por qué es que me estaba sintiendo tan incómodo cuando en nuestra propia reunión de compañerismo un número de personas hablaron públicamente en esta forma de mí?

Conocía personalmente a toda la gente presente en esas reuniones, y las amaba; he estado en los hogares de cada uno de ellos; en realidad todos ellos son 'hijos' míos en Cristo. Me he sentado ante sus mesas, he participado de sus alimentos, orado por ellos, predicado a sus congregaciones, bendecido a sus hijos y he dejado una impartición apostólica de dádivas y gracia. Así que si desean expresar gratitud y honra y hablar acerca de cuánto han sido bendecidos por la relación, ¡eso debe estar bien! ¿Por qué entonces me estaba sintiendo incómodo? ¿Y por qué me estaba sintiendo aún más incómodo si ellos incluían este aprecio, no solamente en testimonio, sino en oración de agradecimiento en esas reuniones? ¿Por qué sucedió eso?

Yo discutí abiertamente con todos ellos en una reunión subsiguiente. Yo no quería esconder nada, Les pregunté, "¿hay en algún lugar una línea invisible que hemos cruzado? ¿Nos salimos de la raya en alguna área en la que nunca habíamos ido?" Porque, déjenme asegurarles, tanto como a alguien a quien conozco, tengo cuidado de no poner a alguien más en el lugar de Cristo. Yo mismo no hago esto, ni permitiré a nadie más hacerlo tampoco. He caminado con Cristo. Amo al Señor Jesús, y Él se me ha revelado en muchas formas.

Pero todavía estaba reflexionando sobre esta pregunta, en voz alta, con quienes están asociados conmigo, porque quiero caminar en el lugar correcto en la vista de Dios. Y en respuesta a toda esta inquietud, el Señor me despertó en medio de la noche, y me dijo de ciertas cosas que habían estado viniendo en contra nuestra y afectando nuestros sentimientos y reuniones.

Esto es lo que el Señor me mostró. El año anterior habíamos tenido en medio de nosotros a un hermano divisivo, el cual había venido a la conferencia con un espíritu de enojo. Resultó obvio que había venido a promover su propio ministerio, y mostró pruebas de ser envidioso y celoso si alguno de mis 'hijos' mostraba algún afecto u honra hacia mí. Él era crítico y de una sola opinión, aún descortés, pero la cosa rara fue que si se decía acerca de él algún cumplido o algo de honra, él pensaba que estaba bien.

Al final de la conferencia anterior él estaba amargado y crítico, y en privado incitaba crítica y quejas entre sus pocos seguidores. En los meses anteriores a la conferencia del siguiente año, comenzamos a sentir opresión y resistencia espiritual viniendo contra nosotros. Mientras esperábamos en el Señor descubrimos lo que parecía ser una conspiración de oración entre algunos hermanos falsos, quienes oraban en contra de la conferencia, maldiciendo nuestras finanzas y oraban, según sentíamos, para separar mis 'hijos' de mí. Así que por semanas oramos fervientemente para romper esas maldiciones, y bendecir la conferencia, nuestras finanzas, y nuestras relaciones. Esto resultó en tornarse en una bendición maravillosa en disfraz, pues tuvimos la mejor conferencia en años, con un gran manantial de entradas financieras las cuales excedieron nuestras expectativas, incluyendo también algunos milagros financieros gigantes.

Yo seguido escucho la palabra de Dios cuando me encuentro

verdaderamente dormido. Es un don muy útil. Me acosté cargado con las preguntas que he explicado líneas arriba con relación al rendir honor en público, y a la medianoche, el Espíritu de Dios me dio estas palabras: "La ley de nuestros enemigos está presente".

Eso explicaba bastante. Ahora me daba cuenta cuál era la situación. Había gente con un espíritu de crítica y mal juicio en su corazón contra nosotros y nuestro trabajo quienes estaban 'imponiendo la ley' en sus propios corazones contra nuestra reunión. En otras palabras, el espíritu de este hombre, y de otros, estaba presente en nuestra reunión para condenar todo lo que a ellos no les gustaba. Quizá había algunos otros factores, pero el Señor me estaba diciendo muy plenamente que la razón principal por la cual nos sentíamos incómodos no era porque estábamos haciendo algo fuera de orden, sino porque teníamos enemigos que acusaban y por sus actitudes su espíritu estaba proyectado contra nosotros. Por consiguiente, la condenación que estábamos experimentando provenía de esto – 'la ley de nuestros enemigos' – que estaba presente. Esto es una forma de control y hechicería. Afortunadamente, es muy fácil romperla una vez que usted sabe qué cosa es.

Hubo algo más que el Señor me dijo esa noche en respuesta a mi encuesta. Con gran insistencia, Él dijo, *"¡No pierdan el afecto! ¡No pierdan la honra!"* Él dijo esto debido a lo que uno tiende naturalmente a hacer cuando pensamos que hemos cruzado nuestra línea divisoria. Nos convertimos en ser muy cautelosos y la gente se contiene; la gente se cohíbe. Una vez que esto sucede, la expresión de afecto que debemos apropiadamente dar a otra persona, o la expresión de estima que debiéramos haber ofrecido, ya no la ofrecemos. En lugar de eso, se convierte en un elogio falaz; es ahora un amor frío.

> ## "¡No pierdan el afecto!
> ## ¡No pierdan la honra!".

La Biblia enseña que uno de los peligros graves de la iglesia al final de los tiempos será el 'amor frío'. Jesús mismo lo dijo, *"el amor de muchos se enfriará"* (Mateo 24:12). Mas el movimiento apostólico extendiéndose por el mundo hoy es aconsejado a reforzar la iglesia con amor puro. ¡Y aquellos de nosotros que somos los elegidos de Cristo **debemos de aprender el camino del amor!**

No importa qué días vengan, no debemos de permitir que nuestro amor se enfríe. Cualquier cosa que haga, por favor escuche la palabra de Cristo. *"¡No pierdan el afecto! ¡No pierdan la honra!"* No permitan que la ley de sus enemigos les impida dar honra y expresar afecto hacia otra persona.

Recuerdo muy buenos tiempos en el pasado – y muchos de esos buenos tiempos para mí fueron en reuniones del Ejército de Salvación. Tuvimos realmente grandes reuniones en años pasados, con grandes himnos antiguos, y grandiosas predicaciones también. En esos tiempos había evangelistas maravillosos de estilo antaño. Una cosa que en particular recuerdo de esos días de las reuniones en el Ejército de Salvación de hace tiempo era que cuando alguien venía a predicar, se hablaba de ellos públicamente con gran honor. Hasta donde recuerdo todavía se hace esto. Eso era algo muy bien establecido en el liderazgo de la cultura del Ejército de Salvación. Parecía no importar quiénes eran los visitantes – si eran líderes locales o algún oficial de alto rango de visita a reuniones especiales, o un misionero visitante – ellos eran siempre presentados con el ofrecimiento de honor y estima. Ellos hablaban del gran trabajo que habían hecho, de cuán queridos eran y de qué tanto valor eran al trabajo del Señor. Me parecía que todos los líderes del Ejército de Salvación siempre entendieron cómo honrar a cada uno en público.

Entre todos nosotros esto siempre se debe hacer. Debemos honrarnos unos a otros en público y en privado. La posición bíblica es: debemos honrarnos mutuamente por encima de nosotros mismos.

Así que suelten la ley de sus enemigos. Recuerden y aférrense a la Ley del Amor. No permitan que nadie, por despreciarnos, nos convierta en infructuosos; tenemos que amar. No permitan que alguien con amor frío imponga las reglas de la iglesia; amémonos unos a los otros y cumplamos así la ley de Cristo.

Si usted ha oído la palabra de Dios que dice "Amaos los unos a los otros," eso no necesariamente quiere decir que usted haya entendido *cómo* debemos amar. El mensaje del amor se ha predicado por generaciones en iglesias en todos los lugares, pero eso no quiere decir que la gente sepa cómo amar, o que hayan escogido amar. Así que en una manera muy práctica, debemos llegar al lugar donde entendamos qué significa este amor, y escoger caminar por él.

Para mí, la enseñanza de la relación entre padre-hijo en el ministerio es la más grande y práctica manera de llegar al corazón del mandamiento de amar el uno al otro. Cuando escogemos caminar en este tipo de relaciones, y escogemos amar y servir el uno al otro mientras seguimos a Cristo, esto abre los cielos. Dios escoge a aquellos que escogen el camino del amor a una experiencia más grande de Sus bendiciones – de Su amor, providencia, y preferencia. En pocas palabras los cielos se abren.

> "Enseñar la relación entre padre-hijo en el ministerio es la más grande y práctica manera de llegar al corazón del mandamiento de amar el uno al otro".

Hay un ejemplo principal en las Escrituras de este principio en operación en la historia de Rut. Rut, era efectivamente una hija espiritual de su suegra.

Debido a una sequía Noemí con su esposo y sus dos hijos habían abandonado a Israel para ir a vivir en Moab, donde sus dos hijos se casaron con mujeres Moabitas. Tristemente, el esposo de Noemí murió, y también sus dos hijos murieron. Con todos los hombres de la casa fallecidos, esto dejó a las tres mujeres – una suegra, con dos nueras – de luto y oprimidas.

Entonces Noemí oye que buenos tiempos han llegado a Israel. Ella quiere regresar, y sus dos nueras, Orfa y Rut, inician la jornada con ella. Pero en camino, Noemí empieza a insistir a sus nueras que regresen a su propia gente. Ella les dice que no tiene nada que ofrecerles. Ella no tiene más hijos con quienes ellas pudieran casarse. Ella estaba desprovista de todo. "Llámenme amarga", les decía, "porque el Todopoderoso ha hecho mi vida amarga". "Regresen a su propia gente", les decía, "y ahí encuentren esposos para ustedes mismas."

Orfa siguió su consejo amable pero desesperante, y regresó a Moab. Ya nunca sabemos más de ella. Ella besó a su suegra al despedirse, y al hacer eso abandonó su lugar entre el pueblo de Dios para siempre. Ella regresó a servir a un dios ajeno.

Mas Rut tenía un corazón diferente, y tomó una posición diferente – *"Y Orfa besó a su suegra, mas Rut se quedó con ella"* (Rut 1:14). Si usted lee el relato bíblico, usted descubrirá que Noemí instó a Rut tres veces a volver a su propia gente. Es por eso que Rut fue tan enfática al declarar su determinación de permanecer con Noemí. *"No me ruegues que te deje, y me aparte de ti; porque a donde quiera que tú fueres, iré yo, y donde quiera que vivieres, viviré. Tu pueblo será mi pueblo, y tu Dios mi Dios. Donde tú murieres, moriré yo, y allí seré sepultada; así me haga Jehová, y aun me añada, que sólo la muerte hará separación entre nosotras dos"* (Rut 1:16-17).

¿Puede usted ver lo que ha sucedido aquí? Rut ha escogido el camino del amor. Su amor es tan real que no cambiaría su corazón por Noemí. Ella se ha entregado al servicio, y honrar, a esta persona que tiene una necesidad. Ella ama a su suegra.

Como resultado de su amor y devoción hacia otra persona, Dios elevó a Rut a un gran lugar en Israel. Ella no lo sabía, pero su decisión de seguir a su suegra le dio el derecho a ser de la familia redentora de Israel. Para usted y para mí, ¡Cristo es nuestro redentor en familia!

Yo he encontrado por medio de un descubrimiento personal, que desde que he escogido caminar íntimamente con hombres y mujeres en fe – no únicamente con el apóstol Chuck como padre espiritual, pero también con muchos otros a quienes tengo a mi alrededor cada día – más he estado cara a cara con mi redentor, esto es, el Señor Jesucristo.

Así que Rut, la nuera de Noemí, estaba intitulada bajo la herencia de las leyes de Israel – lo cual significaba que un pariente podía casarse con ella, y tener hijos. Este esposo la recogió en su casa, de esa manera proveyendo seguridad así como comodidad para su suegra en su edad avanzada. Rut dio a luz un hijo, a quien nombraron Obed, y ahora su suegra tenía un nieto para recostarlo sobre sus rodillas. Noemí, quien pensó que estaba estéril y amargada de por vida, recibió el contentamiento de nuevo y fue satisfecha con su vida.

El recibimiento de estas buenas cosas es llamado herencia. Rut encontró gran herencia entre el pueblo de Dios – encontró plenitud de vida, un esposo e hijos, fue establecida en un buen lugar, se le dio el gozo de la vida y la amplitud de la providencia de Dios – todo como resultado de su decisión de mantener fidelidad y amor en relaciones personales.

Rut amó a Noemí, quien por su propio reconocimiento no tenía nada que ofrecer. Sin embargo a esta mujer que no tenía nada que ofrecer, su fiel nuera había dicho, *"No me ruegues que te deje, y me aparte de ti"* (Rut 1:16). Cuando usted y yo caminamos en el espíritu del hijo, como lo hizo Rut, encontramos también que hemos sido traídos a una herencia más grande entre el pueblo de Dios.

Pero nos damos cuenta que eso no termina allí. A Rut también se le dio algo más. Ella no conocería a través de su propia vida lo que su fidelidad y amor en relaciones produciría en la tierra. Mas debido a su fidelidad y lealtad a una madre indigente, algo asombroso le fue dado - ¡y eso es llamado *posteridad!*

> **"Debido a su fidelidad y lealtad a una madre indigente, algo asombroso le fue dado - eso se llama posteridad".**

Obed el hijo de Rut vino a ser el padre de Isaí, e Isaí fue el padre del Rey David. El Rey David fue el padre del Rey Salomón. Y así toda la línea de los reyes de Judá, hasta María y José, y hasta Jesús nuestro salvador, todos descienden de Rut.

Ella no sabría que sería la madre de David, la madre de Salomón, la madre de María, la madre de José, la madre de Jesús – y últimamente, en cierto sentido, la madre de todos nosotros; ¡eso es posteridad!

Su herencia y posteridad surgieron de una cosa – la fidelidad, la lealtad, el profundo amor que dio a alguien que parecía no tener grandes prospectos en la vida. Para el ojo humano en ese tiempo, hubiera sido mucho mejor para ella haber regresado a Moab en vez de buscar fidelidad en relación con una madre en Israel. Pero una posteridad sorprendente se le ha otorgado a una mujer Moabita, debido a que ella caminó en la manera de Cristo.

Para muchos de nosotros habrá veces cuando nuestros padres espirituales parezcan no tener nada, especialmente en sus largos años al principio. Ellos son gente común. Gente pequeña. No son nada en los ojos del mundo. No son mucho tampoco en los ojos de la iglesia. Quizá pastoreen una iglesia pequeña, a lo mejor ni siquiera predican bien, ni sean bien vistos. Pero quien sea que Dios nos dé para amar, servir, y caminar con ellos, entonces al amarlos encontraremos más de la gracia de Cristo y los cielos abiertos. No sean fatuos como el pastor joven que dijo, "Voy a conseguirme un padre famoso". Dios les dará a quiénes Él quiere que usted ame y sirva.

Al final del libro de Rut, se hace un comentario a Noemí por las mujeres de Israel con referencia a Rut. Ellas decían, *"...pues tu nuera, que te ama y....ella es de más valor para ti que siete hijos"* (Rut 4:15). Si hay un mensaje apostólico que debemos oír, es este mensaje: Debemos de escoger de nuevo el camino del amor.

No estamos aquí para promovernos a nosotros mismos. Ni estamos aquí para edificar nuestros propios ministerios, en vez de eso, estamos aquí para servir los ministerios de otro gente, y al hacer eso nos encontraremos a nosotros mismos. Como dijo Jesús, *"Porque todo el que quiera salvar su vida, la perderá; y todo el que pierda su vida por causa de mí, la hallará"* (Mateo 16:25). También dijo, *"Y el que quiera ser grande entre vosotros será vuestro siervo"* (Mateo 20:26).

Tenemos que encontrar el camino del amor, y necesitamos apreciar a nuestros líderes. Necesitamos escoger el camino del afecto y dar honra a los creyentes que nos rodean. Debemos escoger la Ley del Amor, y no rendirnos ante la ley de nuestros enemigos.

Mientras oraba con Hazel acerca de esto, de pronto un libro vino a mi mente de entre todos los que hay en los estantes de mi oficina. En el lomo del libro estaba impreso el título del libro: *Alianza Divina*. Supe de inmediato lo que el Espíritu de Dios estaba diciendo. ¡Es Dios quien nos une! No es únicamente que estamos aliados con Cristo en nuestra salvación, ¡también estamos aliados unos con otros, y esta es una alianza divina! En otras palabras, estas relaciones son designadas por Dios. Son divinas. Es algo santo cuando caminamos juntos con hermanos.

El Corazón del Asunto

Mientras que luchamos por exactitud en lo que enseñamos, y

buscamos aptitud en entender y enseñar las Escrituras, y solidez en doctrina bíblica, no obstante la parte más decisiva es tener un corazón correcto. Toda este pensamiento es un asunto del corazón – es *el corazón* lo que debe estar arreglado con Dios. Debe haber en nosotros una actitud correcta, un sistema de valorización correcto, una perspectiva correcta de valorización, y el perfeccionamiento de amor.

¿Qué clase de corazón es este entonces? Si usted va a tener un corazón correcto en las cosas de Dios, y la aceptación de su propósito apostólico para la restauración de la iglesia, ¿qué tipo de corazón tendría que ser?

Al describir este tipo de corazón, podríamos decir que tendría que ser un corazón *lleno*, un corazón *apasionado*. Podríamos describirlo como un corazón *amoroso*, un corazón *sincero*, un corazón *como el de un niño*. Podríamos decir muchas cosas, pero al final, estaríamos describiendo un corazón como el de Cristo, esto es, el corazón de un hijo.

Si queremos el corazón correcto, entonces como cualquier otro creyente, usted tendría también que tener el corazón de un hijo. ¿Y qué de los líderes de la iglesia? Cada líder en el cuerpo de Cristo, si tuviera el corazón correcto, debe tener el corazón de hijo – y el corazón de un padre también.

Por eso debemos de usar esta terminología de paternidad y de espíritu de hijo - esto es porque Dios es Dios en el Padre y en el Hijo. Dios ha escogido para Él mismo ser un Padre que ama a un Hijo. Dios ha escogido para Él mismo ser un Hijo que ama a un Padre. Esto es una revelación muy, muy importante dada a nosotros. Pues, *"Las cosas secretas pertenecen a Jehová nuestro Dios; mas las reveladas son para nosotros y para nuestros hijos para siempre, para que cumplamos todas las palabras de esta ley"* (Deuteronomio 29:29).

Testimonio

Ser hijo es mi oportunidad para demostrar obediencia, honor, confianza, gratitud, afecto y cooperación hacia Dios, al actuar de esta manera con el hombre que Cristo nos ha dado para proveernos cobertura para nuestro ministerio.

Hemos acogido a John como un santo apóstol de Dios, y como nuestra cobertura y padre espiritual. Siempre me ha atraído la gracia de John con la gente y los fuertes valores relacionales que él posee. Estas cualidades se ven y se sienten como Cristo. Para mí, John es un padre. Nunca ha habido ninguna autoridad del tipo "enseñorearse"; sino puramente relacional, lo cual creo que es el sello distintivo del carácter de John. Queremos imitarle. Siempre hemos tenido por sumo gozo el caminar con John como hijos espirituales. Simplemente amamos a John y a Hazel, y cada vez que los hospedamos tratamos de ir una milla más allá; y Daphne y yo nos hemos dado cuenta que esto funciona de ambas maneras, porque nos aman. Es un honor.

Creo en esa "senda antigua" de honor y respeto, y especialmente hacia hombres santos de Dios, porque nunca sabremos la jornada y el costo de lo que los ha traído hasta este alto llamado. Desde que caminamos con John, hemos experimentado una maravillosa gracia para edificar una comunidad apostólica, y una asombrosa paz al hacerlo. Hemos hallado una gracia nueva para amar, aceptar y perdonar a otros. Los mensajes de John han impactado grandemente mi vida, encontrando libertad en Cristo.

A Daphne y a mí nos gusta tanto recibir sus oraciones y bendiciones. Aunque no pasamos todo el tiempo juntos, creo que Dios nos ha dado a este hombre para que le amemos. A inicios de 2006, Dios me habló de Deuteronomio 1:6-8 y me dijo que yo debía servir al ministerio de John y ayudarle a poseer todo lo que nuestro Padre Celestial ha ordenado que él posea.

Esto ha sido de grande gozo para nosotros y nuestras ofrendas han incrementado. En Noviembre del año pasado, John enseñó acerca del diezmo en nuestra iglesia, y me di cuenta que había tantas cosas sobre este tema que no conocía. E inmediatamente obedecí a Dios y comencé a enviar nuestros diezmos semanales de la iglesia para bendecir la obra de Paz. Nuestro propio ingreso proveniente de los diezmos y ofrendas ha estado creciendo continuamente desde entonces.

No pasa un solo día sin que levantemos a John en oración delante de nuestro Padre Celestial. Caminar con John nos ha ayudado a edificar apostólicamente y certeramente. Estoy perfectamente cómodo caminando con un apóstol que a su vez camina bajo la cobertura de otro apóstol.

Rodney Samuels.

CAPÍTULO QUINCE

LÍMITES EN LAS RELACIONES

"Les suplico, hermanos, en el nombre de nuestro Señor Jesucristo, que todos vivan en armonía y que no haya divisiones entre ustedes, sino que se mantengan unidos en un mismo pensar y en un mismo propósito."

"Unos dicen: "Yo sigo a Pablo"; otros afirman: "Yo, a Apolos"; otros: "Yo, a Cefas"; y otros: "Yo, a Cristo."
"¡Cómo! ¿Está dividido Cristo? ¿Acaso Pablo fue crucificado por ustedes? ¿O es que fueron bautizados en el nombre de Pablo?"

(1 Corintios 1:10, 12)

A lo largo de los años de estar caminando en desarrollar relaciones, tanto como padre a hijos en el ministerio y como un líder preocupado por la interacción de los creyentes en relaciones diarias, he tenido que considerar asuntos, resolver problemas, y buscar respuestas a las preguntas que se han presentado.

De hecho, algunas cuestiones han surgido simplemente porque los oponentes, o la gente escéptica, o simplemente gente hiriente, han llegado a conclusiones equivocadas o hecho falsas acusaciones. Ha habido unos pocos que han hecho suposiciones equivocadas sobre lo que ellos pensaban que queríamos lograr enseñando ciertas cosas, y volvían esto en críticas. Por lo que ha habido ocasiones cuando, en respuesta, hemos tenido que decir, "No, eso no es lo que nosotros enseñamos. En lugar de ello, lo que nosotros decimos es..." Así, las siguientes posiciones las cuales he llamado límites, han sido resultados de la experiencia, o son solo el sentido común necesario sobre el tema.

Muy a menudo, cuando un nuevo entendimiento irrumpe sobre la iglesia, los creyentes predican, enseñan, y se organizan ellos mismos en línea con ese nuevo entendimiento. Pero algunas veces un movimiento va demasiado lejos, o toma nuevas ideas con entendimiento incompleto, y así puede haber consecuencias imprevisibles. La gente tiene buenas intenciones, pero ocurre que hay algunos resultados inesperados que tienen que ser corregidos.

Yo espero que estableciendo estas guías, la gente que toma la enseñanza de relaciones padre-hijo, y que busca estas relaciones como un medio de gracia, lo cual en verdad son, no cometerán errores tontos levantándose alrededor de la inexperiencia o malentendidos. Estos límites son aquellos que mantendrán tus pies sobre la tierra, y mientras tu lees entenderás que esto es, al final, solo buen sentido común.

Muy probablemente hay muchos otros 'límites', o parámetros de seguridad, en adición a los que nosotros discutiremos aquí. Pero los asuntos que yo menciono son los que siento que son más adecuados para ayudar a evitar o resolver problemas y serán especialmente de ayuda para edificar relaciones apostólicas.

Aquí, entonces, están siete límites que proveerán salvaguardas para nosotros, y ayudarán en el desarrollo apropiado de las relaciones bíblicas en que debemos caminar como un pueblo apostólico.

1. El Lugar de Jesús

El lugar de Cristo – en la iglesia, en la historia, y en la raza humana – es totalmente único. Él tiene el primer lugar, el lugar central, el más alto lugar; no hay nadie como Él, y nadie puede nunca tomar o usar Su lugar. Sólo Él puede salvar. De Él solamente viene la autoridad a la iglesia y a sus líderes. Él es el autor y la fuente de vida. Él es el único que tiene vida dentro de Sí mismo. Si alguien quiere vida, debe encontrarla en Cristo solamente.

Pero nosotros hablamos en un capítulo anterior acerca de la

necesidad de seguir e imitar a los líderes espirituales que son padres en la fe. Yo creo que el punto fue claro, que como estamos siguiendo a Jesús, imitamos a otros que son buenos modelos de cómo hacer que Cristo y Su propósito sean el centro de todo.

En mi propio corazón, Cristo tiene el lugar que ninguno puede tomar. Yo pasé gran parte de mi tiempo pensando acerca de Jesús, y los propósitos de Dios, y no mucho en otras cosas. Mi amor por Chuck y otra gente nunca está lejos de mi corazón, pero yo estoy ocupado escuchando al Señor, considerando la Palabra de Dios, orando, y buscando ser una bendición para otros. En el fondo de mi corazón hay amor para mucha gente – un amor para la gente que es esencial en el servicio para Cristo.

Mi Regalo de Cumpleaños

Yo aún recuerdo el día que cumplí 40 años. Había estado esperando mi cumpleaños 40 por un largo tiempo, ya no podía esperar para llegar ahí. Toda mi vida había escuchado que la vida comienza a los 40. Estaba muy emocionado por ello, y feliz cuando me fui a acostar la noche anterior; y cuando me levanté la mañana siguiente, caí sobre mis rodillas y agradecí a Dios. Bueno, esa es una mejor actitud que la que usualmente tiene la gente al volverse más viejos.

Sobre mis rodillas, yo oré al Padre y dije, "Padre, me gustaría que me dieras un regalo de cumpleaños. El regalo de cumpleaños que me gustaría es tener un corazón que ame más a Jesús. Yo no siento que tenga suficiente amor por Cristo. ¿Me regalas un corazón que realmente ame a Jesús?"

No noté la diferencia en uno o dos días, pero puedo decirle que cinco años después yo puedo ver hacia atrás y tener mucho gozo del progreso de mi corazón. Yo comencé a caminar en una pasión más grande; algo era más profundo y puro. De todos modos, me fue dado lo que yo pedí. Desde entonces yo he pedido por otras cosas y las he recibido también.

No ángeles, ¡Cristo!

En 1996, yo estaba dando vueltas alrededor de la parte baja del potrero de la propiedad donde vivimos, en oración. Nuestra iglesia había recibido la visita de un hermano que había venido a enseñarnos acerca del 'evangelismo profético'. Él dijo que en su experiencia los ángeles ayudan con el evangelismo, y había visto muchos ángeles en su trabajo por el evangelio. Como prueba, él hizo la observación que en los Hechos de los Apóstoles, cada una de las historias que tenían algo que ver con el evangelismo tenía un ángel ayudando. Eso me sorprendió. Así que fui a casa y chequé mi Biblia. Leí todas esas historias, y él tenía razón. Hubo un ángel en cada una, en todo el libro de los Hechos de los Apóstoles – Felipe, Pedro y Cornelio, etc.

Pero yo nunca había visto un ángel en mi vida, así que después de que él se fue a su casa, yo fui al potrero de atrás donde tengo árboles de mango creciendo, y comencé a orar. Yo dije, "Señor, nunca he visto un ángel – ¿qué tal un poco de acción?" Él dijo, "No. Eso no es para ti." Él dijo, "Para ti, hay una revelación de Cristo."

"Oh," yo pensé, "Eso es mucho mejor". Y así ha sido conmigo. Él me ha hecho rico en caminar con Jesús. Yo puedo decirte, en cada asunto en ésta búsqueda por la verdad apostólica, yo he estado cara a cara con Jesús.

> "En cada asunto en la búsqueda de la verdad apostólica, nosotros venimos cara a cara con Jesús".

¡Todo Debe Tratarse de Cristo!

En los mensajes que yo predico a lo largo de mi nación y otras, yo paso mucho tiempo buscando revelar a Jesús. Yo mencioné a nuestro querido hermano George Stormont, ahora en casa con el Señor, quien puso manos sobre mí y oró por mí. En sus últimos años, él se empapó a sí mismo cada domingo en la visión de Juan del Cristo glorificado visto en Patmos, y de ahí en adelante solamente hablaba de Jesús – y cuando él hablaba de Cristo la gente gemía. Lo sé, porque yo era uno de los que gemían. Él había orado por mí solo unos pocos meses antes que yo pasara ese tiempo en nuestro campo de mangos, cuando el Señor me había dicho, "¡Para ti hay una revelación de Cristo!" Creo recibí algo de lo que tenía el hermano George.

Así que ninguno mal entienda mi propósito, o el corazón de este tema, *'El Espíritu de Hijo'*. Todo de trata de Cristo. Y cada cosa que nosotros hacemos en relaciones debe continuar siendo de esta manera.

2. Contexto de Hermandad.

Aún cuando nosotros enseñamos las relaciones padre-hijo en la iglesia, y animamos a cada creyente a verse a sí mismo como un hijo, nosotros debemos caminar con un padre espiritual en el ministerio, nosotros debemos también ser claros que la iglesia es principalmente una hermandad.

La única relación que debe impregnar a toda la iglesia es una relación de hermano a hermano. Cualquier cosa que nosotros digamos acerca de caminar juntos como padres e hijos es con la intención de ser medida dentro de un contexto de hermandad.

En la Escritura Cristo también se llama a sí mismo nuestro hermano. En Hebreos 2:11 dice que Jesús no se avergonzó de llamarnos hermanos – pero dos versos más adelante se hace mención a Él llamándonos Sus hijos. Así que estos conceptos no son exclusivos, ni incompatibles. Uno no desaloja al otro.

Así, si has encontrado significado en la relación con un padre espiritual, o vienes a un entendimiento del espíritu de hijo, o no, tú eres un hermano en la casa. ¡Tú eres amado! ¡Eres aceptado! ¡Eres honrado! Eres igual, eres un par; y no eres menos en Cristo o en tu salvación solo porque usas un diferente tipo de vocabulario, o una manera diferente de ver las cosas.

3. Discurso Cuidadoso y Uso Precavido de la Terminología

El hablar cuidadoso es un límite muy importante. Lo que yo he escrito aquí debe ser considerado a la luz de lo que escribí antes, en el capítulo seis, discutiendo las palabras de Jesús en Mateo 23:8-10.

En mi propia conversación personal, usualmente yo no hablo de mí mismo como un padre en relación con alguien como un hijo por el uso de ese vocabulario.

Cuando yo me reúno con hijos, si estamos discutiendo relaciones y tal vez necesitando el uso de términos como 'padre' e 'hijo', usualmente no uso esos términos cuando oramos con ellos más tarde. La cosa importante es la naturaleza de la relación misma. El uso de títulos no establece algo que no existe, ni la ausencia de las palabras disminuye la efectividad de la relación. Jesús nos instruyó a no usar esos términos como títulos de ninguna manera.

> **"El uso de títulos no establecerá algo que no existe, ni la ausencia de las palabras disminuye la efectividad de la relación".**

Si alguno de los que son hijos espirituales vienen por oración, cuando no me refiero a ellos en oración por nombres, yo siempre les llamo a ellos mi hermano o hermana, más que hijo o hija. Sí, nosotros hemos entrado en una relación padre-hijo y en eso caminamos juntos. Pero, ¿eso qué significa? Significa que yo les sirvo a ellos como un padre serviría a un hijo, y ellos me sirven como un hijo serviría a un padre, pero yo difícilmente les llamaría hijo, y difícilmente me llamaría a mí mismo su padre. ¿Por qué no? Yo pienso que es innecesario, irrealístico, demasiado teatral, y puede tender a presunciones, orgullo, y otras percepciones en las manos equivocadas. Pero básicamente, es porque la realidad de la relación no llama para eso.

Si hay una relación genuina de confianza siendo formada, con cercanía y un sentido de pertenencia, nosotros solo necesitamos ser nosotros mismos. Nosotros estamos para cumplir el rol de ser un padre o un hijo, sin volver esto en un título religioso. Para todos mis amigos, y para todas mis hijas e hijos, yo soy John.

Hay algunas veces cuando debemos hacer excepciones a esto, y no solo viene a ser muy apropiado hablar de otra manera, sino necesario. Si por ejemplo, yo estoy orando un tipo de oración paternal por alguno, tal como cuando alguno necesita una bendición paterna. O cuando alguno tiene una cierta medida de inseguridad en ellos, y si el ser llamado hijo, o que yo les diga "Yo seré tu padre", producirá en ellos un sentido de aceptación, amor, y pertenencia, yo usaré ese lenguaje. Así que yo no estoy diciendo que nunca usemos ese vocabulario. Solo estoy diciendo, por favor sea sabio. Debemos ser mesurados en nuestro lenguaje, y cuidadosos en la forma que usamos la terminología.

4. No Haga Afirmaciones sobre la Gente.

Lo que voy a decir aquí es mayormente dirigido a los líderes cristianos. No haga afirmaciones. No afirme ser el padre de alguien, o el derecho a ser su padre, y no vaya por todos lados pidiendo hijos. Solo sea un padre, si usted es uno, y sírvales, al menos hasta que su madurez personal, y la genuinidad de la relación, sea establecida.

Hay mucha más sabiduría en esto que lo que aparenta inmediatamente.

Suponga que un pastor de una iglesia oye esta enseñanza de paternidad y de hijos espirituales por primera vez. Para él, las implicaciones serán que él deberá ser visto como un padre espiritual por su gente, y que ellos necesitan caminar más cercanamente con él en relación de amor como hijos a un padre. Pero él debería de ser cuidadoso en no sobre reaccionar, ni estar muy entusiasmado, de manera que no se esfuerce demasiado en producir resultados demasiado pronto. Un líder espiritual nunca debe forzar el cambio.

Un principio básico del liderazgo es no cambiar la estructura de la iglesia sin primero cambiar los valores mantenidos por la gente en la iglesia. Por lo tanto, un pastor debería enseñar e instruir así para establecer entendimiento, y no estar apurado por el entusiasmo y hacer peticiones prematuras que no son entendidas. Si un líder hace afirmaciones en la iglesia como "Bueno, yo soy su padre espiritual, ustedes son mis hijos espirituales, ustedes necesitan seguirme", entonces, si él no tiene unas relaciones muy maduras con ellos, está haciendo algo muy   tonto.
Obviamente él cree en los conceptos, y está usando terminología cristiana, pero prematuramente, sin sabiduría e inapropiadamente.

Lo que en realidad nosotros necesitamos promover es el desarrollo de significativas relaciones por sí mismas, por el bien de todos, y esto toma tiempo. Eso no puede ser apresurado y no es ayudado por afirmaciones vacías. Así que, mientras que un líder no sea maduro, establecido como digno de confianza, y visto en los ojos de otros como un padre, no afirme ser padre – solamente *sea* padre. Y no hagas afirmaciones sobre la gente diciendo que ellos son tus hijos, a menos que las relaciones estén establecidas, mutuamente apreciadas, y tú seas confiable. En vez de eso, solo enseña claramente la forma de ser hijos, y deja al Señor que establezca Sus gracias en las vidas de todos.

> "Mientras que un líder no sea maduro,
> establecido como digno de confianza, y visto
> en los ojos de otros como un padre, no afirme
> ser padre – solamente sea padre".

5. El Principio de Libertad.

El primer principio para mí en el ministerio apostólico es dar libertad a la gente, y servir así para traer a la gente a la libertad espiritual en Cristo. El liderazgo espiritual no puede ser controlador, ni impositivo.

Como líder de nuestra iglesia, yo acostumbraba decir públicamente desde la plataforma "Ustedes son libres de venir, y también libres de irse. Nadie está encerrado. Pero si ustedes eligen quedarse, entonces están eligiendo caminar en relaciones con otra gente. Están eligiendo amar, y necesitan estar dispuestos a ser enseñados en lo que se requiere para ser mayordomos en la casa de Dios, especialmente en relación con otra gente. Esto requiere la entrega del corazón, pero nosotros no encerramos a la gente dentro de nada; nosotros damos libertad, y la gente es libre de vivir sus propias vidas."

Usted puede preguntar a cualquier persona en nuestra comunidad ahora si esto ha sido cierto. Yo no hago demandas de la gente, pero eso no significa que yo no sepa cómo invitar a la gente a caminar en lo que nosotros tenemos, o a solicitar su cooperación. Pero yo me refreno de poner obligación sobre los creyentes; ellos deben estar dispuestos a elegir caminar con nosotros en relaciones y en la misión que nos ha sido dada.

Hace años, la vieja frase "vive y deja vivir", vino a significar realmente algo para mí. Yo sé que esta frase puede ser confusa, y que la gente lo asocia con diferentes tipos de sentimientos, pero yo le di mi propio significado. Para mí eso vino a simbolizar un concepto espiritual muy importante. Significaba que yo debía permitir a los demás ser ellos mismos en Cristo.

En otras palabras, yo debía caminar con Cristo lo mejor que pudiera, y tratar de ser un buen ejemplo a otros, pero sin criticismo, condenación o juicio a otros si ellos eligen caminar en una diferente manera de la mía en el servicio a Cristo. Una actitud como ésta significa que nosotros podemos gozar la vida. Nosotros podemos gozar libremente lo que somos en Cristo, sin la espantosa carga de tratar de demandar la conformidad de otra gente a nuestra imagen. Cuando juzgamos a otros, perdemos nuestro gozo y libertad, porque ahora nosotros estamos bajo la ley, y lo que es peor, una ley de nuestra propia hechura.

Esto no significa que los líderes no están para aplicar disciplina en algunas caídas en pecado, o si alguno prueba ser un hermano divisivo. La Escritura es muy clara acerca de lo que debe hacerse en el caso de la disciplina de la iglesia, y la disciplina es esencial, para la salud y vitalidad de la casa. Pero con respecto al vivir cada día en el servicio de Jesucristo, no estamos para ser prejuiciosos o críticos de aquellos que eligen otra forma de cumplir lo que ellos creen ser el llamado de Dios sobre sus vidas. La libertad de conciencia sigue siendo una muy importante y significativa doctrina cristiana.

6. Las Relaciones no Son Exclusivas, sino Inclusivas.

Las relaciones padre-hijo, o cualquier relación en el Cuerpo de Cristo para esa materia, no deberían ser nunca exclusivas. ¿Qué significa *exclusiva*? Acortemos la palabra a otra palabra que es más fácil de entender – la palabra 'excluir'. Cuando tú tienes una buena relación con una persona, no debería normalmente excluir a otra persona de tu corazón o de tu vida. En las relaciones saludables se nos debe hacer fácil incluir a otra persona en nuestro amor y compañerismo.

> "En las relaciones saludables se nos debe hacer fácil incluir a otra persona en nuestro amor y compañerismo".

Habrá algunas circunstancias que parezcan hacer una excepción a ésta regla, pero de hecho no son excepciones, sino son requerimientos. Supón que tu padre espiritual es el pastor de tu iglesia – o si tú eres el pastor, entonces el apóstol con el cual tú caminas. Supongamos que tu padre espiritual es falsamente acusado por un hermano divisivo, o su enseñanza opuesta por otro líder cristiano, quizá un pastor contencioso de otra iglesia, o un falso profeta de alguna parte. ¿Puedes continuar relaciones con ambas partes simultáneamente, queriendo ser amigo de ambos? ¿Puedes ser un hijo de tu padre espiritual, y también promover el ministerio de esta otra persona?

No, tú no puedes permitirte hacer eso. Al pararte con tu padre espiritual, no estas quebrando este principio. Esa situación no es la circunstancia normal a la cual esta 'regla' aplica, y la Biblia da clara instrucción que no hagamos amistad con hermanos divisivos, y que seamos cuidadosos de los peligros de falsos hermanos. Asegurar que tú tienes el amor de un hijo a un padre, mientras al mismo tiempo sostienes a sus 'enemigos', muestra un corazón de infidelidad y deshonor. Frecuentemente es egoísmo ambicioso de trabajar con gente que hace ese tipo de cosas.

Pero las relaciones normales que gozamos en Cristo no deberían ser exclusivas en el sentido de que esquivemos a algún buen hermano o hermana. Pero encontrarás a veces alguien que, debido al celo o rivalidad, o inseguridad, si ellos no consiguen tu indivisible atención, batallan, se sienten rechazados, se ofenden, y tratan de ser controladores.

Ya habrás escuchado el viejo refrán, "dos es compañía, tres es multitud." Por eso Dios es un Dios trino – Él tiene que ser tres, y no dos. Dios no podría ser santo si fuera solo dos, porque podría ser una relación exclusiva. Él tenía que ser tres, y vivir en perfecta armonía, con perfecta unidad, profundo amor, cada uno hacia el otro, en el Dios principal. Usted sabe que el Padre y el Hijo no están juntos y dejan al Espíritu Santo afuera, y es lo mismo con nosotros.

Así que si usted ha venido a ser un hijo a un padre, mientras ese padre tenga un único lugar en su corazón, esto no impide que usted ame y sirva a otra gente, incluyendo otros líderes cristianos.

Ni son estas relaciones sectarias. No son para producir un pequeño grupo aquí que siga a un líder, mientras que otro grupo por allá, está siguiendo a otro, en una manera que divide al Cuerpo de Cristo.

Para ilustrar, hace unos años atrás yo estaba en Adelaide reunido con algunos pastores que se relacionaban conmigo. Uno de ellos hizo una pregunta honesta, "¿Cómo nos llamamos a nosotros mismos ahora? ¿Es esto el ministerio de John Alley o qué?" Yo dije, "¡No! ¡No! Estoy aquí para ayudarles a ser parte de la iglesia de Adelaide". Yo seguí dejándolo más claro, "yo no vengo a Adelaide para formar mi propio movimiento, o cualquier cosa de esa suerte. Esto no es una red apostólica en el sentido que ustedes se han unido a una organización y están separados de otros. Su relación con la iglesia total de Adelaide es tan importante como sus relaciones conmigo. Yo vengo como un apóstol para servirles, y puedo ser un padre para ustedes, y ustedes pueden amarme y caminar conmigo, pero la meta final es edificar la iglesia de la ciudad, y edificarles a ustedes como parte de esa iglesia".

> **"La meta final es edificar la iglesia de la ciudad, y edificarles a ustedes como parte**

Que esas relaciones no deben ser sectarias es tratado fuertemente en 1 Corintios capítulos 1 y 3 con algunos problemas relacionales los cuales estaban ocurriendo en esa iglesia. En el capítulo 1 Pablo fue muy directo con los Corintios, diciéndoles básicamente, "¿Qué pasa con ustedes chicos?" Porque, les dijo, "Ustedes están diciendo *'Yo sigo a Apolos'*, o *'Yo sigo a Pablo'*." Aún en el siguiente capítulo 4, él también escribió, *"Yo he venido a ser su padre... por lo tanto les urjo a ustedes que me imiten."*

Esto muestra que su paternidad, la cual él *urgía* sobre los Corintios, nunca fue dirigida en ningún sentido a dividir la iglesia en campos separados. En conclusión él dijo, *"Así que, ninguno se gloríe en los hombres; porque todo es vuestro: sea Pablo, sea Apolos, sea Cefas, sea el mundo, sea la vida, sea la muerte, sea lo presente, sea lo por venir – todo es vuestro, y vosotros de Cristo, y Cristo de Dios"* (1 Corintios 3:21-23). Por esta razón Lutero, por ejemplo, pertenece a cada creyente, no solo a los luteranos. Y realmente, Lutero pertenece a los católicos también. Y John Wesley pertenece a mí y a ti, no solo a los metodistas, y así lo demás.

Todas las cosas son vuestras, y los dones de liderazgo que Dios da a Su Cuerpo no son exclusivos.

Como Pablo, nosotros aún estamos yendo a urgir a cada creyente a caminar con un padre espiritual, porque Dios nos da a todos líderes para que estén personalmente involucrados en nuestras vidas. Con ellos necesitamos caminar, someternos a ellos y aprender de ellos. (Como un apartado, yo debo comentar que es desafortunado nos sea necesario referirnos a unos cristianos como Luteranos, y a otros como Bautistas, y aun a otros como Católicos o Wesleyanos. Esto es precisamente lo que Pablo dijo a nosotros que no hiciéramos, cuando él reprendió a los Corintios por decir *'Yo sigo a Apolos'*, o *'yo sigo a Pedro'*. Históricamente, la iglesia no solo fue a hacer esto, sino institucionalizó el proceso también – pero esto, yo creo, está siendo desmantelado en este día de la restauración de la vida apostólica de la iglesia).

7. El Espíritu de Hijo Es una Gracia, no un Deber.

El ser hijo no es una obligación sobre los creyentes, sino es una oportunidad. Dondequiera que nosotros enseñamos los principios de ser hijo – es decir que cada uno de nosotros debe ser un hijo en el ministerio; que cada uno debería estar caminando con un líder como padre espiritual, aprendiendo como amar, servir, y honrarlos a ellos; y que esto les ayudará en Cristo – nosotros debemos ser especialmente cuidadosos de no hacer esto una demanda sobre ninguno. Esto es un medio de gracia, y debería ser siempre entendido como una oportunidad para crecer en gracia.

> "El ser hijo es un medio de gracia, y debería ser siempre entendido como una oportunidad de crecer en gracia".

Si esto es una gracia, entonces es una gracia libremente ofrecida. No debería verse nunca como una demanda – que podría arruinar la entera fundación relacional de ello, y ser muy contrario a la gracia. Eso no es un deber, no es una obligación, no es una demanda, no es una regulación, y no es para ser forzado – por favor entienda, el ser hijo es una oportunidad para crecer en fe y encontrar gracia con Dios caminando en relaciones apropiadas. Sí, las relaciones son esenciales para la Cristiandad en sí misma, pero la gracia debe aún entrar en un corazón que ha sido dispuesto por el Espíritu del Señor, y no por alguna ley.

Yo tuve que clarificar esto a mi propio equipo pastoral, porque ellos siempre toman su liderazgo de lo que yo digo, y trabajan para construir dentro de la vida de nuestra congregación. Debido a la enseñanza de paternidad y de ser hijos en casa, nosotros ahora tenemos algunas generaciones de padres e hijos en nuestra iglesia. Nuestro equipo pastoral ha estado siempre muy comprometido a edificar a cada uno en relaciones.

Pero yo recuerdo que tuve que atemperar su celo diciendo, "Ninguno *tiene* que hacer esto. En la congregación, ninguno tiene que ser hijo, a ninguno se le requiere que piense de sí mismo como un hijo. Si ellos solo quieren venir, sentarse con nosotros, gozar el ministerio, dar sus diezmos y ofrendas, y verse a sí mismos como un hermano de todo mundo, porque ellos no tienen luz sobre ninguna cosa más, por mí está bien. No estamos para forzar a nadie a un molde, y nosotros no debemos manejar esto en una manera que pudiera crear una forma de pensar de Cristianos de clase A y clase B en la misma congregación."

Finalmente, Es Amor.

Al final, esta materia en total se trata del amor – y es amor en el contexto de una familia, la familia de Dios. Esto, lo consideraremos más en el próximo capítulo.

Elaine Hans

Miembro de la Comunidad Apostólica Paz

Testimonio

He sido miembro de Paz por más de veinte años, y conozco a John y a Hazel Alley por más de veintiún años. Cuando llegué por primera vez a Paz, me involucré en todo. Amé a Hazel y a John, y me sumergí en todo lo que les pudiera ayudar. Yo era de verdad una 'hacedora', por eso podía entrar en cualquier programa de la iglesia. Limpiaba, enseñaba Educación Religiosa, ayudaba con el cuidado pastoral, ayudaba a echar a andar la librería, dondequiera que se necesitara ayuda. Yo era una parte activa de la vida en los grupos de casa y en cualquier cosa que el liderazgo dijera que quería hacer, trataba de ayudar.

Pero sin importar lo que hiciera, lo único que siempre permanecía en mí era el sentimiento de que no hallaba mi lugar. No había razón para que yo me sintiera de esta manera, y recuerdo haber ido con John algunas veces, con lágrimas, porque me sentía tan sola y como si simplemente no tuviera lugar en la iglesia, o en realidad en ningún lugar. Pero continué esforzándome en las cosas de Dios. Siempre he amado a Dios, desde que fui salva y supe que necesitaba su dirección más que cualquier cosa.

John comenzó a enseñar acerca de las relaciones padre-hijo, acerca de la necesidad de tener padres y ser padres para otros, y pensé que todo eso tenía lógica y sonaba bien. Me sentí segura de que entendía lo que eso significaba y que eso en verdad ya estaba operando en mi vida, así que simplemente continué de la misma manera. Desafortunadamente, seguía batallando con el sentimiento de que no hallaba mi lugar y mi vida espiritual parecía estar viajando en una montaña rusa.

Yo sentía que ya les había entregado mi corazón a John y a Hazel; después de todo, yo los había amado y servido en gran manera para ayudarles durante mucho tiempo. No fue sino hasta que empecé a escuchar algunos testimonios de gente que estaba hallando esta nueva libertad en estas relaciones, que me di cuenta de que yo no tenía eso, y me sentí aún más sin lugar. Pensé, "He trabajado tanto, he sido parte de todo, he ayudado en todo. ¿Por qué no puedo sentir que estoy en mi lugar correcto? ¿Por qué no soy reconocida?"

Luego Dios me hizo estar abajo por un tiempo, de manera que ya no podía hacer las cosas que hacía antes. Ya no podía ir a las reuniones de oración, así que llegué al punto en mi propio corazón donde realmente sentía que yo valía muy poco. No podía 'desempeñar' nada, así que me sentía inútil. Pero seguí esforzándome en Dios, y John y Hazel siguieron orando por mí.

Yo era una de esas personas que tenía que escudriñar todo para saber si realmente venía de Dios. Yo era de las que decían: "¡Yo no sigo a ningún hombre, yo sigo a Dios!" Aunque amaba a John, y lo conocía a él y a su manera de caminar con el Señor, yo no quería ser acusada de estar siguiendo a un hombre, así que estaba dispuesta a seguir a John siempre y cuando pudiera escudriñar todo en mi mente y llegar a las mismas conclusiones. Pero un día Dios me reprendió al respecto. Él me mostró que mi corazón no estaba con John; mi corazón estaba conmigo misma, con mis asuntos, y con las cosas que yo quería; y que mis motivos no eran lo que yo pensaba que eran. Llegué al punto de darme cuenta de que tenía que confiar en Dios y entregar mi corazón a John y Hazel; entregarlo de verdad, y elegir seguirles a dondequiera que ellos fueran; y eso no era seguir a un hombre, eso era estar en obediencia a Dios. Yo sabía que esto era lo que Dios quería que hiciera.

No se trataba de darme por lo mucho que pudiera hacer; sino entregarme por lo que era. Así que fui con John y Hazel y 'oficialmente' les entregué mi corazón. "A dondequiera que vayan les seguiré y nada me hará cambiar de parecer". Esta vez, no cambiaron mis circunstancias, fui yo quien cambió. Ese compromiso del corazón rompió algo en mi vida, y puedo testificar honestamente que desde esa vez nunca más he vuelto a sentir que no tengo lugar. Mi corazón fue entregado verdaderamente y ahora sentía que tenía un lugar. Era como si el enemigo no pudiera volver a lanzarme esa mentira, pues me había entregado a mí misma, por lo que yo era, a la persona que Dios quería que yo siguiera, así que me sentí muy amada, muy bendecida, y sentía que ahora sí formaba parte de lo que Dios estaba haciendo.

Junto con eso vino una libertad verdadera para ser yo, y para compartirme a mí misma con John y Hazel, y me di cuenta que ellos realmente me querían – ¡a mí! No lo que pudiera hacer por ellos, sino realmente a mí; y que ellos deseaban entregarse a mi vida. Muchas veces yo voy con Hazel, como mi Mamá espiritual, y le comparto cosas de mi vida que no las compartiría con nadie más, y puedo testificar que una palabra de Hazel, o una palabra de John, son suficientes para romper cosas en mi vida. Es como la bendición del padre o de la madre; se rompen cosas en mi vida, y puedo caminar sintiéndome en victoria, porque ellos tienen mi corazón y ellos pueden declarar cosas a mi vida. Yo les he dado permiso para hablar a mi vida; de traer represión, corrección, retos, lo que sea necesario para que pueda crecer. De verdad lo deseo.

Esta nueva libertad también me soltó para que pueda amar de una manera nueva. Dios nos estaba enseñando acerca de la comunidad, y nos estaba pidiendo caminar con los demás en amor real. Yo creí en esto y traté todo para lograrlo, pero aunque me llevaba bien con la gente, habían muchos que de verdad me fastidiaban. Siempre había tenido un poquito de espíritu de crítica con el cual tenía que tratar, y esto obstaculizaba el edificar la comunidad. Me enseñaron que no podemos hacer nada nosotros solos para alcanzar estar en comunión, sino que es una obra del Espíritu. Eso fue una verdadera revelación para mí, así que le pedí al Espíritu de Dios que hiciera en mí la obra para que yo pudiera entrar a estar en comunión con los de Paz.

No mucho después de esto John estuvo hablando sobre los Moravos, y cómo en sus reuniones era como si el Espíritu de Dios hiciera que sus diferencias desaparecieran. Recuerdo estar sentada en esa reunión mirando a mi alrededor a mis amigos y mi familia de la iglesia, cuando de repente me di cuenta de que no podía hallar ni una falta en alguno de ellos. Me di cuenta que Dios había hecho algo en mí, de manera que yo podía verlo a Él en cada uno de los que allí estaban, y sentí un profundo amor por todos ellos. Esto había estado creciendo en mí, pero no me había dado cuenta hasta ese día. Aun la gente que me había molestado antes, ya no me molestaba. Sé que el Espíritu Santo hizo esa obra, y también sé que esto ha venido como resultado de entregar mi corazón, de convertirme en una hija dentro de la casa. Así que de verdad agradezco a Dios, y animo a todos a encontrar quién es su padre, y que le den su corazón porque esto trae una verdadera libertad en Cristo.

Elaine Hans.

CAPÍTULO DIECISÉIS

AMOR Y

PADRES

ESPIRITUALES

*"Si tengo profecía y entiendo todos los misterios y todo conocimiento;
y si tengo toda la fe, de tal manera que traslade los montes,
pero no tengo amor, nada soy".*

(1 Corintios 13:2)

Al final, todo este asunto de padres, hijos, y significativas y transparentes relaciones se trata del amor: Eso *es* amor, y en el contexto de una maravillosa familia.

Yo siento gran amor por mi padre espiritual, Chuck Clayton, pero yo no sentía ese amor al principio cuando comencé con él. El amor fue algo que creció a lo largo del tiempo, a medida que legué a conocerlo, y a entenderlo a él y su propósito en Cristo. Yo supe desde el principio que estaba bien y era bueno desarrollar una relación con él, como el Señor me había dicho que lo hiciera, pero tomó tiempo sentirme en casa con ello. Yo estoy contento ahora que continué fielmente en lo que estaba convencido, y he llegado ahora al lugar donde siento un profundo amor por él, y por su gente también.

De vez en cuando nosotros venimos a enfrentar mentiras hacia el mensaje apostólico, en Australia y en otras partes. Estas son, seguido, colgadas sobre la enseñanza de las relaciones padre – hijo, y sobre asuntos como la autoridad de los apóstoles y de los padres espirituales. Esto es porque ellos solo pueden ver esto como cosas o medios de control, usualmente porque ellos han tenido una mala experiencia en el pasado. Bueno, una cosa maravillosa es esta: aunque algunos pudieran criticar tal enseñanza, de acuerdo a la Biblia ¡no hay ley contra el amor!

"Pero el fruto del Espíritu es amor, gozo, paz, paciencia, benignidad, bondad, fe, mansedumbre, templanza", escribió Pablo. Y lo siguiente que él registró fue, *"Contra tales cosas no hay ley"* (Gálatas 5:22). Ninguno puede decir que no puedes amar a un hermano. Así que no seas estorbado por lo que otros puedan decir.

El hecho es que cada líder cristiano, tal como el apóstol Chuck, necesita ser amado y apoyado, y es Dios quien nos llama a cada uno de nosotros a amar a nuestros líderes. Así ocurre que yo soy uno de los establecidos por Dios para amarlo, y estimarlo altamente por su buena obra. Usted también ha sido establecido por el Señor para amar *a alguien*. Usted no puede conocer a todos los líderes cristianos en el mundo, así que no puede amarlos a todos; pero habrá uno entre ellos establecido para que usted le ame.

Este tipo de amor, incluyendo el afecto y el honor del cual hemos hablado, no es ni idolatría ni ataduras. Eso es algo enteramente diferente. Cuando nosotros amamos así, es madurez espiritual. Nadie es espiritualmente maduro, aunque tenga dones poderosos, si no camina en este tipo de amor.

> **"Nadie es espiritualmente maduro, aunque tenga dones poderosos, si no camina en este tipo de amor".**

En nuestro pensamiento necesitamos conectar lo que Gálatas 5:22 dice acerca del fruto del Espíritu, contra el cual no hay ley, y 1 Corintios 13, el cual nos dice que sin amor, somos solamente ruido y no sustancia, somos nada, y no ganamos nada. Debemos amar o no tendremos nada de valor eterno y estaremos aún atados a la carne.

Nosotros debemos también confiar. Nosotros tenemos que edificar confianza en las relaciones, o no estamos edificando nada. Si nosotros no tenemos relaciones confiables en el trabajo del ministerio, estamos edificando tras la carne y no tras el Espíritu. La obra espiritual es un trabajo interno, y no se mide en cosas externas. Las cosas internas, las del corazón, deben estar en el orden correcto.

Yo tengo un gran deseo por gente que sienta un fuerte amor por sus líderes, y por cada uno. Yo también siento un gran anhelo por los líderes del Cuerpo de Cristo, de que tengan gran amor unos por otros, tanto como por los creyentes. No hay otra manera en la cual nosotros podamos ser verdaderamente la iglesia.

Si Jesús nos dijo que nos amaramos unos a otros, lo cual Él hizo, entonces obviamente nosotros vamos a amar a nuestros líderes especialmente. Hay todo tipo de interesantes instrucciones en las Escrituras acerca de amar a los líderes, y cuando viajo a predicar en iglesias, encuentro que lo que más deseo es que la gente que yo veo delante de mí ame a sus líderes.

¡La Principal Tarea de un Padre es Amar!

Hemos estado hablando mucho acerca del amor de un hijo, pero la principal tarea de un padre es amar. Puede haber todo tipo de cosas que un padre tenga que hacer en su trabajo en Cristo, y puede que él tenga que trabajar en varias formas para ayudar a sus hijos. Pero su principal tarea es amar.

Tome al padre del pródigo, por ejemplo. La única cosa que él pudo hacer por un largo tiempo fue amar y esperar a su hijo. ¿Y qué tal Jesús? En su recordada oración sacerdotal, Él dijo que Él había cuidado y guardado a todos aquellos que el Padre le había dado a Él (Juan 17:6,12). Hay algo acerca del amor de un padre que es diseñado para ayudar 'a guardar' hijos e hijas en la fe.

Así por la gracia de Dios, un padre tiene cuidado de sus hijos. El corazón de un padre cuida de sus hijos. El corazón de un padre, quiere protegerlos, bendecirlos, inspirarlos, animarlos y otras cosas. Él quiere ayudar a sus hijos a tener éxito. Él quiere apoyarles y estar detrás de ellos. A un padre le gusta animar a sus hijos, como Moisés lo hizo con Josué, acerca de quien Dios había dicho a Moisés, *"animalo, porque él guiará a Israel..."* (Deuteronomio 1:38, ver también 3:21-22, 3:28).

La autoridad dada a tales líderes no es solamente un beneficio adicional o un fácil privilegio; no es un aventón gratis para nadie. Este tipo de líderes llevan una gran responsabilidad, y serán juzgados más estrictamente (Santiago 3:1). Pablo dijo que Dios, que les ha cofiado el evangelio, probó sus corazones (1 Tesalonicenses 2:4).

Hace algunos años un hombre maduro, un hombre muchos años mayor que había estado en el ministerio por 50 años, un hombre con dones y con hijos, me preguntó si yo podría ser su padre espiritual. Mientras él me hacía esta pregunta, yo recordé que una noche en las Filipinas muchos años antes, el Señor me dijo, "Te voy a traer a relaciones con muchos grandes hombres y mujeres de Dios de todo el mundo, y les servirás". Yo repliqué a él diciéndole de la palabra que había recibido, y entonces le dije esto: "Tú necesitas un padre espiritual. Si eso es lo que tú quieres que haga por ti, entonces así es como yo te serviré".

Liderazgo y paternidad es siempre la necesidad del pueblo de Dios. Los líderes son enviados para servir al pueblo de Dios, y ellos sirven proveyendo el amor, la paternidad, y el liderazgo que es necesario.

> "Los líderes son enviados para servir al pueblo de Dios, y ellos sirven proveyendo el amor, la paternidad, y el liderazgo que es necesario".

Mi hija pequeña, Susanna, cuando tenía siete años, me dio una tarjeta de cumpleaños que hizo para mí. En el frente decía: "Feliz cumpleaños" y ella me había dibujado usando una corona, y ahí ella escribió: "te amo, te amo, te amo, te amo". La abrí, y adentro ella había escrito: "Te amo y espero que tengas un buen cumpleaños. Feliz cumpleaños, te amo, y creo que tú eres el mejor padre en el mundo".

Ella no me dejó ninguna duda de su mensaje. Yo me asfixio con abrazos y besos todos los días por todos mis hijos, y hay un permanente mensaje a través de la experiencia de la vida familiar. Yo soy amado, aunque yo los amé a ellos mucho antes de que ellos me conocieran lo suficiente para realmente conocerme.

Cuando alguno en una buena familia expresa el amor como este, ¿puede alguien pensar que ellos están haciendo algo incorrecto? No hay una ley en contra de esto, ¿o sí?

Todos sabemos también que cuando un pequeño dice, "Yo creo que tú eres el mejor papá del mundo", está bien, es bueno y es un sentimiento saludable en el pequeño. Esto es lo que cada pequeño niño o niña piensa acerca de su papá.

En la familia de Dios no debe haber una diferencia. Nosotros estamos destinados a tener tal corazón para nuestros padres también. En nuestros corazones, tanto como a nosotros concierne, ellos son los más grandes – y nosotros queremos ofrecerles a ellos lo mejor de nosotros como servimos al Señor juntos.

Usted no debería ser reticente o avergonzarse por sentir esta clase de amor, porque como la Escritura dice – no hay ley contra el amor.

Testimonio

Queridos John y Hazel:

Es difícil encontrar las palabras exactas, pero quiero decir – ¡Gracias! por todas las cosas.

Tenerles a ambos en nuestras vidas ha sido una gran diferencia. La cobertura apostólica es un milagro y el más maravilloso don ofrecido para la iglesia. A lo largo de los años (mi esposo) y yo hemos sido bendecidos por estar bajo una de las "mejores" enseñanzas disponibles. Nosotros hemos tenido recursos y asociaciones disponibles para nosotros y todas estas cosas se han agregado a nuestras vidas. Ninguna de estas cosas hizo la diferencia.

Sin embargo, el último par de años que hemos vivido bajo su cobertura nos ha habilitado para realmente vivir en las cosas que nosotros conocíamos. Tener un "papá y mamá" que nos aman hace la gran diferencia. El permitirnos ustedes tal acceso a sus vidas nos ha ayudado a hacer las cosas diferentemente, y nosotros sin ninguna vergüenza les imitamos a ustedes con magníficos resultados.

No hay palabras para decirles cuanto he cambiado y cuán agradecida estoy.

Gracias, con mucho amor,

(Nombre proporcionado, pero quitado de la publicación).

CAPÍTULO DIECISIETE

UNA ÚLTIMA PALABRA

"El que quiera hacer la voluntad de Dios,
conocerá si la doctrina es de Dios,
o si yo hablo por mi propia cuenta".

(Juan 7:17)

En el capítulo 7 de Juan, leemos de Jesús siendo cuestionado acerca de dónde Él tomó su enseñanza y autoridad. "¿Cómo éste hombre consiguió tal aprendizaje...?" decían. Al contestar la pregunta, el Señor hizo algunos interesantes pronunciamientos acerca de Él mismo, y haciendo así hizo claro un principio acerca del ministerio apostólico. *"Mi enseñanza no es mía, viene de el que me envió"* (Juan 7: 16).

Cristo es el enviado del Padre, el apóstol del Padre. Entonces Jesús dijo, *"El que quiera hacer la voluntad de Dios, conocerá si la doctrina es de Dios, o si yo hablo por mi propia cuenta".* Luego agregó, *"El que habla por su propia cuenta, su propia gloria busca; pero el que busca la gloria del que le envió, éste es verdadero, y no hay en él injusticia"* (Juan 7;17-18). Esto es lo que un apóstol debe de ser. Como Cristo fue, uno que trabaja por la honra de quien lo envió, todos nosotros somos llamados a ser.

> **"Un hombre de verdad trabaja para la honra del que lo envió".**

Un apóstol no se representa a sí mismo, ni habla por sí mismo; como Cristo, él ha dejado lo que era 'suyo' a un lado. Usted recuerda que a menudo se dice de Cristo, "Él puso a un lado su gloria", en referencia a la Escritura que dice del Señor, Él *se despojó a sí mismo, tomando forma de siervo... se humilló a sí mismo, haciéndose obediente hasta la muerte"* (Filipenses 2:7-8).

¿Qué significa haber puesto su gloria a un lado? Él dejó a un lado Su poder, Su habilidad para saber todas las cosas, para estar en todas partes al mismo tiempo, y dejó a un lado Su propia autoridad personal – en otras palabras, todos los atributos de Dios Él los hizo a un lado. Solo una cosa Él no hizo a un lado, y eso fue Su identidad – Él permaneció siendo lo que era. Pero todo lo demás Él lo entregó, de tal manera que Él pudiera venir a éste mundo como el representante de otro.

Él no vino en Su propia autoridad, sino en la autoridad del Padre. No hubo ninguna acción unilateral en el Hijo de Dios ni independencia. Él no hizo Sus propias cosas, Él fue enviado por el Padre. Un apóstol siempre lleva la autoridad de una autoridad mayor que cualquier autoridad personal. La autoridad que era suya como Dios, Él la hizo a un lado para así ser el apóstol enviado por el Padre.

Hasta que Él fue bautizado por Juan, en cuyo tiempo el Espíritu Santo vino sobre Él corporalmente, Él comenzó a ejercitar autoridad y poder.

Él tenía entonces treinta años, habiendo crecido en sabiduría y conocimiento. Por el tiempo que Él tenía 12 años, Él pudo confundir a los fariseos con sabiduría y conocimiento, así que tenía algo. Pero Él no tenía poder y autoridad hasta que fue al Jordán y se sometió Él mismo a un hombre quien era "en Cristo" – como nosotros podemos decir – un hombre que estaba en el ministerio antes de que Él estuviera. Él fue al líder del ministerio de ese día – Juan el Bautista – y se sometió a él y a su bautismo. En respuesta a Juan, quien no quería bautizarlo, Jesús le dijo, *"...deja ahora, porque así conviene que cumplamos toda justicia"* (Mateo 3:15).

Siguió, entonces, que para que Jesús pudiera entrar en Su propio ministerio, y llevar la autoridad del Padre, Él tenía que ser primero un hombre sometido. Él se sometió a sí mismo al bautismo de Juan, y como resultado, el poder del Espíritu vino sobre Él.

> **"Para que Jesús pudiera entrar en Su propio ministerio, y llevar la autoridad del Padre, Él tenía que ser primero un hombre sometido".**

Él no trabajó para Su propia honra, sino para la honra de Su Padre. Fue por eso que Él llevó la completa autoridad del Padre, como aún un centurión gentil fue capaz de reconocer (Mateo 8:8-9).

Recuerden que Él dijo, *"Toda autoridad me ha sido dada en el cielo y en la tierra"* (Mateo 28:18). Note la palabra *'dada'* – la autoridad no era de Él mismo. Esto es la autoridad apostólica. Siempre es una autoridad dada, y siempre derivada de estar en sumisión a la voluntad de otro.

Para ser un pueblo apostólico, debemos aprender a caminar humildemente bajo aquellos que están sobre nosotros y alrededor de nosotros en la iglesia. Nuestra sumisión no es solamente a Dios, sino a nuestros líderes y a nuestros hermanos también. Si usted tiene un corazón de sumisión, será una actitud que se mostrará en todas nuestras relaciones. Por eso la Escritura dice, *"someteos unos a otros en el temor de Dios"* (Efesios 5:21).

> **"Para ser un pueblo apostólico, debemos aprender a caminar humildemente bajo aquellos que están sobre nosotros y alrededor de nosotros en la iglesia".**

Nosotros no tenemos otra opción si verdaderamente queremos aprender el camino de Cristo. Y si no lo aprendemos de esta manera, encontraremos al final del camino que hemos creído en vano, dado que hemos estado en otro espíritu, el que no tiene ley, contra el cual Cristo nos advirtió. Después de todo, sólo aquellos que hacen la voluntad del Padre entran al Reino de Dios (Mateo 7:21-23).

Si debemos someternos unos a otros, cuánto más debiéramos

someternos a aquellos que nos aman y nos dirigen en el nombre de Cristo. Esta es una lección difícil de aprender para algunos, porque somos de un espíritu independiente. Hemos sido levantados en tales circunstancias de arrogancia, y hemos sido enseñados, no solo por el mundo en el cual vivimos, sino frecuentemente en los propios sistemas de valores de nuestra familia, y por los sistemas religiosos en los cuales fuimos levantados también, a ser escépticos. Fuimos enseñados por la atmósfera institucional y actitudes personales alrededor de nosotros para no confiar en la gente. Esta expresión de escepticismo, independencia, y orgullo está engranada en nuestra carne. Eso es lo que tenemos que vencer.

Nosotros debemos aprender el camino de Cristo, quien eligió hacer la voluntad de Su Padre en todas las cosas. Así que si vamos a aprender Su Camino, si somos sabios, no nos alejaremos del camino del mensaje de éste libro con un espíritu independiente. La independencia es la principal cosa que debe ser limpiada de todos nosotros.

> **"Cristo continúa revelándose a nosotros, a veces en maneras inesperadas, cuando nosotros persistimos fielmente en relaciones".**

Para mí, ésta completa jornada de descubrimiento de la gracia apostólica ha sido una constante experiencia de venir a estar cara a cara con Jesús. Me gusta decirle a la gente esto, porque el énfasis sobre relaciones y sumisión de corazón de unos a otros no es salirse por la tangente del juego principal – es el juego principal. Esto es permanecer en Cristo, y Él continúa revelándose a Sí mismo a nosotros, frecuentemente en maneras inesperadas, cuando continuamos fielmente en relaciones.

En 1997 el Señor Jesús se me apareció. Me dio instrucciones de ir a las naciones con el mensaje apostólico, y de continuar mirando a los ojos del Señor Jesucristo. Este libro presenta tal mensaje. Yo puedo decir – como Cristo y Pablo también lo dijeron – *este mensaje no es mío.*

Y en acuerdo con Jesús en Juan 7:17, si tú eliges hacer la voluntad de Dios, tu aprobarás la validez del mensaje.

Testimonio

Yo he creído en la validez de los apóstoles por muchos años, y sabido que si la iglesia iba algún día a alcanzar madurez y unidad, se necesitaba restaurar a los apóstoles y profetas a su posición fundacional. En lo personal, yo también quería un padre espiritual a quien pudiera someterme y dar cuentas, y que pudiera hablar a mi vida.

En 1999 mi esposa Heather y yo comenzamos a orar seriamente a Dios para que nos trajera a una relación con un apóstol. No fue sino hasta 2003 que eso aconteció después de haber leído el libro de John Alley, 'The Apostolic Revelation' (La Revelación Apostólica). Después de pasar un tiempo con John, nosotros supimos que él era el padre espiritual por quien nosotros habíamos estado orando. Durante muchos años habíamos tenido mentores espirituales, pero no un verdadero padre.

Fuimos grandemente impactados por el énfasis de John sobre las relaciones más que poder o control. A decir verdad, inicialmente nosotros queríamos esta relación porque estábamos desesperados por la guía de John, sabiduría y aportación a nuestras vidas y de la iglesia. Sin embargo, durante 2004 un cambio ocurrió en mi corazón y Dios me reveló que, como un hijo a John, necesitaba tener apropiada su visión y levantarla. Y haciendo así, yo sería grandemente bendecido.

Hay un gran sentido de seguridad estando en relación con un padre espiritual a quien le has dado permiso de hablar a tu vida y aun traer corrección donde sea necesario. Debo decir que es mucho más fácil someterse a alguien que evidentemente te ama, como lo hace John. John está preocupado de que yo pueda realizar todo mi potencial en Dios. Él ha impartido gracia a mi vida, la cual se ha manifestado de muchas maneras, por ejemplo, mayor libertad y unción al predicar, he visto más sanidades y avances financieros, revelación y entendimiento de la verdadera naturaleza de la iglesia. La revelación de que los hijos reciben la herencia por estar en relación con un padre espiritual es ahora una realidad mucho mayor para mí.

Don Drayson.

POSTDATA

RESULTADOS

PERSONALES

"Acuérdate de mí, oh Jehová, según tu benevolencia para con tu pueblo;
Visítame con tu salvación,
Para que yo vea el bien de tus escogidos,
Para que me goce en la alegría de tu nación,
Y me gloríe con tu heredad".

(Salmo 106:4-5)

Anteriormente en este libro relaté como el Señor me despertó una noche y me explicó por qué Eliseo tuvo que *ver* a Elías en el momento que le fue quitado, si él quería ser capaz de recibir una doble porción de la herencia del Espíritu.

En respuesta a este entendimiento de la necesidad de seguir padres espirituales, y para encontrar la gracia mayor de una verdadera doble porción como herencia, determiné ir con mi esposa Hazel a visitar a Chuck y Karen a su casa. Quiero contarles el resultado de esto.

Recibí ese entendimiento de Cristo en Abril de 2006, y lo prediqué dos meses después en nuestra Cumbre Apostólica Australiana anual. Por ese tiempo había hecho planes de ir a los EUA en Octubre, con el propósito específico de pasar tiempo personal con Chuck. Yo deseaba seguir esta relación de una manera más grande, para que poder así encontrar la gracia para obtener una mayor herencia. Después de todo, ese era el punto de la 'revelación' que llegó en medio de la noche.

En las varias ocasiones que había predicado este mensaje en Australia entre Junio y Octubre de 2006, había hecho la observación a aquellas audiencias de que yo no les estaba diciendo lo que tenían que hacer. Sino más bien, les estaba diciendo lo que yo iba a hacer. Dependía de mis hijos espirituales si ellos querían seguirme. Mientras tanto, yo iba a seguir a mi padre espiritual, con la esperanza de encontrar una mayor gracia por medio de caminar apropiadamente con él.

Así fue que llegamos a Estados Unidos, y comenzamos la muy placentera y gozosa tarea de pasar tiempo con la gente que cariñosamente amábamos. Chuck y Karen tenían libre la semana, especialmente para que pudiéramos relajarnos y hablar, ir de compras, comer y disfrutar el tiempo juntos.

El primer día comencé a hablar con Chuck acerca de lo que había aprendido, y le dije lo que estaba en mi corazón. No era algo nuevo para él, ya que ambos habíamos enseñado cosas similares por algún tiempo, y en dado caso, él ya había escuchado los mensajes que yo predicaba.

Toda la semana platicamos al respecto, aunque el parecía un poco callado. Yo pensaba que pronto nos pondríamos a orar por los resultados, pero no se me ofreció ninguna oración en relación a lo que hablamos, ni en ese momento ni durante la semana. ¿Estaba yo esperando recibir la impartición completa como Eliseo? No, yo creía que este era un proceso que requería tiempo, y que debía caminar en relación con Chuck y continuar buscando una mayor impartición por muchos años. Pero estaba esperando una respuesta inicial de hacer un buen comienzo para orar por la bendición.

Transcurrió toda la semana, y aunque no se me ofreció una oración de impartición, tuvimos una maravillosa comunión. Los Clayton tienen una gran gracia de amor y hospitalidad; ellos reciben y cuidan de mucha gente. Hazel y yo disfrutamos grandemente la interacción social con ellos tanto como cualquier cosa que tenga la vida para nosotros.

La semana estaba por terminar, y pronto regresaríamos a casa. Me fui a la cama preguntándome qué nos depararía el último día, y cuando desperté la mañana siguiente me senté con el Señor en quietud. Me di cuenta de algo. Yo no debía poner demandas ni obligaciones sobre mi padre espiritual. Yo estaba aquí para servirle y ser una bendición para él. No importaba si él tenía algo más que ofrecerme o no, o si él estaba dispuesto a orar por mí.

Pude ver que no debía ponerle ninguna obligación, ni tener expectativas, sino darme a mí mismo completamente para servirle y serle de bendición, sin importar nada más. Oré y solté toda expectativa y obligación que podía tener en mis actitudes hacia Chuck, y elegí el contentamiento de un hijo que sabe que es amado, seguro en una relación de familia, y que puede confiar en que Dios traerá los resultados en la vida.

En ese momento, sonó el teléfono. Era Chuck. Él había estado en la oficina, quería que fuera para allá; tenía algunas cosas que compartir conmigo.

Pasamos una mañana deleitosa en conversación y oración. Resulta que durante toda la semana Chuck había estado contemplando la manera de cómo impartir una mayor medida de la unción. Todo el tiempo él de verdad quería hacer esto, pero estaba reflexionando en cómo sería la mejor manera de abordarlo.

Él había pasado toda la noche acostado pero despierto, orando y pensando en esto delante del Señor. Y el Señor le había dado algunas instrucciones claras y profecías para mí, y también le había dado las unciones específicas que tenía que soltar sobre mí.

Chuck oró con todo su corazón por mí, y soltó lo que él creía que era una gran gracia personal en la que él mismo caminaba.

En cuanto regresamos a casa en Rockhampton, Australia, me levanté la mañana siguiente y me senté con el Señor para escucharle y para orar. El Señor inmediatamente me dirigió al Salmo 32, y me habló sobre los versículos 2 y 8.

"Bienaventurado el hombre a quien Jehová no culpa de iniquidad, Y en cuyo espíritu no hay engaño" (v. 2).

"Te haré entender, y te enseñaré el camino en que debes andar; Sobre ti fijaré mis ojos" (v. 8).

El Señor dijo esto como resultado del tiempo que pasé con Chuck, Él me había dado unas cosas muy específicas. Me dijo que yo tendría una nueva claridad de espíritu, y que yo tenía un nuevo nivel de limpieza en Sus ojos. Es difícil de explicar lo que eso significa, pero puedo decir que una gracia real se había soltado sobre mí. El Señor también me dijo que Él había soltado sobre mí un nuevo nivel de su consejo, instrucción y dirección.

Los resultados vinieron a ser inmediatamente obvios, y continuaron durante las siguientes semanas y meses. Parecía haber una permanente 'manifestación' de claridad de mente, espíritu, propósito, auto-disciplina, motivación, y aplicación a los deberes, de lo cual me siento muy contento. Siento un verdadero avance en términos de la claridad de mi mente, mi sentido de propósito, y mi motivación para lograr las cosas. Y todo esto sin estar batallando.

¡He recibido un nuevo nivel de gracia! Desde entonces y hasta ahora, se ha quedado en mí un sentido más cercano de su consejo, y un sentimiento más inmediato de ser guiado cada momento, y es algo maravilloso.

No se supone que esa iba a ser una experiencia única. Yo tenía la intención de encargarme de tomar el tiempo para desarrollar relaciones personales, profundizar el amor y el afecto, y pasar tiempo personal con Chuck y Karen, cada año si fuera posible. Y por supuesto, continuamente me encargo de amar, honrar, servir, y ser generoso con el padre espiritual que Dios ha designado para ser una bendición para mí.

Esto es una parte en curso del ministerio de Cristo para realmente caminar con nuestros hermanos, y yo espero hacer esto por el resto de mi vida siguiendo a Cristo.

Made in the USA
Middletown, DE
19 September 2020